卡特政府對民航解制之認知與反應

容繼業◎著

「亞太研究系列」總序

　　「二十一世紀是亞太的世紀」，這句話不斷地被談起，代表著自信與驕傲。但是亞太地區絕非如此單純，未來發展亦非一定樂觀，它的複雜早已以不同型態呈現在世人面前，在開啓新世紀的同時，以沈靜的心境，深刻地瞭解與解決亞太區域的問題，或許才是我們在面對亞太時應有的態度。

　　亞太地區有著不同內涵的多元文化色彩，在這塊土地上有著天主教、基督教、佛教、回教等不同的宗教信仰；有傳承西方文明的美加澳紐、代表儒教文明的中國、混合儒佛神教文明的日本，以及混雜著不同文明的東南亞後殖民地區。文化的衝突不只在區域間時有發生，在各國內部亦時有所聞，並以不同的面貌形式展現它們的差異。

　　美加澳紐的移民問題挑戰著西方主流社會的民族融合概念，它反證著多元化融合的觀念只是適用於西方的同文明信仰者，先主後從，主尊客卑，白優黃劣仍是少數西方人面對東方移民時無法拋棄的心理情結。西藏問題已不再是單純的內部民族或政經社會議題，早已成爲國際上的重要課題與工具。兩岸中國人與日韓三方面的恩怨情仇，濃得讓人難以下嚥，引發的社會政治爭議難以讓社會平靜。馬來西亞的第二代、第三代，或已經是第好幾代的華人，仍有著永遠無法在以回教爲國教的祖國裡當家作主的無奈，這些不同的民族與族群問題，讓亞太地區的社會潛伏著不安的危機。

　　亞太地區的政治型態也是多重的。有先進的民主國家；也有的趕上了二十世紀末的民主浪潮，從威權走向民主，但其中有的仍無法擺脫派系金權，有的仍舊依靠地域族群的支持來建構其政權的合法性，它們有著美麗的民主外衣，但骨子裡還是甩不掉威權時期的心態與習性；有的標舉著社會主義的旗幟，走的卻是資本主義的道路；有的高喊民主主義的口號，但行的卻是軍隊操控選舉與內閣；有的自我認定是政黨政治，但在別人眼中卻是不折不扣的一黨專政，這些就是亞太地區的政治型態寫照，不同地區的人民有著不同的希望與訴求，菁英份子在政治格局下的理念與目標也有著顯著的差異，命運也有不同，但整個政治社會仍在不停地轉動，都在向「人民為主」的方向轉，但是轉的方向不同、速度有快有慢。

　　亞太地區各次級區域有著潛在的軍事衝突，包括位於東北亞的朝鮮半島危機、東亞中介區域的台海兩岸軍事衝突，以及東南亞的南海領土主權爭議等等。這些潛在的軍事衝突，背後有著強權大國的利益糾結，涉及到複雜的歷史因素與不同的國家利害關係，不是任何一個亞太地區的安全機制或強權大國可以同時處理或單獨解決。在亞太區域內有著「亞太主義」與「亞洲主義」的爭辯，也有著美國是否有世界霸權心態、日本軍國主義會否復活、中國威脅論會否存在的懷疑與爭吵。美國、日本、中國大陸、東協的四極體系已在亞太區域形成，合縱連橫自然在所難免，亞太地區的國際政治與安全格局也不會是容易平靜的。

　　相對於亞太的政治發展與安全問題，經濟成果是亞太地區最足以自豪的。這塊區域裡有二十世紀最大的經濟強權，有二次大戰後快速崛起的日本，有七〇年代興起的亞洲四小龍，二〇年代積極推動改革開放的中國大陸，九〇年代引人矚目的新四小龍。這個地區有多層次分工的基礎，有政府主導的經濟發展，有高度自由化的自由經濟，有高儲蓄及投資率的環境，以及外向型的經濟發展策略，使得世界的經濟重心確有逐漸移至此一地區的趨勢。有人認為在未來世界區域經濟發展的趨勢中，亞太地區將擔任實質帶領全球經濟步入二十一世紀的重責大任，但也有人認為亞洲的經濟奇蹟是虛幻的、缺乏高科技的研究實力、社會貧富的懸殊差距、環境的污染破壞、政府的低效能等等，都將使得亞洲的經濟發展有著相當的隱憂。不論如何，亞太區域未來經濟的發展將牽動整個世界，影響人類的貧富，值得我們深刻的關注。

在亞太這個區域裡，經濟上有著統合的潮流，但在政治上也有著分離的趨勢。亞太經合會議（APEC）使得亞太地區各個國家的經濟依存關係日趨密切，太平洋盆地經濟會議（PBEC）、太平洋經濟合作會議（PECC），也不停創造這一地區內產、官、學界共同推動經濟自由與整合的機會。但是台灣的台獨運動、印尼與東帝汶的關係、菲律賓與摩洛分離主義……使得亞太地區的經濟發展與安全都受到影響，也使得經濟與政治何者為重，群體與個體何者優先的思辨，仍是亞太地區的重要課題。

亞太地區在國際間的重要性日益增加，台灣處於亞太地區的中心，無論在政治、經濟、文化與社會方面，均與亞太地區有密切的互動。近年來，政府不斷加強與美日的政經關係、尋求與中國大陸的政治緩和、積極推動南向政策、鼓吹建立亞太地區安全體系，以及擬將台灣發展成亞太營運中心等等，無一不與亞太地區的全局架構有密切關係。在現實中，台灣在面對亞太地區時也有本身取捨的困境，如何在國際關係與兩岸關係中找到平衡點，如何在台灣優先與利益均霑間找到交集，如何全面顧及南向政策與西向政策，如何找尋與界定台灣在亞太區域中的合理角色與定位，也是值得共同思考的議題。

「亞太研究系列」的出版，表徵出與海內外學者專家共同對上述各類議題探討研究的期盼，也希望由於「亞太研究系列」的廣行，使得國人更加深對亞太地區的關切與瞭解。本叢書由李英明教授與本人共同擔任主編，我們亦將極盡全力，為各位讀者推薦有深度、有分量，值得共同思考、觀察與研究的著作。當然也更希望您們的共同參與和指教。

張亞中

自序

緣起

民國八十年，參加淡江大學美國研究所入學考試，幸獲錄取，在碩士畢業十七年後，個人如願以償地再度回到母校進修博士學位課程。自此，八年以來雖歷經個人工作環境的改變，但對課程修業的堅持始終如一。而本書即是根據撰者的博士論文修改而成，並以「卡特政府對民航解制之認知與反應」為名呈現，以求周全。

內容

本書在結構上共分為緒論、卡特政府之前的美國民航管制政策、卡特政府民航解制之國內環境分析、卡特政府對民航解制之認知、卡特政府對民航解制之反應、以團體理論途徑之解析、以菁英理論暨組織決策模式途徑之解析及結論等共八章。茲分述如下：

第一章

緒論係闡述研究動機、研究目的、文獻探討、研究方法、研究限制、研究範圍與章節分配等內容。

第二章

卡特政府前的美國民航管制政策。本章析論政府管制政策之立論、市場促進策略、市場管制策略和市場競爭策略來分析民航解制前的民航法案和市場現象。並剖析福特政府前的美國民航管制政策特質，以解析影響卡特政府民航解制決策認知之環境。

第三章

卡特政府民航解制之國內環境。本書旨在分析影響卡特政府民航解制之環境因子，包含了福特政府之前的民航管制環境之變革及福特政府時期之民航管制改革。以闡釋環境對卡特政府民航解制決策所形成輸入之巨大壓力。

第四章

卡特政府對民航解制之認知。本章探討認知影響決策之理論基礎，卡特總統之個性、領導風格及經濟理念及行政部門參與決策者之個人背景與經濟觀等因子來剖析卡特政府對民航解制之認知形成因素。

第五章

卡特政府對民航解制決策之反應。本章藉解構當時美國朝野菁英對民航解制之歧見、卡特政府之實際決策以及卡特政府之民航解制法案之簽署以及卡特政府民航解制策略運用為主要的探討內涵，以解析卡特政府對民航解制之反應。

第六章

以團體理論與集體行動途徑之解析。藉團體理論與集體行動之基本理論說明其在卡特政府民航解制決策中之應用，並解析其適用性。

第七章

以菁英理論暨組織決策模式途徑之解析。藉菁英暨組織途徑之基本理論說明其在卡特政府民航解制決策中之應用並解析其適用性。

第八章

　　結論。本結論係陳述決策分析之結果及主要發現，並對相關理論應用之適當性做出評析，以及對後續研究提出建議。

期望

　　一九七八年美國民航法案通過後至今已二十一年，其政策對美國民航市場所帶來的競爭與合併現象已然產生，如壓力團體利益糾葛而盤根交錯，其影響如何？至今仍未有一完整性之政策後效評估。況且，自一九八〇年代來，電腦科技突飛猛進，其運用在航空業之發展尤為可觀，如航空訂位系統（Computer Reservation System, CRS），衛星開票系統（Satellite Ticket Printer, STP）和自動機票傳遞系統（Airline Ticket Delivery Machine, ADM）等科技的運用透過全球網際網路（Internet）的配銷系統（Global Distribution System, GDS）的發展，使得民航市場的競爭大步邁向另一個新紀元，進而產生再度管制（re-regulation）的現象。而此項科技環境的變革正方興未艾，必將延綿持續。因此，民航公共政策之制定者似應適時提出研究，在科技變革的環境下作出合理的市場均衡發展，以維持體系的平衡。再則，台灣地區自民國七十六年起亦實施「天空開放」政策，而美國的民航解制政策的經驗應可提供相關單位擬定民航發展策略之參考，以收「他山之石可以攻錯」之效。而個人亦極盼望能就上述議題繼續努力。

致謝

　　本書的撰寫，最要感謝指導教授李本京老師的殷切指導與勉勵與口試委員們的大力斧正。李老師敏銳的思考力，宏觀的氣度與嚴謹的治學態度均使學生受益良多，爲促使本書得以順利修正完成之主要動力。而陳一新教授對本書初稿內容之建議與訂正也使得本書得以日臻完善。此外，國立高雄餐旅學院李校長福登博士在撰者論文撰寫期間，提供了一完善而安定的工作環境，並對撰者的工作給與諸多的彈性空間，而李校長追求卓越的毅力更激勵撰者對學習的投入，在此表示由衷的感謝。

當然，本書的得以完成亦要向王燕紹小姐、邱宛玉、陳君瑜、魏兆均和侯秀玟等同學表示最高的謝意，他們經常犧牲假日和撰者共同奮戰至天明，此種盛情誠令人感激。而摯友黃純德博士，萬金生教授，王亮博士以及陳樂群博士的關心、打氣與協助是促使撰者能平順走過的動力，在此也特別對他們表示感謝。

此外，揚智文化出版公司葉忠賢先生將本書納入其亞太研究叢書而將之付梓，使得本書得以出版，而本書編輯賴筱彌協理的全心投入與巧思使得本書生色不少，在此對他們致上最高的謝忱。

最後，要向家人及內子致上無比的謝意，感謝他們的鼓勵。特別是內子麗華在本書寫作修訂過程中對撰者的協助、關懷與扶持。

容繼業　誌於高雄餐旅學院

民國九十一年三月二十九日

目　錄

表目錄

圖目錄

第一章
緒　論

第一節 研究動機與目的

壹、研究動機

美國一九七八年民航解制法案（U.S. Airline Deregulation Act of 1978）為卡特政府時期所簽署通過的重大法案之一。亦為美國政府對攸關大眾利益（public interest）的空中運輸解除管制的先驅法案，對美國自一九三〇年代經濟大衰退（The Great Depression Era）時期以來的經濟管制政策（Economic Regulatory Policy）做出新的修正。對政府機關之支配權力分配、市場經濟效益之認定、群體追求社會福利之最大效能權力等均有創新之深厚指標意義。

惟近二十年來，政治經濟學者對此政策亦多所批評，綜其論點，有下列數端。首先，論著以為民航解制政策（deregulation poli-cy）僅為管制政策之延伸，亦即將原先由民航局（Civil Aeronautic Board, CAB）的管控權轉移交聯邦航空管理局（Federal Air Association, FAA）及交通部（Department of Transportation, DOT）等政府機構之管制，僅由政府機構左右手交替管理而已，對市場而言，並不具實質意義[1]。其次，民航解制政策所帶來之市場不完全競爭特性（partial competition），使市場機制失靈（market fail-ure），政府亦未能維持市場之公平競爭環境，造成航空市場集中在少數大航空公司（trunk airlines）手中，形成再次「管制」的現象。而此種由管制、解禁到再管制（regulation-deregulation- regula-tion）的過程，則肇因於政府公用財分配能力失敗（power failure in

---

1. Sevlu Borenstein, "The Evolution of U.S. Airline Competition," *Journal of Economic Perspectives*, Vol. 6, No. 2, 1992, pp.45-73.

public goods distribution）所致，或歸咎於市場競爭機能之失靈[2]，進而提出社會管制（social regulation）理論之說[3]。

然而，就政策形成之研究而論，政策之決策過程造就了政策之結果。質言之，決策過程實為政策結果之獨立變項（independent variable）。因此，對獨立變項之認知與操控應為剖析卡特政府民航決策之有效途徑。是故，在民航解制決策過程中，一九七四至一九七八年間到底有那些內外環境變項形成此卡特政府的解制決策？各因素間之互動性及關聯性又如何？那些為促使此決策形成之重要事件？何人、何時主導此項決策？此決策之真正目的何在？其決策過程又如何？此種真相之追求與互動之解析，成為本書撰寫之主要動機。

貳、研究目的

卡特政府民航解制法案係滿足社會及維持政治體系均衡需求之政策產出項，亦即為政府之公共政策。影響政府公共政策決策之因素繁多，解釋之理論亦迭創新猷。但就本主題而言，自一九七八年民航解制法案通過後，二十年來有關此法案之論文與著述為數不少，但尚無對卡特政府民航解制之成因及背景等因素全盤深入分析與深層檢討。鑑於目前可供研究此主題相關資料相繼出現，政策之產生效應日益明朗，應是評析各家論述及實際發展加以深入探討的時機，俾能從不同角度及多元背景中，重現整個決策過程之原貌並

2. 市場失靈（market failure）為皮古（Authur Pigou）所提出的市場現象，也提供了政府干預經濟事務的有力理由，而史丁格勒（George Stigler）將造成市場失靈之現象歸為外部性，公用財及資訊不足引起的錯誤決策。

3. Laurence Ellis Gesell, *Airline Re-regulation* (Ph.D. dissertation, Arizona State University, 1990), pp.242-251.

藉以做出合理的評析。

　　綜上所述，撰者試圖達到下列幾項之研究目的：

一、藉體系理論（system theory）與權力概念（concept of power），探討影響卡特政府民航解制過程之變項（variables），分析其重要性（significant）以及各變項間之互動關係（correlation），說明其是否有在文中驗證！

二、結合認知與決策理論，說明卡特政府之民航解制決策。並藉以發現此項決策之幕後推動者及剖析其真正之動機。

三、檢討卡特政府民航解制決策之過程、決策效益與策略之運用。

四、以團體理論途徑、菁英暨組織決策模式途徑說明卡特政府民航解制之決策並解析其適用性。

五、提出本研究之主要發現及對後續研究之建議。

第二節　文獻探討與研究範圍

壹、　文獻探討

　　一九七八年民航解制法案為美國政府自由化政策（liberalization）之濫觴[4]，並為相關學者研究公共政策的標竿對象。本書獻探討旨在透過對政府、市場與公共政策之互動概念，管制經濟理論和解制經濟原理等相關內容及發展方向加以探討，藉以建立本書之理論基石。

---

4. 在美國，1975-1985被稱為「解制的十年」，特別是在卡特與雷根政府時期，而1978年之民航法案則為卡特政府為首先獲得國會支持通過的解制法案。

一、政府、市場與公共政策

在政治學上，政治問題之所以出現乃由於生活面臨有限資源與分配的問題，而人類又必須在群體中生活。因此，在團體中「如何將有限資源分配？」及「如何分配？」「由誰來分配？」等即成為生活上之重要議題。誠如大衛伊斯頓（David Easton）所言「政治是對社會價值的權威性分配」（the authoritative allocation of value for society）[5]。因此，政治被解釋為是一種手段，藉以獲取更多的利潤與權利。

在經濟學上，由於人類之慾望無窮，而資源卻有限，經濟問題由是而生。大體而言，經濟問題可歸納出四個主要之原則，第一即是選擇的問題，也就是機會成本的問題；第二為分配問題；第三為生產的問題，即自然資源有限，對資源之運用，必然要作有效的配置；第四為理性原則，即以最少成本獲取最大效益為訴求，也就是最大化（optimum）利潤的觀念[6]。但以上之觀念均會受到政治權力之影響和受到政治權力之支配，誠如伊利奧特（John E. Elliot）所言：「政治體系將會成為一種反映經濟化過程的現象，而經濟體系也會成為一種權力化過程之結果」[7]。因此，政治權力與經濟利益的互動關係，也就牽動了國家機關與經濟市場的對應關係。

吉爾本（Robert Gilpin）強調國家機關和經濟市場的互動（mutual interaction）與平行共存（parallel existence），這些論述便

---

5. David Easton, *A Framework of Political Analysis* (Englewood Cliffs, NJ: Prentice-Hall ,1965), p.50.

6. 效率（efficiency）概念的基本內容，指的就是投入與產出或成本與收益的關係，從一個經濟角度來看，最終的產出就是人們的滿足，即效益，而按公共擇策理論之看法，個人理性的看法亦能運用在經濟上，亦即在追求個人經濟利益的最大效益。

7. John E. Elliott, "The Institutionalist School of Political Economy," in ed. David Whynes *What Is Political Economy* ? (Oxford: Basil Blachwell, 1984), pp. 59-89.

構成政治經濟學之主要研究範圍[8]。政治經濟學是科際整合的研究，主要在探討市場機能運作和政府機關之互動關係，也就是結合了政治學的權力和經濟學的利潤觀念分析[9]。是故，政治與經濟學在本質上仍存在著有機連帶（organic linkage），在問題之處理上雖面對不同之現象，但都呈現出其二者之間之關聯性[10]。

　　質言之，當完全競爭市場的條件都符合時，市場體系的效能方能出現[11]。此時，政府應讓市場機制自由發揮，此時的市場經濟就類似自然界有一自願和自發的秩序。在此秩序中利益衝突並不存在，因為一切的行為均透過市場的自然力量的主導而趨近於均衡。反之，當這些條件不完全具備時，政府應進行干預，冀求改善經濟狀況。而此項「看不見的手」即是政府透過立法行動所回應市場需要達到「巴瑞多效率」（pareto-efficiency）之公共政策產出項，以

8. Robert Gilpin, *The Political Economy of International Relations* (Princeton: Princeton University Press, 1987), p.8.

9. Charles P. Kindleberger, *Power and Money: The Economics of International Politics and Polities of International Economics* (New York: Basic Books, 1970), p.5.

10. Norman J. Vig, "Introduction: Political Science and Political Economy," in N. Vig and S. Shier, eds. *Political Economy in Western Democracy* (New York: Holmes & Meies, 1985), p.5.

11. 完全競爭市場是根據六項假設而成立的：
　（1）市場中買賣人數很多，但無人可以影響價格，所以每個人都是價格的接受者（price taker）。
　（2）市場出售的產品，其品質都是一樣的，具有同質性。
　（3）市場買賣雙方，對於市場的相關資訊都能充分掌握。　　　　，
　（4）產品的成本與效益都反映在供給與需求線上。
　（5）沒有任何人為限制，每個人均是追求自利，所以不會有價格協定或勾結情形。
　（6）廠商可自由進出產業。

達成政府與市場之相輔相成[12]，也是維持政府政治系統均衡的主要過程與手段。

所謂「均衡」（equilibrium）指的是一種穩定狀態，其意是指個人所做的決定都是最佳的，因為此決定是與他人協商過的，可以與他人的決定相容，而適當的價格及交易量均會相繼出現[13]。然而經濟學家認為市場失靈依舊會存在，因為完全競爭在某一程度上仍屬於一種理想，在現實社會中並不必然存在了理想的完全競爭市場條件，而影響了生產與消費的效率[14]。

市場機制運作失靈需要政府的政策介入干預，但是這種干預活動是有限度的。如果政府逾越職權，將使得原本應遵循市場交易方式的經濟行為變成以政府的行政命令取代，則因政府活動具強制力，如果直接干預市場的運作，必將使價格機能失調，產生市場供給過剩或缺乏。市場秩序一亂，很容易造成社會不穩定，而政府為維持其強制力，勢必加重干預的行為。無形中，政府必須付出較高的成本來維持秩序。如此一來，原本為匡正市場失靈而採取的政府干預，同樣的也產生了政府失靈。

政府失靈的原因可歸因於其制度面，不同制度的政府有不同之失靈原因，然而本書以美國為研究對象，故僅以代議政府及其官僚體制之失靈原因為主要的探討，茲說明如下：

---

12. 所謂完全競爭市場是指市場的經濟規模、公共財、外部效益、獨占、進出市場的資訊、生產規模報酬遞增等情形均不存在下，市場體系的效率出現的自然競爭狀態。
13. Charles E. Linhbolm, *Polities and Market: The World's Political Economic System* (New York: Basic , 1977), p. ix
14. Roy E. Weintraub, "On the Existence of a Competitive Equilibrium : 1930-1954," *Journal of Economic Literature,* Vol.21, No1, pp.1-39.

（一）代議政府機制之失靈

1.競租行為

由於人民監督政府的困難，就會有人運用各種策略來影響決策過程，企圖從中牟利，謂之競租（rent-seeking）[15]。「租」（rent）是指提供自然資源所獲得的報酬。這些自然資源的特質是「數量固定」、「供給彈性等於零」。供給彈性小的財貨，其報酬亦有類似「租」的部分，經濟學家稱為「經濟租」（economic rent）[16]。為了透過政府或公共機關得到經濟租，個人或團體必須投注相當的時間、精力及預算在某些活動，這些活動及行為即是所謂的「競租」[17]。

2.選區利益

立法機關依選舉投票達成集體決定，但任何一種投票制度，多少均有缺失，沒有任何一選舉方式是完全公平且持久的，雖然我們可透過議程的設定及修正來防止上述的投票循環，但依然無法防止策略投票及議程操縱。

另一個來自於立法機關的問題是「立法人員所代表的均是不同選區選民的不同利益偏好」。在多數決之情況下，某些為大多數人所反對的偏好，反而成為社會選擇[18]。

經過立法過程所採行的政策，對大部分的選區而言應是有利

15. 「公共選擇」學派為將競租活動在政治上之運用分析得相當實用的一支。請參閱 Harry Landreth and David C. Collander, History of Economic Thought (Boston: Houghton Mifflin Company, 1994), pp.405 - 406.

16. 張清溪等，《經濟學：理論與實際》。台北：雙葉，民國八十二年，頁七八—八十。

17. 陳順義，《利益團體與關稅政策形成之研究》。台北：國立政治大學財稅研究所碩士論文,民國七十八年,頁四～六。

18. James M. Buchanan and G. Tullock, The Calculus of Consent (Ann Arbor, MI: University of Michigan Press, 1962), p. 69.

的，也就是政策具有廣泛的利益。議員代表該選區人民的利益，議員們也希望他們所做的是對整個社會是有利的。理論上如此，但是在受到自利的驅使，以及希望再次贏得選舉的利誘下，代表們注目的焦點不得不擺在選民利益之上。如此一來，所選的政策方案，很少能完全對社會有所助益。在議員從不同選區選出的情況下，不同選區的議員也會相互勾結，透過滾木立法（log-rolling），來指定對雙方有利，但未必能產生真正整體社會利益的方案。最後代議政府只是淪為議員間利益分配之交換而已[19]。

3.代表任期

一項政策的結果好壞，通常要在數年後才能論斷。因此，代表們在選擇一項政策方案時，應從經濟效率作多方面的評估，考量利潤、成本、折現率……等，以便找出一個最符合社會利益的方案。但在監測不易以及自利心驅使下，代表們通常並不會如此做。何況代表的任期甚短，他必須實現當初競選的政治承諾，而且標榜立即的成效，方能取信於民。但我們知道，並非每項政策都能立即有效，於是在多數的情況下，他們會去選擇一些短視但可立竿見影的政策。此外，候選人必須自忖再次參選時，獲勝機會大不大；如果競選對手可能會發動攻勢，批評當初的競選承諾尚未兌現，代表為了贏得此次選舉，則傾向選擇目光短淺且較易兌現的政策來做承諾。

因代表任期而引起代議政府的短視，對社會而言，是頗具殺傷力的，這也是政府機制失靈的原因之一。

綜上所述，代議政府機制在其運作的體制裡會出現上述之現象，給利益團體可透過立法程序達成影響公共政策之機會，亦造成

---

19. Gabriel A. Almond and G. Bungham Jr., *Comparative Politics Today,* 6th ed. (New York: Harper Collins, 1996), p.48.

政府機制不同程度之失靈。

（二）官僚體制之失靈

1.評價公共產出的困難

官僚體制亦是一種公共財，與市場機制相同，亦會失靈[20]。此外，在多元化社會，各種政策目標在相互競爭社會資源，到底不同性質的公共部門，各要產出的財貨或服務有多少，亦很難估算。私人企業通常不需要關切「特定的人」購買他們的產品。相反的，公共部門往往期望依據「垂直」和「水平」的公平原則，來分配他們的產出。課稅的「水平」公平性指：對相同的情況者應給予相同的租稅待遇。在課稅前具有相同福利者，在課稅後的福利水準亦應相同。課稅的「垂直」公平係指：課稅前福利水準不同的人，課稅後的水準亦應不同。換言之，不能因為租稅的課徵，而影響到稅前高低所得排列的次序。但在多元目標相互衝突情況下，需要經過多次協商形成共識後，方能達到分配目的。很遺憾地，在多數情況之下，共識很難達成。

2.政府機關缺乏競爭

競爭迫使私人企業在最小的成本下生產。但公共部門是自然的獨占不需要直接面對競爭，即使經營無效率亦能生存。一般而言，政府部門較私人企業沒有創新的取向。利潤的動機提供私人企業強烈的誘因去發現新的生產方法以降低成本。當一個公司在產業中成功地創新，則可從創新中獲得高利潤。相較之下，政府部門若無創新仍能生存，縱使創新，也難得到更多利益。

3.僵硬的文官體系

文官體系保障制度提供了機關內文官永業制度及工作的安定性

---

20. David L. Weimer and Aiean R. Vining, *Policy Analysis: Concepts and Practice* (Englewood Cliffs, NJ: Prentice-Hall, Inc., 1992), p.137.

及行政效率。但是文官體系亦使得改善「缺乏競爭」和「缺乏生產力」變得更困難。固定的薪資制度，常會導致對於具有生產力的員工少支付報酬，對較少生產力的員工則多付報酬。前者可能會離開現職，跳槽到高薪的私人機構，後者則成爲留在機關內的冗員。

　　政府部門最常被詬病的是對民衆的要求反應遲鈍。但是，因爲官僚體系的獨占性使然，消費者不能因不滿意其服務而選擇其他的供應者。當然，民選的代表必須對具有選舉權的選民作出反應。但在文官制度保障制度下，機關首長很難有效地令文官去職。

二、管制政治經濟理論

　　政府以行政力量干預市場經濟活動，以開創全民福祉的經濟管制制度自一九三〇年代以來以成爲美國傳統政治活動之一部分。直到一九七〇年代初期以後，解制的改革呼聲方才受到重視[21]。是故，學者對經濟管制政策之研究不但時間上較長，資料亦豐。同時，亦爲瞭解自由化之主要途徑。而卡特政府之民航解制決策顚覆了長達四十年的國內民航管制政策。是故，對民航管制經濟理論的探源實有提昇對民航解制決策之正確認知。茲就管制政治理論中與上述政府機關、市場與個體間追求利益之論點加以分析。

　　學者對「經濟管制」一詞雖然並無一致之定義，然而，均能同意管制含有個人將相當部分之管理決定權交付政府機關，以及管制也具有強迫的力量使企業行爲受到限制的看法。在此項管制之含意上，所謂「個人管理行爲」或「企業行爲」即學者討論的個體追求自我利益，而管制機關即指經政府中立法或行政單位所授權之機關，如本書中之民航局。而個人如何透過政府體制以追求及滿足自

---

21. Elizabeth E. Bailey, David R. Graham and Daniel R Kaplan, *Deregulating the Airlines* (Cambridge, MA: The MIT Press, 1986), pp.145-147.

我之利益過程則爲學者們研究之主要內容。就利益屬性之不同，可以區分爲公共利益（public interest）及私人利益（private interest）二類[22]。

（一）公共利益理論

　　公共利益理論（public interest theories）以卡斯曼（Robert Cushman）、赫凌（Pendleton Herring）、費索德（Merle Fainsod）及柏恩斯坦（Marver Bernstein）爲主要代表。他們認爲管制政治是達成公共利益及社會目標之工具。卡斯曼提出國會爲此政治過程中之重心，通過管制政策之主要用意旨在解決企業失調，以達成國家目標[23]。費索德指出政府應積極參與全國經濟政策之介入，並運用班特萊（Author F. Bentley）之團體理論，說明管制政治形成過程。並對影響此過程之外在因素作出分析[24]。柏恩斯坦則認爲管制機關之設立雖然在服務公共利益，但事實上亦成爲追求私自利益者之遊說場所和工具[25]。

　　綜上所述，公共利益理論學者均強調管制政治爲達到全民福祉爲目標，但在執行過程中，私有利益卻因團體互動而產生。因此，私自利益爲何？與利益團體之互動爲何？對政策形成又有何重要性？此等理論均對本書之撰述及對管制的反向思考均有相當幫助。

22. Barry Mitnick, *The Political Economy of Regulation* (New York: Columbia University Press, 1980), p.48.
23. Robert Cushman, *The Independent Regulatory Commissions* (New York: Oxford University Press, 1948), p.8.
24. Merle Fainsod and Enicoln Gordon , *Government and the American Economy* (New York: Norton,1948), p.11.
25. Marven Bernstein , *Regulating Business by Independent Commission* (Princeton: Princeton University Press, 1955), p.73.

（二）私自利益理論

私自利益理論（private interest theories）之學者認爲經濟管制政策僅是提供達成私自利益之工具而已。其立論大多建於多元論（pluralist theory）基礎上，並強調個體經濟概念。基於達成私自利益途徑之不同，私自利益理論可分爲三類，即團體私自利益理論（group private interest theories）、經濟的私自利益理論（economic private interest theories）以及官僚私自利益理論（bureaucratic private interest theories）等。茲說明如下：

1.團體私自利益理論

此理論以班特萊所著之《政府過程》（*The Process of Government*）[26]及杜魯門（David Truman）的《政府的過程》（*The Government Process*）[27]爲代表。他們視政府爲利益團體活動之具體表彰。各類利益團體因追求私自利益而衝突，經折衝後完成共識，此即爲公共政策產出最佳時機。利益團體與政治體結構之關係可以歸納出三種類型即組合主義（corporatism）、多元論（pluralism）及國家主義（statism）其中以組合主義及國家主義之配合度最高[28]。

2.經濟的私自利益理論

此理論強調管制的經濟要素，認爲管制是提供受管制企業之利益，是第一個以個體經濟說明和預測政治行爲的理論。此派學者認爲團體、企業及公司均爲追求私自利益最大效益群體，透過政府以

26. Author Bentley , *The Process of Government* (Boston: Harvard University Press, 1967), pp.73.

27. David B. Truman, *The Governmental Process* (New York: Alfred A. Knop, 1971), p.398.

28. Gary W. Marks, "State-Economy Link in Advanced Industrialized Societies" In N. Vig and S. Schier, eds., *Political Economy in Western Democracies* (New York: Holmes & Meier, 1988).

完成自我目標。此理論以史丁格勒（George Stigler）[29]及波斯那（Richard Posner）[30]為代表。他們主張管制為供需經濟過程之一部分。以經濟的邏輯方法解說團體追求利益和經濟原則達到政策目標之政治過程。史丁格勒認為決策過程有如私人之市場，政黨、議會試圖滿足其選區選民之政治需求，並藉此得到支持而確保擁有之地位。此外，亦有以政治途徑解釋私自利益之達成者如杭廷頓（Samuel Huntington）、高爾戈（Gabriel Kolko）、麥康納（Grant McConnell）、羅威（Theodore Lowi）等，認為政府提供達成私自利益為政府與企業經濟關係中之基本原則，並批評多元論僅是政府對公共利益作出服務之藉口而已。其中尤以羅威對利益團體之抨擊為最具體。他指出利益團體為盛行理念中之粗俗面並不足以代表美國社會之全部。因為他視利益團體為「利益團體自由主義」（interest group liberalism）[31]。

綜上觀之，經濟的私自利益理論將管制政策之特質視為是以「顧客」（cliente）為導向的，並同意私自利益為政府行為之動機之說法。同理，也認為企業為推動管制政策背後動力與獲利者。

3.官僚私自利益理論

官僚私自利益理論（bureaucratic private interest theories）以貝爾茲曼（Samuel Peltzman）、諾爾（Roger Noll）及米尼克（Bany Mitnick）為主要代表人物。他們認為自我私利之個體期望各類的報償，如職位、高薪、升官、工作保障和未來工作發展等方面能有所改善。因此，透過管制及其他管道滿足上述需求，其成員範圍包括

29. George Stigler, "The Theory of Economic Regulation" *Bell Journal of Economic and Management Science*, 1971,Vol.2, No.1, pp.5-7.
30. Richard Posner "Theories of Economic Regulation," *Bell Journal of Economic and Management Science*, 1974, Vol.5, No.2, pp.336-342.
31. Theodore Lowi , *The End of Liberalism* (New York: Norton, 1979), p.63.

政客、官僚及在此體系內之相關人員。貝爾茲曼認爲民意代表之謀求連任即爲顯明例子[32]。而諾爾則側重於管制機關之官僚人員爲認知管制政策之主要管道[33]。米尼克主張以行爲研究方法爲基礎，透過理性追求個人效益極大化來解釋官僚在機關中之角色[34]。此外，威爾遜（James O. Wilson）指出管制政治之構成主要之特質在闡釋機關行爲及機關與外在環境之互動考量[35]，替後續研究者創造一全面之思考方向。

三、解制政治經濟理論

此理論的重點是指政府對市場經濟活動採「開放市場」的政策，以市場機制促使供需能透過競爭而達於均衡。是故，凡公共事務能以公開、公平、自由競爭的方式，達成較大效益或所擇優的目的，便適合以市場機制的政策運作。爲促使市場機制的發揮，依供需法則自由運作，政府的政策措施可包括下列三種：

（一）對於已經存在的市場，政府解除對參加者的管制，開放
　　　自由競爭，即「市場的自由化」（freeing markets），亦是
　　　「開放市場」政策。

（二）對於市場未存在者，政府加以改造並建立市場機制，即
　　　「市場促進化」（facilitating markets）。

（三）對於市場內部機制未能有效運作者，政府予以「活潑

---

32. Samuel Peltzman "Toward A More General Theory of Regulation," *Journal of Law and Economics,* 1976, Vol.19, No. 2, pp.221-222.

33. Roger Noll, *Reforming Regulation* (Washington DC: Brookings Institution, 1971), pp.15-16.

34. Mitnick, *op.cit.*, pp.138-153.

35. David L. Weiwer and Aidan R. Vining, *Policy Analysis: Concepts and Practice* (Englewood Cliffs, NJ: Prentice -Hall, 1995), pp.145-200.

化」，即「市場的活潑化」（simulating markets）。由此探討在政策制定上，市場機制所發揮的功能。

而「市場自由化」是指政府對已經存在的市場管制予以解除，藉以開放更多的參與者加入，使其充分自由競爭，讓自由市場的供需法則運作，以產生效益。其內涵為：

（一）市場已存在，不僅有供給者和需要者，且有交易行為。
（二）市場的機制未能充分發揮，因市場的參與者受到政府限制。政府可能限制了供給者，或只限制需要者，亦可能同時限制兩者。
（三）政府予以開放市場讓有意願參與者加入，使其市場交易行為能自由競爭。

而市場自由化的方式，大致有下列三種：

（一）原來的管制市場只允許特定少數合法的供給者或需要者，現在則開放給一般社會大眾符合條件者，稱為「解除管制」或稱「解制」（deregulation）[36]。
（二）原來的管制是只允許政府為合法的供給者或需要者，現在政府則開放給一般社會大眾只要符合條件者，稱之為「民營化」（privatization）[37]。
（三）原來政府禁止任何人為供給者，如經查獲即受法律制裁

---

36. Paul L. Jaskow and Koger G Noll, "Regulation in Theory and Practice: An Overview," in Gary Formm ed., *Studies in Public Regulation* (Cambridge, MA: MIT Press, 1981), p.4.
37. David Heald, "Privatization: Analysis lts Appeal and Limitations," *Fiscal Studies*, Vol.5, No.1, 1984, pp.36-46.

或刑事懲罰，現在政府開放給一般大眾符合條件者，不再禁止及懲罰，稱之為「合法化」（legalization）[38]。

基本上，政府之所以要解除管制，是著眼於解決下列問題：

（一）提昇效率：經濟學家認為對完全競爭的產業限制是會降低效率的[39]。

（二）由於技術或需求型式的改變，使得產業結構已發生改變，管制的因素不再有存在的理由，政府因而可以不必繼續管制。

（三）政府行政機關的提供財貨或勞務並未具效率。

綜合上述文獻探討，政治與經濟之互動性呈現絕對之相關。是故政府如何適時而正確地調整其政策，以滿足社會成員之需求，維持政府的穩定是負責政府決策者之主要的考量。而文獻中的利益理論、團體理論及美國民主政府多元化的政治過程均為本書撰寫的主要參考依據。此外，本書將更強調環境變革帶給卡特政府的壓力，來說明其決策的時機及卡特決策的真正目的。因此，公共政策應為政府機關賴以維持和調整其政治系統平衡之工具，而大衛伊斯頓系統分析法的特色即在透過環境所產生之壓力，經政治系統之轉換而產出新的產出項，而完成系統平衡功能的政治系統研究理論，對本書中諸如：卡特政府時期的民航市場機制是否失靈？其原因何在？卡特政府時期所面臨之經濟議題是否帶給其政府對民航市場新的壓力？以及卡特政府如何維持其政治之均衡？等問題提供思考的範圍。就本書的研究主旨而言，上述之命題在系統理論的架構下做深

38. Barbara Yondarf, "Prostitution as a Legal Activity: The West German Experience," *Policy Analysis*, Vol.5, No.4, 1979, pp.417-433.

39. Jaskow and Koger, *op.cit.*

層系列的分析，應是可行的探討方式。然而系統理論雖在本書之研究上可提供較完整的外部結構（external framework），即在環境與政府決策間之互動上有其獨特之解說功能，但在政治過程轉換之解釋能力上如能配合以「權力」的概念爲中心之團體理論與菁英暨組織決策途徑來加以進一步的剖析，應更能增加系統理論的效益。關於本書撰寫之研究方法及內容，將在下一部分中再行詳細地加以說明。

貳、 研究範圍

本書主要係研究卡特政府通過一九七八年民航解制法案之決策。本決策過程所涉及範圍在時間發展上可溯至一九七四年起至一九七八年之五年期間；在歷程中涵蓋了福特政府的民航改革與卡特政府的民航解制二個時期，並以卡特政府之政治系統爲研究中心，其它時期的相關民航政策則爲其產生「投入」的「環境」。另外本書中所謂的卡特政府根據美國政府三權分立原則，所指的是卡特領導的美國政府行政部門，並不包括國會及法院。此外，本書主要係以美國國內民航解制決策環境爲討論之標的與範圍。

第三節 研究方法與研究限制

本節主旨在說明本書撰寫方法及其在探討上的限制，茲分別剖析於下。

壹、研究方法

本書之主要目的在剖析卡特政府之民航解制決策，旨在探討卡特政府推動民航解制政策之肇因、影響其決策之相關因素及解析其過程。爰此，爲達到上述之研究目的，本書之研究方法，將探案例研究法（case study）與政治系統決策分析法（political system analysis approach）。茲將上述方法在本書之應用範圍分述如下：

一、案例研究法

決策分析所涉及的層面廣闊，經常會形成總體政治（macro-politics）的研究，而過於遼闊。因此，需要細節以便深入研究變項進而提昇發現其他重要變項。而案例研究法之最大特色仍在能提供研究者多元而深入的思考空間，並能因此獲得某一研究範疇中之細節，亦即此種質化個案研究方法（qualitative case study）之主要貢獻。政治學者黎法特（Arend Lijphart）曾經指出，案例研究之最大優點爲能在有限的資源下，透過對單一案例之反覆驗證而發現問題之癥結所在[40]。此亦爲政治學者艾克斯坦（Henry Eckstein）所指的關鍵案例研究[41]。並以菁英理論（Elite Theory），解釋卡特政府對民航解制政策之信念，並配合團體理論，分析卡特政府、利益團體與國會間之互動過程。最後，透過組織決策模式與組織慣性理論析論卡特政府民航解制決策眞正之動機、民航局受到裁撤之原因及整個事件之幕後之眞正主導者。

二、政治系統決策分析法

系統理論（System Theory）最早由伊斯頓所倡導[42]，他認爲任何層次的政治，都可以用相同的理論來解釋。沒有必要，也沒理由爲其建構不同的理論，只有一般性的理論才能建立辨認一切系統中

40. Arend Lijphart, "Comparative Political and Comparative Method," *American Political Science Review,* Vol.65, No.3, 1971, p.691.
41. 陳一新，《斷交後的中美關係》。台北：五南圖書，民國八十四年，頁五-六。
42. David Easton, *A Political System* (New York: Knoff, 1953), pp.53-55.

需要探索的重要變項之探討[43]。其次，他主張政治學的首要任務是
分析一切系統的共同問題—即如何維持政治系統持續生存[44]。由政
治系統理論觀之，公共政策是權威性價值分配結果，政府的決策功
能就是如何來達成此一權威性價值分配的過程，以滿足政治系統以
外環境的需求與支持，以維持此政治系統的「均衡」和生存[45]。此
外，伊斯頓試圖建立一個政治系統決策分析之概念架構，並提供此
一系統影響政策制定的變項，以引導研究者的研究取向[46]。本書係
以案例研究法及政治系統決策分析法進行研究，並參照羅賓遜
（James A. Robinson）和馬嘉克（R. Roger Majak）的決策分析變項
加以整理、合併後選出本書之分析變項群（variable clusters）[47]。

貳、研究限制

　　本書之主旨乃注重於卡特政府民航解制決策眞相之重建與評
析，對參與決策者之認知、理念、人格特徵、意識型態、社經背景
等因素爲一個周全決策分析上所不能忽視的部分。因此，本書擬以
認知與反應的心理學來強化此部分分析之內容。但是，由於時間的
限制及安排上的困難，撰者並未能執行對參與民航解制決策的關鍵
人物，如，當時卡特總統（President Jimmy Carter）民航局主席坎
恩（Alfred Kahn）深度訪談的研究初衷，對本書在資料的搜集上產
生力有未逮的遺憾。因此，本書仍全力搜集有關美國政府相關航空

---

43. David Easton, *A Systems Analysis of Political Life* (New York: John Wiley & Sons, 1956), pp.62-67.
44. David Easton, *A Framework for Political Analysis* (Englewood, Cliffs NJ:Prentice-Hall, 1965), pp. XI.
45. *Ibid.,* p.129.
46. *Ibid.,* pp.86-87.
47. James A. Robinson and R. Roger Majak, "The Theory of Decision-Making" in J.C. Charlesworth ed., *Contemporary Political Analysis* (New York: 1967), pp.180-184.

法案，卡特政府與主題相關之文件，卡特總統回憶錄、講稿、美國國會會議記錄、美國國會聽證記錄等一手資料及各期刊之相關文章、研究論文、專書與專業報章雜誌等文獻與資料。民航解制法案自一九七八年通過以來已近二十年，相關原始資料之取得，已無匱乏之虞，是故綜合上述相關資料之來源，亦能對本書之主旨加以有效之評析。

第四節 分析架構與章節分配

本節旨在說明本書分析架構中變項之選擇，決策解析理論之運用並對章節之配置做一說明。

壹、分析架構

本書之研究理論架構，旨在探究影響卡特政府民航解制決策主要變項之選擇與解釋理論之應用。茲分述如下：

一、變項之選擇

伊斯頓曾以下列之言論說明其系統分析及相關變項：

「系統分析的出發點是以政治生活為一組互動行為的觀念，此組行為是為其他社會系統所包圍，而以邊界加以區分，但卻經常暴露於環境的影響下，爰此，吾人不妨把政治現象視為構成一個開放性的系統，他必須處理因其暴露於環境系統的影響而產生之問題。倘若此類系統要能持久存在，他必須獲得足夠的關於他以往表現的反饋資訊，並能採取措施調整未來的行為…欲求長存，系統可能必須備有徹底更改自己的內部結構或過程之能力」[48]。

　　是故，伊斯頓之系統理論將公共政策視為政治系統之產出，公共政策是政治系統對環境所做的一種反應。而於環境的潛在壓力如何與政治系統相聯繫？伊斯頓藉「投入」與「產出」概念的運作而達到此項聯繫的指標。他將與環境中個人的行為相關的影響，或來自於環境中的其他條件的影響，看成是穿越政治系統界限（boundary）的交換（exchange）或交易（transaction）。伊斯頓並認為穿越了一個系統的界限，朝著某個其他系統傳達的影響看做一系統的產出，因而相應地，它們成了第二系統的產出。而系統之間的交換與交易，則被看做是系統之間以投入與產出關係形式出現的一種聯繫[49]。

　　在伊斯頓系統理論中，「投入」是有概括性變項（summary variable）的作用[50]。藉此，把重要的環境影響的實證集中到要求和支持兩種主要的「投入」上。環境的大量行為正是由它們加以傳達，反應、集中並用來對政治生活施加壓力的。而產出的概念，亦是以類似的方式使吾人對來自於系統成員行為的影響條理化。而政治系統內部大量之活動極其複雜，但伊斯頓主張其結果可以適當以權威的產出（The outputs of the authority）這一概念來表述。藉此以探究政治系統內部行為對其環境所達成的效果。而在伊斯頓系統概念下，政治系統如同一個巨大而永恆的轉換過程，當要求和支持在環境中得以形成，而且又由這些要求和支持中產生所謂的產出時，這個過程就包含了這些要求和支持[51]。由於要求一開始就是指

48. Easton, A Framework for Political Analysis, *op. cit.*, p.25.
49. Easton, A System Analysis of Political Life, *op. cit.*, especially Ch. 2.
50. *Ibid.*
51. *Ibid.*

向威權的，所以轉換過程也就朝著威權運作。質言之，要求激發了政治系統基本活動，鑒於威權在所有系統中的地位，因而它們對於把要求轉換爲產出負有特別的責任。最後，在回饋的定義上，伊斯頓認爲是由許多環節組成，它們是威權生產產出，社會成員對於產出做出反應，這種反應的信息獲得與威權的溝通，由是形成威權作出下一步的可能行爲。是故，新一波的產出、反應、信息、回饋和由威權作出的再反應，是對系統應付壓力的能力具有深刻的意義[52]。質言之，環境裡影響政治系統的各種力量稱爲「投入」，政治系統以外的任何情況或狀況稱爲「環境」。政治系統是彼此相互有關的結構和過程的集合。而本文爲探討以公共利益爲目的民航解制的公共選擇，因此，在福利經濟之公共政策概念下，將伊斯頓之系統理論架構說明如下[53]：

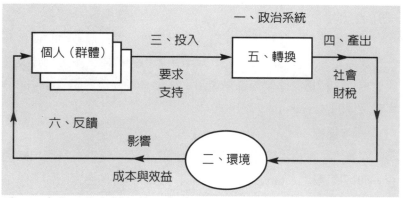

圖1-1 系統理論分析架構示意圖

資料來源:Hans Van Den Doel and Ben Van Vellthoven, second ed.*Democracy and Welfare Economics*(New York : Cambridge University Press, 1933),p.12.

52. *Ibid.*

53. Hans Van Den Doel and Ben Van Vellthoven , *Democracy and Welfare Economies*, 2nd ed. (New York: Cambridge University Press, 1993), p.12. ；請參閱朱志宏，《公共政策》。台北：三民民國八十五年，頁七十四～七十六。

（一）政治系統

政治系統是指相互關聯的結構及過程的集合體，其功能是在為整個社會作具有權威性的價值分配的工作

（二）環境

政治系統範疇以外的情境或狀況謂之環境。公共政策的制定受到環境中各因素的影響。公共政策的受益人（beneficiaries）、其他支持或反對政策之公眾、利益團體政府其他部門的人員以及決定一項政策所需花費的物質及勞務之成本的市場等都是環境中的因素。

（三）投入

對政治系統有任何影響之環境中的力量謂之投入；投入又可分為要求（demand）、資源（resources），支持（support）以及反對（opposition）。

（四）產出

產出也就是公共政策的成果。政治系統所具有權威性的價值分配即其產出，這些分配就是公共政策。產出的種類眾多，物質與服務的提供，行為的節制等都是產出。產出又可分為具體（tangible）與象徵性的（symbolic）產出。

（五）轉換過程

簡言之，經由決策過程而將進入體系的投入轉換成為產出的過程，即轉換過程（conversion process）。影響到轉換過程的因素除了決策過程本身外，機關人員之經驗與好惡，主管控制部屬的方法等亦具影響之因子。

（六）反饋

體系模型中的反饋（feedback），旨在顯示政府制定的政策會影響要求、資源，支持或反對，因而激起另一回合的政策制定過程。

此外，一般研究決策的個案人士，蒐集資料大多旨在回答下列各問題：（一）何人或團體決策？（二）所決之策為何？（三）何

時決策？（四）如何決策？（五）何處決策？（六）決策情勢之特徵為何？（七）此決策屬於哪類或哪一次類？（八）為何決策？[54]

再者，羅賓森及馬嘉亦將決策之變項整合後分為決策情境、參與決策者、決策組織、決策過程及決策結果。茲分述如下[55]：

（一）決策情境

決策的情境對決策的行為有明顯的影響，例如，對危機或非危機決策則有所區別，在一般的決策中決策亦有突發或預期之別，在突發的情況下，決策可能不嚴格遵循固定的途徑，在預期的情況下，決策遵循固定的途徑，決策人士所扮演的角色往往按其職位而定。此外，影響決策情境的另一變項為反應時間，在急迫情形下對資訊之要求也比較低，但期待權威的意見與資料，其考慮的重點往往是解決眼前的問題，而不圖做一個圓滿的，長遠性的解決；而在非急迫性下則全然相反。

（二）參與決策者

一項政策的制定過程中，究竟扮演何類角色的人士可視為決策者，常常由其性質而定，但要能清楚的界定並不容易。然而，先按人員的正式職位來暫時界定決策者，然後在隨資料的研判而做合理的增減[56]。關於決策者的變項有其出生背景、動機、社會化特徵、意識型態、認知、學歷背景等項，均能影響其決策行為。

（三）決策組織

決策之研究必須考慮其三個層次即個人、團體與組織。任何政策的制定，一方面是個人心智的活動，另一方面又是這些人溝通的

---

54. 關於個案研究之例，可參閱James Anderson ed., *Case in Public Policy-making* (New York: 1976), p.75.

55. Robinson and Majak, *op. cit.*

56. 呂亞力，《政治學方法論》。台北：三民，民國八十年，頁二七〇。

結果，溝通的行為不只發生在一集團中，而且有其組織背景，各組織間的「討價還價」亦為構成決策之本質[57]。

(四) 決策過程

決策被視為追求目標的整體過程。然而，決策過程究竟為何？學者看法不一。有人提倡理性模式，也有所謂「有限的理性」（bounded rationality）[58]。也有主張把決策過程分為七階段者[59]，也有所謂決策為「累進式」的（incremental）[60]。而馬區與賽蒙（Janes A. March and Hebert Simon）的途徑則較有實用性，他們將決策程序分為：

1. 問題解決（problem-solving）及自立應用與資訊蒐集來分析研判的決策。
2. 說服（persuasion）：在組織中因為決策者說服其他的決策者，或官僚體系中某一機關的首長說服其他機關的首長。
3. 議價（bargaining）：為決策討價還價謀求觀點與利益的妥協。
4. 政治（politices）：亦即日常所說的政治含意，如美國國會中之「滾木」（log-rolling）即為其例。

馬區與賽門認為在決策時兩類或兩類以上的程序經常混合採用

57. Graham T. Allison, *The Essence of Decision: Explaining the Cuban Missile Crisis* (Boston, MA:, Little, Brown & Company, 1971), pp.144-182.
58. Herbert Simon, *Models of Man: Social and National* (New York: John Wiley Sons, 1957), pp.102-105.
59. Harold D. Lasswell, The Decision Process: Seven Categories of Functional Analysis (MD:College Park, 1956), pp.83-86
60. Charles. E. Lindblom, "The Science of Maddling Through," in W.J.Gore and J.W. Dyson eds, *The Making of Decisions* (New York: Basic Books, 1964), pp.155-179.

61。

　　此外，羅賓森與馬嘉把決策程序分類爲心智的（intellectual）、
社會的以及準機械的（quasi-mechanical）等三類。心智的程序爲決
策者的思維過程，在此過程中若干變項如認知、創建及悟力等均值
得注意。社會的程序包括結盟（coalition）、利益團體之互動及利益
結合等。在決策的發令、適用與執行階段特別重要[62]。因爲在此階
段，不同的個人、集團及組織必須調和其利益，達成共同的決定，
而且在行動上需謀求協調。準機械的程序是當決策者對其決策角色
缺乏明確意識時所做的決定之過程。一般機關中的例行決定屬之。

（五）決策結果

　　決策結果有立即的與長遠的，有形的與無形的不同結果。拉斯
威爾（Harold D.Lasswell）曾把結果按其價值內涵分爲權力、尊
敬、情感、財富、技能與福利等類。任何的決策均影響到一種或數
種價值。

　　上述學者所討論之內容均屬於決策之變項，涵蓋面甚廣，應可
包括所有決策應考慮的因素。然而，每一個變項在決策分析中所佔
的重要性並非完全相同。對於變項太多之問題，在統計方法上雖可
用因素分析方式加以萃取主要之因子後加以解釋，而在案例研究法
上，對於變項太多之問題黎法特認爲應將可合併之變項加以合併及
注重關鍵變項的分析[63]。

　　爰此，本書的分析要項經整理歸納後萃取需求投入與外在環
境、參與決策者的認知、決策過程、政策產出與反饋等四大變項分
析群爲本書之分析主軸。而在政策產出與反饋方面係採卡特政府之

61. Simon, *op. cit.*

62. Robsion and Majar, *op .cit.*

63. Lijphart, *op.cit.* p.685.

前的美國民航政策，包含福特政府之前的民航管制政策，福特時期
之民航管制改革的二個變項。影響民航解制之國內環境因素上則選
取石油危機與經濟衰退、水門事件與總統大選、民航局反應僵化以
及社會思維之變革等四項變項。在卡特政府對民航解制之認知上則
取卡特之個性、領導風格與生產理念與其他行政部門決策者之個人
背景與經濟觀等項變項。在決策反應上則採美國朝野對民航解制之
歧見、卡特政府之實際反應、民航解制法案之簽署等三項變項。此
外，亦藉民航解制之市場效益與解制策略之運用等二項變項來評析
民航解制之決策過程。

二、在決策之解析理論方面

本書在分析架構上係採以「權力」爲中心概念之政治系統決策
分析法爲工具，但單一的政治系統理論雖在宏觀分析上有較完整的
指標和引導方向，但對具有高度多元互動之民航解制決策而言，仍
須在微觀解釋上做深層之剖析。是故本書在解釋上，則採用團體理
論分析途徑（Group Theory Approach）及菁英理論暨組織模式途徑
（Elite Theory and Organizational Process Model Approach）爲輔，以
求周全。

貳、章節分配

本書在結構上共分爲緒論、卡特政府之前的美國民航管制政
策、卡特政府民航解制之國內環境分析、卡特政府對民航解制之認
知、卡特政府對民航解制之反應、以團體理論途徑之解析、以菁英
理論暨組織決策模式途徑之解析及結論等共八章。茲分述如下：

第一章　緒論。係闡述研究動機、研究目的、文獻探討、研究方
　　　　法、研究限制、研究範圍與章節分配等內容。
第二章　卡特政府之前的美國民航管制政策。本章藉政府管制政策

之立論、市場促進策略、市場管制策略和市場競爭策略來
分析民航解制前的民航法案和市場現象，包含了郵件法案
（Air Mail Act of 1925）及其修正法案、民航法案（Civic
Aeronautic Act of 1938）與聯邦航空法案（Federal
Aviation Act of 1958）等，藉以剖析福特政府前的美國民
航管制政策特質，以解析影響卡特政府民航解制決策認知
之環境。

第三章　卡特政府民航解制決策之國內環境分析。分析影響卡特政
　　　　府民航解制之環境因子，包含了福特政府之前的民航管制
　　　　環境之變革如石油危機、通貨膨脹、水門事件、一九七六
　　　　年的總統選舉及社會思維之改變等現象。此外，福特政府
　　　　時期之民航管制改革，例如，甘迺迪公聽會，羅伯森任命
　　　　案，民航局特別小組報告書，參議員公聽會等因素。以闡
　　　　釋環境對卡特政府民航解制決策所形成投入之巨大壓力。

第四章　卡特政府對民航解制之認知。按認知影響決策之理論基
　　　　礎，卡特總統之個性、領導風格及經濟理念及行政部門參
　　　　與決策者之個人背景與經濟觀等因子來剖析卡特政府對民
　　　　航解制之認知形成因素。

第五章　卡特政府對民航解制之反應。透過當時美國朝野菁英對民
　　　　航解制之歧見、卡特政府之實際決策、卡特政府之民航解
　　　　制法案之簽署以及卡特政府民航解制策略運用為主要的探
　　　　討內涵。

第六章　以團體理論途徑之解析。藉團體理論與集體行動之基本理
　　　　論說明其在卡特政府民航解制決策中之應用，並解析其適
　　　　用性。

第七章　以菁英理論暨組織模式途徑之解析。藉菁英暨組織模式途
　　　　徑之基本理論說明其在卡特政府民航解制決策中之應用，

　　　　　並解析其適用性。

第八章　結論。本書之結論係陳述決策分析之結果及主要發現，並
　　　　　對相關理論應用之適當性做出評析，以及對後續研究提出
　　　　　建議。

　　　綜合上述之解析應將本書之研究流程架構分別以「卡特政府對
民航解制之認知與反應」研究流程圖和「卡特政府對民航解制之認
知與反應」研究架構圖說明其相關性和互動性，詳見下頁圖1-2與圖
1-3。

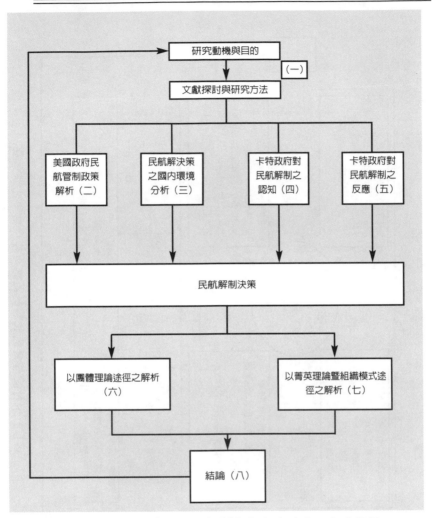

圖1-2 卡特政府對民航解制之認知與反應研究流程圖

資料來源：撰者自行整理

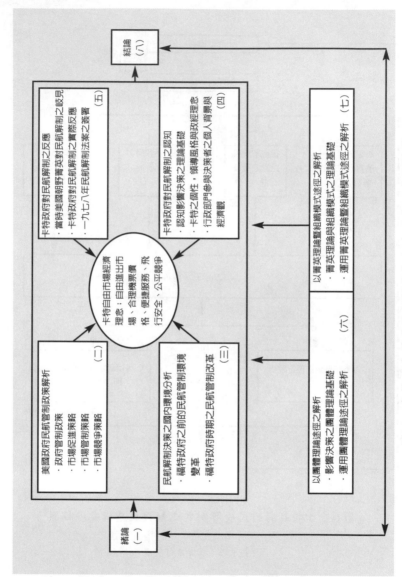

圖 1-3 卡特政府對民航解制之認知與反應研究架構圖

資料來源：撰者自行整理

第二章
卡特政府之前的美國民航管制
政策分析

　　本章主要在剖析卡特政府民航解制決策前的美國民航管制政策理念發展、特質及其影響。美國民航管制，嚴格地說就是政府透過航權的分配、票價的管制、進出航空市場自主權之管轄以及飛行安全之管理等重大航空發展事項的管制，以提供全國消費者對民航市場中合理的價格，便捷的空中運輸爲訴求的公共利益政策。是故本章第一節藉對政府管制理論之討探，以剖析美國政府究竟在何種立場之下來推動其民航政策？是將空中交通視爲公共利益之必須品？亦或藉爲私人利益掠取之過程而已。其次，在實務的運作上，美國國內的航空事業自一九二〇年代的空中郵件運輸開展以來，在政府市場促進的機制下，以補助款的方式積極推動民航事業之發展。隨著時空環境的改變與社會階段性需求，美國政府制定了各項民航法案藉以市場促進化、市場活潑化及市場自由化以建立航空業之市場機能。這一段由一九三〇年代到一九八〇年代約五十年的民航管制時期，按其階段的特質可以區分爲下列五個時期。

　　第一階段是一九三八年民航局（Civic Aeronautic Board, CAB）成立以前的時期，此階段爲以郵政總局及航空郵件法案（Air Mail Act of 1925）爲管制中心之民航促進策略時期。當時，民航之有效市場仍未出現，聯邦政府以建立補助款之方式促進市場之發展。

　　第二階段爲一九三八年自第二次世界大戰期間，此時期以民航法案（Civic Aeronautic Act of 1938）之立法爲主要發展，以開創民航局作爲民航管制與發展之單一推動機構，展開歷經四十年之美國民航管制策略時期。

　　第三階段是屬於第二次世界大戰期末期之民航發展，藉機票價格之彈性及多元化，調整管制市場機能爲主要之市場活潑化策略時期。

　　第四階段是由一九五八年至一九七四年間的民航發展。期間，聯邦航空法案（Federal Aviation Act of 1958）獲得通過，各類航空公司皆爲本身經營方式而展開多元化的要求。再者，承載量與票價仍然是市場問題之所繫，進而實行市場擴展策略。

　　第五階段爲一九七〇年到一九七四年間之民航政策，票價計價方式、市場票價競爭問題、消費者對國內機票的高漲、民航局的不合理管制等問題爲中心；競爭策略則成爲本時期民航發展之主軸。然而，上述的發展時期間民航局之策略，雖可以推廣與管制來概括形容，但在過程中卻因環境之變革，而呈現截然不同之競爭理念。是故，本章將藉政府管制概念、民航局成立前的市場促進策略、民航局成立後之市場管制策略和市場競爭策略，解析各階段之民航管制發展。

第一節　政府管制政策

　　資訊不完全和預期不準確的條件下展開的市場競爭往往導致社會經濟發展的不穩定，出現週期性的經濟危機；而競爭中優勝劣汰的過程，往往導致社會生產力的損失。爲了克服市場機制這兩方面的缺陷，達到有效需求的出現，經濟學者認爲是形成政府干預的重要理由之一。各類型的政府管制政策便是以克服這些的無效率爲理由的[1]。是故，本節就對政府管制的原因、目標、方法和效果，以及政府管制下私人的行爲方式，進行這些理論分析，以期對美國民航管制政策之發展及其長期來以之爭議性作深層之探討。

---

1. 「公共選擇」和「公共利益」均是建立在社會福利函數之假設，所謂「有效需求」這一名詞的出現，必追溯到一九三〇年代世界經濟大恐慌之際。當時的世界充斥著「失業者」，而且工廠停工、貨品滯銷，無論是「產品市場」或「生產因素市場」，景象都是「供給過剩」，或是「需求不足」，而且數量頗大。關於這種現象的解釋雖有許多，其中以凱因斯（J. M. Keynes）的說法最得人心，他認爲此一結果係因市場機能調節失靈所致，必須由政府出面作強力引導來「精密調節」，以政府的「有形之手」來從事建設：亦即「創造出」對於產品和生產因素的「需求」，如此一來就能「彌補」需求的不足，從而超額供給就會消失，失業也因而減少，終而達到「充分就業」的境界。

壹、政府管制的特點與範圍

政府管制（government regulation），是指政府對私人經濟部門的活動進行的某種限制或規定，其最常見者如價格限制、數量限制或經營特許等。

政府管制也稱為「公共管制」（public regulation）。作為政府決策的一部分。「對什麼進行管制？」「對什麼不進行管制？」「如何管制？」等等也都屬於「公共選擇」的一個部分。而這些決策是出於公共利益的考慮，還是僅出於消費者集團的特殊利益的考量則是長期以來一直爭議不休的問題[2]。兩種假設以及相應的兩種不同的理論之所以爭論不斷，或許是因兩種假設在現實中各有其立論基礎。就公共利益假設的現實性而言，一方面在於如果政府是由公眾選舉來的，它就必須在一定程度上代表全體公眾的利益，或多或少得滿足到各方面的利益；而在實務上，政府的確在有些問題上透過管制提高了社會經濟效率，比如政府的一些反壟斷措施，就確實起了這種作用。就特殊制益假設的現實性則在於政府或某些政治集團的確受到某些經濟利益集團的支持和資助。他們被選舉出來掌握政府權力之後不可避免地會在一定程度上為這些特殊利益集團服務[3]。是故，兩種假設都具有一定的現實依據，它們能夠分別解釋一些不同的經濟現象和政治實況。

---

2. 所謂社會福利函數，就是一種社會偏好或「社會排序」，它是以組成社會的全體成員的個人偏好為基礎，對與大家利益相關的、可供選擇的各種事物或各種社會安排的一種優劣排序。如果這一社會福利函數能夠存在，這種秩序能夠排出，在這當中所體現的，便是所謂的「公共利益」，即是大家共同的利益。社會就根據這種公共利益，在各種具體的條件下，就各種關係到公共的事情作出決定，這種決定，就叫做「公共選擇」。

3. 因為在代議政治的政府上，地方上所選出來的議會代表均有源於選區的壓力，而議員對行政單位之法案與程序也掌握了審查權，因此容易在公利之名下，進行利益的交換，進而達到服務特殊團體之目的。在民航管制期間所出現的航空業界、民航局（行政單位）和國會議員間的鐵三角關係，即是大眾對民航管制政策質疑之所在。

貳、以公共利益假設爲前提之政府管制

以公共利益假設爲前提之政府管制主要在防止壟斷企業的產生和自然壟斷企業的形成。美國政府的反托拉斯法（Anti-Trust Law）之意義即在於此。

限制壟斷的措施主要有兩種，一種是限制個別壟斷企業的規模和市場佔有率，打破壟斷企業造成的「進入壁壘」，鼓勵其他企業進入市場，以展開競爭，使價格下降，產量增加。另一種措施就是直接限制價格，把「價格上限」（price ceiling）定在最低平均成本上，以消除壟斷利潤。

其次，自然壟斷之出現是在規模報酬遞增的條件下，一方面，原來最先進入該產業部門的企業，生產規模越大，成本就會越低，因而必然具有把生產規模大到獨佔市場的程度；另一方面，在壟斷企業已存在的情況下，任何新的企圖進入該產業的企業的成本，最初都是高的，事實上無法與壟斷者展開競爭。從而產生不可避免地壟斷性。並且，從生產的角度看，由一個企業大規模地生產，的確要比由幾個規模較小的企業同時進行生產，能夠更效率地利用資源。這種情況，就被稱爲「自然壟斷」，例如，電力、自來水、通訊等所謂「公用商品」的生產部門，也成爲政府管制的重要對象。

上述出現公共利益而進行的政府管制，在理論上是有充分依據的、有效的。但在具體執行過程中，卻會遇到各種各樣的問題，使它們的有效性和合理性大大削弱。首先遇到的仍是資訊問題。我們可以假定政府或具體實施管制的官員，完全是爲了公共利益而採取行動，但卻很難假定他們是「全知全能」的。要想實施有效的價格管制，就要知道市場需求和企業成本，就要知道市場和生產過程中的許多細節，這樣才能既保證消費受益，又使生產者不虧損，還使企業資本所有者獲得一分「公平」的收益。政府管制機構顯然缺乏這方面的信息和知識。而對這些信息和知識了解較多的壟斷企業本

身，又會為了自身的利益而故意隱瞞實情，甚至製造出一些扭曲的資訊。因此，實行政府管制的政府，總是面臨一個信息不完全的困境。

　　為了獲得資訊，實施管制，就要成立各種專門的管制機構；維持這些機構所耗費的人力物力，從社會角度看就是種成本，即「管制的成本」。為實施管制而必須支付的成本往往是一個相當可觀的數額，比如在「反托拉斯法」實施的歷史上，政府和壟斷企業之間進行的法律鬥爭，往往歷時數年，雙方要為協調、起訴、聽證、辯護等支付大量的人力、財力等等。因此，在政府管制問題上是否「值得」。若其成本大於收益，其社會效果就是負的。事實上，往往正是高額管制成本，阻礙著政府管制的有效實施[4]。

　　再者資訊不完全所引起的另一項困境是所謂的「管制時滯」（regulatory lag）。經濟過程是瞬息萬變的，而管制者卻很難跟得上現實的變化。例如，當需要實施管制時，政府往往不能及時行動，從問題發生，到調查、審理直到作出決策，整個程序也許要幾年時間，等管制的決定作出，市場情況又已經變化了。此外，當一項管制措施被實踐證明是錯的或過時的時候，政府又往往不能及時地加以停止；私人企業會因決策失誤而破產，而糾正一項錯誤政策所需的時間往往與當初制定它的時間一樣長。

　　根據這些困難和問題，反對政府管制的濟學家認為，即使政府的立意是好的，動機是善良的，管制行動本身也會是無效的；自由市場不一定完善，但加進了政府管制，結果也不定更好，也許還會更糟。

---

4. 政府的管制　政府是在市場機制先後的介入之干預政策，但干預的結果造成政府成本的增高，反而易形成政府機制的失效而適得其反。這也是卡特就任總統後，要求政府之管制必須先考量其管制之成本效益，否則應減少管制之範圍，以減少政府開支，提升行政效能。

參、以符合特殊利益假設爲問題之管制政策

上述的假設是以社會公共利益爲出發點，至少是多數人利益的政府管制。倘若政府以其自身的特殊利益或它所代表的特殊集團利益爲目標下的管制政策，則可能出現競爭市場的管制，被「俘獲」的政府（government captured）和所管制的需求與尋租成本等政府現象。

競爭市場的管制與經濟學家們鼓吹自由競爭的理論相反，在西方資本主義市場經中，政府管制往往不是對壟斷的管制，而是對競爭的管制。這種管制的形式主要有：[5]

一、價格管制，即設置「價格下限」（price floor），它往往高於競爭價格。當這種價格的政策被採取之後，那些按照比這種下限更低的價格出售產品的廠商，便被視爲非法，要處以罰款、吊銷營業執照等等的處罰。這種規定價格下限的範圍往往很大。例如航空業都有價格下限即爲一例。

二、營業許可證管制，即限制某些產業中的廠商家數。比如，美國政府在民航管制期間對其國內航空業家數進行限制。

三、產量管制，即直接對現在廠商的產量實行「限額」（quota）比如美政府對農業生產者就實行這種限額。

四、進出口管制，即對進口實行關稅壁壘，對出口實行補貼等等，以保護本國經濟，防止外國生產者的競爭，同時加強本國生產者的競爭力。

這些政府管制，從基本性質上說，都是對競爭的限制，保證和支持了壟斷的存在。事實上相當於由政府出面組織和維持了一個全國範圍的大壟斷組織，使一切有關的生產者都變成一個大「卡特爾」

---

5. 樊綱，《市場機制與經濟效率》。台北：遠流，民國八十二年，頁一七二-一七三。而上述的反競爭管制內容也正是美國政府在民航管制期間所呈現的管制內容。

（Cartel）的成員，不准存在任何不受約束的「局外者」。因此，這種政府管制，也被稱爲「由政府贊助的全國性卡特爾」（government-sponsored national cartel）。各種對競爭市場的管制，在許多場合仍然可以認爲是出於某種公共利益的需要，以維持經濟發展的穩定，減少盲目競爭所造成的損失。但是，顯然，在對競爭的管制中，人們能夠更清楚地看到的是，這些管制措施，所維護的是現有廠商的既得利益，是使一些特殊利益集團得以獲得穩定的、有保障的高額壟斷利潤。這就自然會引起人們的疑問：政府管制的目的究竟是爲公共利益服務還是爲某些利益集團的特殊利益服務？

　　戰後六十年代由史丁格勒（George Stigler）和布坎南（James. M. Bucanan）等人發展起來的政府經濟學和公共選擇理論認爲，現實中的政府並不像傳統經濟學理論中設想的那樣，是以社會福利最大化爲目標的機構；政府官員、立法構機構中的議會，是在一些特殊利益集團的幫助下選舉出來的，因而事實上是要爲這些特殊利益集團服務的，特別是爲那些希望獲得壟斷權力、避免競爭、維持有保障的壟斷利潤的大企業集團服務的。這些大企業財力雄厚，有能力幫助政治家們競選連任，因而它們的特殊利益與政治家們的利益具有一致性。在這種情況下，政府採取的各種政策，包括各種管制措施，事實上也就是爲了維護某些利益集團的特殊利益。雖然在表面上政府宣布的管制目的總是公共利益，但實際上政府只是某些特殊利益集團的工具。這樣的政府，也就被稱之爲私人既得利益集團「俘獲的政府」。

　　最後，在政府管制的概念上值得一提的是，對管制的需求與尋租成本。誠如上述政府對競爭的管制能夠爲私人企業帶來壟斷利潤，能夠帶來高額利潤的壟斷權力，本身即可以被視爲一種希缺的、排他性的資產；而這一資產所能帶壟斷利潤，事實上構成一種「租」（rent），就同任何其他資產（如土地）能爲其所有者帶來「租」一樣。因此，對壟斷權力的追求，特別是對政府管制的需求，可以視爲一種對「租」的需求；私人企業爲獲得政府管保護的種種活動，就被稱爲「尋租」（rent-seeking）活動。尋租活動包括院外遊說、廣告宣傳、資助政治家競選、賄賂政府官員等等不同的方式。

　　總之，政府管制的動機無論是以公共利益或特殊利益爲其管制的出發立論，但均面臨實際執行時的困境。而剖析美國民航發展的過程，這種現象莫不沛然充盈於各個不同時期的民航管制政策之中。是故，下述各節將對這些民航管制之實際現象就政府管制立場加以解析。

第二節　市場促進策略

　　美國民航之萌芽可朔源於一次世界大戰結束前後，此時期的美國民航正值創始之際，政府透過補助之政策藉以促進民航市場的發展，例如，國會曾撥款美金十萬元作爲全國航空郵件路線網路之建立進行實驗，就是一個例子[6]。然而美國定期航次的航空服務始於一九一八年五月十五日[7]，而在一九一八年八月十二日，美國的商業航空交通運輸在美國郵政總局，以津貼補助的努力經營下正式誕生。航空郵件法案（Air Mail Act），也稱爲凱利法案（Kelly Act）成爲第一個美國國家航空立法的法案[8]。此後，政府更將原本由空軍運送郵件轉移到私人航空公司來投遞，以鼓勵商用航空的發展。凱利法案爲美國日後的國內航空公司系統發展建立一個基礎，也是

---

6. Robert Kane and Allen Vose, *Air Transportation* (Dubuque, IO:Kendall Hunt, 1975), Ch. 6, p3.

7. Newal K. Taneja, *Introduction to Civic Aviation* (Lexington, MA:DC Heath 1987), p.12.

8. U. S. Government Printing Office, AirMail Act of 1925, Ch. 128, 43 Stat. 805.

美國政府藉政府補助大力促進民航市場的結果[9]。

　　凱利法案在一九二六年做了修正，將航空公司補助款標準改為在第一千英哩時，每磅美金3元以及由此後每增加一百英哩每磅美金0.3美元，使得航空公司過度依賴政府的郵資補助，而造成郵政總局對各航空公司具有高度之選擇與監控權[10]。

　　然而，給予航空公司津貼，以郵件運送重量為計算方式的制度，造成很大的弊端，導致了最後一次對凱利法案的修正，因而有了麥納瑞-華特法案（McNary-Watres Act）的產生[11]。大衛（Paul David）對麥華法案有下列三點的描述[12]：

一、航空公司以重量計算方式的補助系統可以改變為以空間計算方式來支付，每一英哩最大的補助額為1.25美元，並以所承載的郵件數量來支付。

二、十年的航空授權線許可依舊維持，而且這些許可取得由郵政總長經再協商後決定。

三、郵政總長可視大眾利益之需求而對航線許可權之授與、停止作出決定。

　　麥納瑞-華特法案規定競標為取得航權之方式而且限制投標資格，並規定僅限於有經營定期航次的航空公司且距離不可小於250英哩者，而且此航線在投標前必需經營六個月以上者，才能參與競標。此外，在飛行安全預防措施之要求上，郵政局長布朗則堅持航空公司必需有夜間飛行經驗方能參與。然而，這些限制卻對新的航

9. Frederick C. Thayer, Jr., *Air Transport Policy and National Security* (Chapel Hill, NC: The University of North Carolina Press, 1965), p.16.

10. James. R. Meyer, Clinton V. Oster, I. P. Morgan, B. A. Berman and D. L. Strausmann, *Airline Deregulation* (Boston: Auburn House, 1981), pp.11-13.

11. U. S. Government Printing Office, *Air Mail Act Amended*,1934 Ch 223, 46 Stat. 259.

12. Paul. T. David, *The Economics of AirMail Transportation* (Washington DC: Brookings Institution, 1934), p.31.

空業者加入競標造成很多困難。布朗一方面想擴充美國國內航運系統，但卻想避免在航線取得上的競爭；他希望藉運用自己的職權使自己成爲航線裁決者，來促成此產業現代化及穩定成長。

　　郵政總長布朗「不按牌理出牌」的行動引起相當高的反彈[13]，使得航空公司被列於一九三三年海上及空中郵件契約調查特別委員會的議題中。一九三四年二月調查結果公布，委員會認爲布朗之行徑誠屬可議。羅斯福總統（Theodore Roosevelt）即取消航空郵件契約並廢除凱利法案，同時下令美國空軍的空中部隊負責運送航空郵件。然而空軍所提供的服務水平較低，設備不完善，且人員未受良好訓練，以致意外頻傳，並造成十二名架駛員的喪生，以及在設備上之巨大的損失[14]。四個月後，羅斯福總統發佈一項命令，在國會未通過新的相關立法前，對暫時性的航空郵件契約提出競標以因應市場之需要[15]。在這些新出價中獲得航線，對美國國內航空公司發展而言是一件重要大事，因爲直到管制解除前，這是既得利益者所持續維持的一個架構。此後，在短程航線上，有些新的航空公司進入產業，但是在長程航線上依舊是由美國航空（AA）、東方航空（Eastern）、環球航空（TWA）及聯合航空（UA）四家主要航空公司所擁有，主要是因爲只有它們才有設備和訓練課程來飛行這些航線而形成壟斷的現象[16]。

　　一九三四年通過的航空郵件法案（The Air Mail Act）又稱爲布拉克－麥基勒法案（Black-Mckeller Act）[17]把給航空公司付款的設定權由郵政總長布朗轉移到州際商業局（The Interstate Commerce

13. 指郵政總局長布朗按其個人對航空公司喜惡而作之航權與航線授予而言。
14. Aeronautic Chamber of Commerce of American Inc., ed. 1937 *Aircraft Yearbook* (New York: Aeronautic of Commerce of America), p.289.
15. Keith Button, ed., *Airline Deregulation* (New York: New York University, 1991), p.47.
16. Meyer et al. *op. cit.*, p.16.
17. U. S. Government Printing Office, *Air mail Act Amended*, 1934 Ch. 446, 48 Stat. 933.

Commissions, ICC）。然而，郵政總長對航空業的發展依舊有其影響力。定期航班的飛行頻率，中間站的設置數量以及起飛的時間依舊由郵政總長布朗來指定，郵政部門仍然持續掌控著航空業發展[18]。

此外，在此法案中也強化了政府津貼的運用及對票價的管制，並建議另外成立獨立的全國民航管理單一機構。此項決定對美國民航管制之發展有深遠的影響。政府津貼在美國航空發展史上一直舉足輕重；其歷程如下圖2-1所示。航空公司津貼從一九三九至一九七八年的W形上升趨勢線，呈三波段上升趨式和二階段下降圖形。其間走勢並出現巨幅的成長現象。美國民航局對民航市場負有二項最主要的任務，一為民航市場之促進，其次是民航市場之管制。透過這二個策略以確保市場的均衡生態。而對航空公司的津貼，即是其對民航市場促進的主要手段，然而在某段期間，為了偏遠消費者有便捷空中運輸，亦以補助款鼓勵及勸進航空公司對該地之服務，以降低航空公司在經營上可能出現的虧損。因此，藉美國政府對航空公司補助款的變動情形，是解讀其市場實況最佳指南。就圖2-1觀之，其補助款的發展圖形顯示出二個現象，即一九四七年到一九七一年間的「M」頭走勢，和一九五一年到一九七七年間的「W」底發展。在「M」頭走勢中，一九四七年政府鼓勵航空發展補助款快速上升，顯示政府之促進政策大步開走，航空公司管制收入豐富，票價處於高峰，在一九七一年後，政府開放不定期航空公司之進入市場，使補助款出現一個高點（81,938）的第一個M頭的左肩。一九五五年又開放地區航空公司進入，形成市場的多元與熱絡，補助款也為之逐漸下降，到一九五五年為出現W底打下第一支底部的支撐。一九五五到一九六五正是地區航空公司的全盛時間，為了各種政治的選區與利益團體的壓力，民航局又採促進的策略，補助金額

---

18. Louis E. Van Scyoc, *Effects of the Airline Deregulation Act on Market Performance*: *Price Capacity and Profits*, Dissertation abstracts International, 48 p.2687A.

又再攀升，而緩步趨勢達於M頭的右肩（82,910）歷史高峰。同時市場的景氣使得機票價格難以下降，而形成壟斷。民航局為保持市場均衡，津貼再度下降呈盤跌發展，而奠下了W底打下了第二支最底的支撐（39276）。雖然航空公司的機票價格和航線均已固定，但飛機的班次和承載量均未被固定，使得航空公司利潤下降，自一九七一至一九七七年期間，因石油價格之升高，經濟不景氣，而基於空中交通為大眾利益之觀念，使政府的津貼再度揚升而到（81134）的位置。是故透過圖2-1之解析，對民航局的市場促進管制與競爭策略能有一快速而詳盡的瞭解。

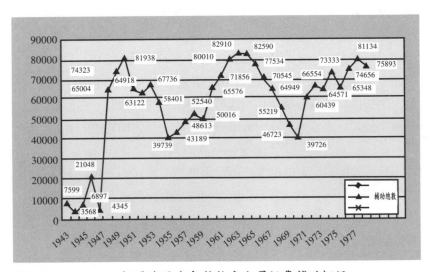

圖2-1　1943-1978年間美國政府對航空公司經費補助概況

資料來源：撰者依據U.S.CIVIL AERONAUTICS Board,*Subsidy for U.S. Budget Estimates*,CAB,Washington D.C.,1972-1981.之資料整理而成。
＊以美元千元為計算單位。

然而，從歷史的發展策略來看，民航局除了對航空公司直接的津貼外，也對相關航空發展有關的間接津貼，例如，氣象服務資料的取得、航道基本公共設施的發展和維修事項等[19]。經過一九三四年的航空郵件法案，州際商業局被授權來管理旅客票價以及依競爭的原則判定郵件契約的授與，也就是產生了民航史上第一個對票價的管制。

再則，航空業也主張成立另外一個不同的管制單位。在一九三八年以前，航空業同時被不同的單位管理，例如郵政總局、州際商業局和商務部、航空公司、貿易協會、及航空運輸協會（The Air Transportation Association, ATA），如能集中在一個政府單位來負責航空管制會比較容易且較少困擾。航空運輸協會曾指出，此新管制單位應提出認證航空公司（certified airlines）的共同利益、為公眾發展更好的服務以及分擔國家的防禦等多元目標。航空公司同意以財務支持這個協會，並願意運用航空公司的人力來處理共同的利益，諸如從新飛機的標準化到國際旅遊禁令的取消等。它們有一個替航空公司、國家經濟及大眾維持最好的交通運輸系統的共同目標[20]。

無可置疑的，定期航空公司對為他們而設立的民航法案喜愛有加。美國政府同意航空公司和航空運輸協會的說法，認為在產業中過度的競爭是有害的。而透過政府單一的民航管理機構為民航市場推動與管制是符合市場需求的。是故，一九三八年民航法案（Civic Aeronautics Act of 1938）之制定，使美國的航空政策步上第二個階段，也開啓了民航管制史上航空業、國會與民航局的鐵三角（iron triangle）長達四十年的民航管制的之互動模式[21]。

---

19. R. C. Leib, *Transportation: The Domestic System* (Boston, VA: Reston, 1978), p.78.
20. Kane and Vose, *op. cit.*, p.14.
21. 民航管制時期所謂之鐵三角是指國會議員、航空公司及民航局之間利益之共識。

第三節　市場管制策略

　　二次大戰時期美國民航政策發展特色以票價管理、地區性之航空公司（Local Airlines）及輔助性航空公司（Supplemental Airlines）的成立為發展之重心，亦影響卡特政府由民航改革步向民航解制決策的重要因素。茲分述如下。

壹、票價管制

　　由於航空公司的利潤在此時期升高，促使民航局開始對航空票價的發展產生高度的關切。並要求11家國內主要航空公司降價10%或說明為何無法降價的原因。在戰爭和經濟蕭條雙重影響的情況下，機票價格的角色從達成一定的生產量進而演進成為生產的因素，均執行著一種定量配給功能的差異[22]。因為在二次大戰末期的高獲利水準，民航局降低對航空郵件以及機票票價的補償，但卻遭受認為大戰後載客量會下降的小航空公司的抗議，而產生了機票價格限制性爭議[23]。而客機艙等價格的引進如頭等艙、經濟艙等更是使票價問題雪上加霜。在一九四八年以前，雖然在特定時間場合及對特定對象有提供特別的價格，但基本上，航空公司只提供單一艙等的服務價格[24]。這種定期航班客機艙等價格的想法仍肇因於不定期航班航空公司所提出的廉價機票所致。民航局並不傾向支持客機艙等價格，因為，它將造成過高的承載量以及獲利之降低。再則，

22. Richard Caves, *Airline Transport and Its Regulations* (Cambridge : Harvard Press, 1962), p.124.
23. K. Hudson, Air Travel: *A Social History* (Totowa, NJ: Rowrnan and Littlefield, 1972), p.93.
24. Locklin, *op. cit.*, p.92.

民航局是藉由集中所有航空公司的利潤標準而非定價來維持民航產業的財務健全，他們深信這些低票價只會對此產業造成另一個財務負擔。大戰的結束，使得戰前的高載客量的大幅降低，而且從事大型不定期航次的包機航空公司也加入市場的營運，增加了航空業的競爭。在一九四八年，當民航局准許一系列的機票價格調漲以彌補利潤滑落的同時，首都航空公司（Capital Airline）亦提出了客機艙等機票價格。最後，在使用上加以限制後，修正通過此案艙等價格。在韓戰期間，民航局擴充了客機艙等價格，定價在不超過頭等艙的百分之七十五。雖然管理單位許可了在二次大戰後低承載量的一系列的票價調漲，但是它亦鼓勵一些在促銷機票價格（promotional fare）及淡季旅遊機票價格（off season fare）的實驗性推出。終於，二次大戰時期所放棄的折扣機票價格（discount fare）又重回市場上 [25]。這種熱絡的現象造成民航局在韓戰時擴大客機艙等價格的使用性，形成票價管理上的問題。

貳、地區性服務的航空公司

在相當多選區議員的政治壓力下，民航局在一九四三年三月二十二日宣布要研究地區性服務航空公司（Local Airlines）的可行性。地區性航空公司航線是應飛行於短距離、低人口密度的地區。民航局唯恐地區性航空公司在連接大航站和小城市的短程低密度路線可能面臨鐵路、公車、汽車運輸的競爭。而且這些小城鎮通常人口在五萬人以下，不可能每天有足夠的乘客來支持有利潤的營運。然而，基於政治的考量後，民航局決定試驗性地推出地區航線。並將兩項保障條款被納入此項開放之實驗中：

25. "Odds look good for less airline regulation," *Business Week,* 1977, March 21, p.156.

一、地區性服務的航線的授權有時效限制，最多三年。

二、僅有那些不需要一定額度津貼的航空公司得以經營此類航線[26]。

此外，直到這個時期，沒有一家地區航空公司可以與既有的主要航空公司競爭而進入這個新的領域。是故，民航局面臨將地區服務的申請者，列入新航空公司或主要航空公司的抉擇。在經過新地區服務的需求及價格結構的爭辯後，民航局將他們納入取得新航空公司的許可範疇。這項決定部分是因爲主要航空公司可獲得政府之津貼，而將地區性航空公司納入主要航空公司則勢必增加政府津貼的支出[27]。其次，要能決定新地區服務航線的地點並不容易。民航局除了考量財務健全及地區需求的可行性外，當地人口密度及航線長短，亦是達成決策的重要影響因素。使用人口密度當做航線的主要評估因素可能會造成地面交通運輸所帶來的競爭。民航局在未能作出任何決策評估前，就讓地區性服務的航空公司全國全面的起飛了。但就政治上而言，此舉有打破主要航空公司對飛行路線壟斷之非議及滿足小城市航空交通之實際需求。但是卻加深了卡特政府在民航解制中來自選區議員的挑戰壓力。

民航局藉由規定地區服務航空公司，不可在已經有主要航空公司提供服務的兩個城市間設立中點站，以避免兩者間的直接競爭。在地區服務及主要航空公司有直接競爭的地區，有些區域性航空公司對主要航空公司造成很大的威脅。在一九五五年，國會發給地區性服務航空公司之永久營運證書。但是民航局在區域性航空公司的

26. James F. Molly, *The U. S. Commuter Airline Industry: Policy Alternatives* (Lexington, MA: DC Heath 1985), p.106.

27. George C. Eads, *The Local Service Airline Experiment* (Washington, DC: Brookings Institution 1977), p.143.

航線和營運自由上做了許多限制。雖然如此，其發展如下圖2-2所示，在一九五〇年代起，地區性航空公司卻成為津貼給予的主要對象。在一九七〇起到民航解制前後所得到的補助款是呈一底比一底高的上升走勢，不但取得永久的經營許可，成為民航局管制政策下獨厚的特殊利益群。

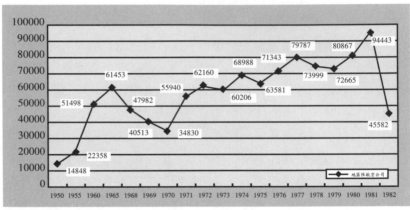

圖2-2 1952-1982年間美國政府對地區性航空公司補助圖

資料來源：撰者根據U.S. Civil Aeronautics Board, *Subsidy for U.S.Certificated Air Carriers,* March 1974 and CAB,Budget Estimates, CAB, Washington D.C., 1972-1981資料，整理而成。
＊以美元千元為計算單位。

　　為了要降低這個金額，民航局制定一個政策來強化它們的路線。這個政策指出了四個範圍：

一、地區性航空公司路線限制的自由化。
二、將較弱的主要航空公司點轉移給地區性服務航空公司。
三、採取使用或取消的政策（use it or lose it），規定了每個地
　　方每天至少有五個乘客，否則就會失去航線服務的強硬政
　　策。

四、除了新路線以外，也要考慮關閉沒有航空服務的地區航線[28]。

　　民航局所採用的路線策略並無法降低付給地區性航空公司津貼的高成長。事實上將主要航空公司較弱的航線以及其餘新的或較偏僻的路線轉移給地區性航空公司，使得它們變的更弱且需要更多的津貼。質言之，在津貼制度下，地區性航空公司享有更多資源激勵來改善它們的機隊，當然就造成它們津貼的增加，此誠為民航局改革錯誤、因果相循之結果[29]。由圖2-3清楚地看出，自一九七二年起自一九八二年的十一年期間，民航政策從管制到開放的二個階段，政府對主要航空公司的補助均落在○點之上，未曾提供任何的補助款項，其他航空公司群之所得補助款僅在百萬美元單位，而地區性航空公司所受到政府的照顧，幾乎是民航局補助款的全部，此由圖中補助款總數之線條和地區性航空公司之線條走向幾呈重疊，即可觀視得出。此種限制大航空公司之增加，但卻開放地區性航空公司之進入市場，形成多重標準的管制現象，不但無法達到進入市場管制的目的，並徒然浪費政府公帑，更導致市場惡性競爭的現象，是政府機制失責的明顯例證。

28. Myer & Oster, *op.cit.*, p15.
29. Eads, *op.cit.*, p.145.

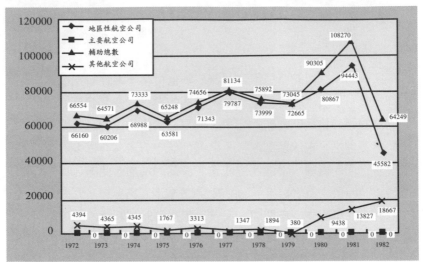

圖2-3 1972-1982年間美國政府對航空公司之補助圖

資料來源：撰者根據U.S. Civil Aeronautics Board, *Subsidy for U.S.Certificated Air Carriers,* March 1974 and CAB Budget Estimates, CAB, Washington D.C., 1972-1981.調整後，繪製而成。

＊以美元千元為計算單位。

參、輔助性航空公司之發展

　　當一九三八年民航管理委員會被通過時，法案中並不包含提供單點的不定期航班的航空公司（Irregular Carrier）服務在內。在一九三八年十月，這類航空公司的營運得到免除管制全且被允許繼續經營。二次大戰後，許多退役飛行員買了過剩的軍用飛機且開始了輔助性航空公司（Supplemental Airlines）的服務。這項舉動引起了民航局高度的關注。一九四四年的調查，產生了一項建議，希望民航局准許這輔助性的航空公司在非主要商業地（固定的基地）的兩點間，得從事每月超過10次以上的飛行班次。民航局拒絕這項建議，而反進一步地試圖將這些營運管制的定義規定的更完整。如果乘客可以合理地認爲此行程將會以定期航班營運，而剩下的問題就是如何取得座位，這樣的營運就是由定期航次航空公司來執行[30]。這種分類是由民航局公布且規定不定期班次航空公司只能營運一些限制性的不定期航班。

　　然而，新的不定期航班航空公司之營運遠高於於定期班次，而且直接和主要航空公司競爭。一九四七年五月五日，民航局將所有不定期航次的航空公司歸類爲不是大航空公司（營運在起飛點的載重量是一萬英磅或三架以上飛機載重量超過二萬五千英磅）就是小航空公司，而且大航空公司需運送掛號郵件。直到一九四八年六月，民航局關閉了大型不定期航空公司「large irregular」[31]，在一九四九年五月二十日，民航局解除了對大型不定期航次航空公司的免除管制權，而且要每個航空公司申請個別的證書。一九四九年十一月，民航局要大型不定期班次航空公司提出所有乘客的機票，以防止它與其它不定期班次航空公司結合營運對定期班次服務造成影響。

　　民航局更進一步限制大型不定期班次航空公司在13個城市間定3班同一方向的班次，在任何城市同一方向的航線每四星期飛8個班次。這些大型不定期班次航空公司在經營上一直存有班次不穩和維修不佳的問題，以至於15家提出申請具有定期班次服務及不定期服務班次認證權時，均遭到拒絕，此外，民航局認爲這項認證將會造成在已有航空業間因競爭過激烈而產生的破壞性競爭[32]。

　　對於不定期班次的角色一直持續有許多的辯論，在一九五一年

---

30. Samuel Ratten, "United Airline took million overbooking in year," *The New York Times*, 1976, Sept. 8, p.52.

31. Meyer, et al. *op. cit.*, p.41.

32. Edward Holsendolph, "Federal Controls on Airlines Seen: Increasing Fees," *The New York Times*, 1977, Feb. 24, p.1.

大型不定期航空公司調整報告（Large Irregular Air Carrier Investigation）提出後，民航局認為不定期班次確實提供了有價值的服務。特別是包機運作，軍方支持及低價位空運都由不定期班次供應而非主要的航空公司。因此，被認為輔助航空運輸是一項助益。大型不定期班次航空公司被再次分類為輔助性航空公司，而且民航局特別鼓勵它們的發展。

在韓戰後，航空公司又再度面臨低承載量和低利潤。在一九五二年，航空公司要求管理單位給予其在每張票增加一美元及同意取消來回票的折扣。其後，漲價被准許，但是來回票折扣依舊不變。這些請求造成了民航局對乘客票價的基礎及架構做一般性的調查。在那個時期之前是沒有類似這方面的調查。在一九五二年末及一九五三年航空公司利潤明顯改善，而他們害怕調查會產生低價格的出現。在航空公司持續的抗議後，管理單位終於被說服且取消調查；然而，一九六五年在國會的強大壓力下，民航局正式設立了「一般旅客票價調查」（The General Passenger Fare Investigation, GPFI）單位。

第四節　市場競爭策略

一九三八年的民航法案建立了美國政府的航空管理權，它是一個單一的經濟管制體系，目的在於促進及管制航空公司之穩定發展[33]。一直到一九七八年的民航解制法案出現為止，此法案奠定美國政府民航管理之合法基礎。民航法案的內容反映了羅斯福政府對民航飛行安全以及經濟管制之重視。藉由建立獨立於航空公司經濟管制（The Air Carrier Economic Regulation）之外的航空安全委員會

---

33. Allan J. Reynolss-Feighan, *The Effect of Deregulation on U. S. Air Networks* (Berlin: Spring-Verlag), p.104.

（Air Safty Board）將安全議題分開。並以下列各項積極目標爲民航管制之重點工作：

一、航空運輸系統的獎勵和發展可適用於在美國國內外商業、郵件服務以及國家防禦的現況和未來需求。

二、航空運輸的管制應考量如何維持航空業的先天優點，維護航空業的高度安全性，協助改善航空業經營的理想經濟條件。

三、在合理的價格，公平的待遇，合理的利潤及公正的競爭原則下，推動航空公司提供充裕而又經濟的效率服務。

四、藉建設性的競爭確保航空運輸系統的理想發展，並滿足美國國內外商業、郵件服務以及國家防禦的需求。

五、民航管制之目的是以最佳的方式，來推廣它的發展和強化其安全。

六、對國家飛航的促進與推廣[34]。

民航管理委員會（Civic Aeronautic Administration，ＣＡＡ）由五位委員組成，委員最長的任期是六年。在五位委員中不可以超過三個以上委員是來自同一個政黨。委員是由總統指派，經參議院通過任命。並不得與航空業有任何金錢上的利益輸送或擁有其股票[35]。總統指派一位主任委員負責行政上及營運上功能的工作。[36]

一般而言，此單位執行二項主要功能：

34. U. S. Government Printing Office, *Civil Areonautic Act of 1938*, Ch 601, 52 Stat. 973.

35. *Ibid.* 981.

36. S. B. Richmond, *Regulation and Competition in Air Transport* (New York: Columbia University Press, 1961), p.65.

一、負責管理國內的和國際的美國航空公司營運以及對進出美
　　國的外籍航空營運的經濟管制。
二、負責國際航空運輸發展及管理工作。

　　民航管理委員會成立後的第一個行動是頒發「祖父條款」
（Grandfather Code），意即於一九三八年五月十四日前處於營運中的
航空公司得被准許永久保有其目前已擁有路線權的認證書[37]。這些
航空公司不需再提出「公眾便利和需求」原始證明，但是如果它們
想擴展其他市場必須告知民航管理委員會（之後的民航局Civil
Aeronautic Board, CAB）其在能力上之合適性、意願、服務能力以
及足以滿足公眾的需求[38]。它們也必須提出擴充新航線不致於造成
在那些既存航線擁有者之財務負擔。這些「祖父條款」之認證，提
供航空公司管制架構上的基準。根據此項條款，一九三八年時有16
家航空公司得到認證。此後，沒有任何一個新航空公司在管制後的
四十年中可進入這個既得利益團體之主要航空公司家族。其後，因
主要航空公司間的合併，使得主要航空公司到一九七三年解制前僅
剩下11家，請參閱表2-1。這種發展幾近停滯的趨勢，要等到一九七
八年民航解制後，航空公司之家數才又出現增加的趨勢。其間各類
航空公司家數增加之比例分佈由圖2-4中顯示，僅有其他類的小型航
空公司急遽地成長，可見主要和地區航空公司在經過長期的管制
後，其經營的能力呈彈性缺乏的狀態。

　　此外，航空票價必須公布及觀察，所有票價的變動都必須經民
航局冗長檢查過程後方可允許推出，而且所有的票價都要具備公平
性及合理性。票價不可以有差別待遇，並取消長、短票期的發售。

37. John R. Meyer and C. V. Oster, *Deregulation and the New Airline Entrepreneurs*
　　(Cambridge: MIT Press, 1984), pp.11-12.
38. Allen S. Morisson and Charles Winston, *The Economic Effects of Airline Deregulation*
　　(Washington DC: The Broodings Institute, 1986), p.115.

表2-1 1938-1978年間美國國內主要航空公司一覽表

航空公司	合併日期
美國航空	
布蘭民夫航空	
首都航空	1961－和聯合航空合併
芝加哥和南方航空	1956－爲達美航空合併
柯隆尼爾航空	1956－爲東方航空收購
大陸航空	
達美航空	
東方航空	
內陸航空	1952－和西方航空合併
中陸航空	1952－和布蘭尼夫航空合併
全國航空	1980－和泛美航空合併
北西航空	1971－和達美航空合併
西北航空	
環球航空	
聯合航空	
西方航空	

資料來源：George W. Douglas and James C. Miller III, *Economic Regulation of Domestic Air Transport,* (Washington, DC: Brookings Institution, 1974), pp.121- 122.

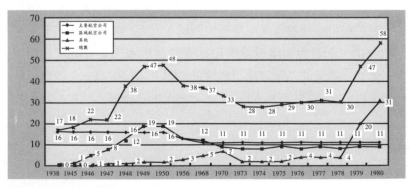

圖2-4 1938-1980年間特許航線經營權之航空公司之數量
資料來源：撰者依據CAB資料整理

在一九三五年聯邦航空委員會（Federal Aviation Commission）的報告指出，民航法案主要的政策是改善航空業界在航空服務及技術發展上的競爭，但應避免不具經濟性的相同航線及重複的設施。這個報告也愼重地指出，過多的競爭和過少的競爭都一樣糟。一九三八年民航法案藉由直接聯邦津貼的方式來改善及制定提倡航空運輸的方法。此外，民航局的成立影響更是多元，卡特總統的民航解制的推動亦是藉由此法案之授權而掌握其主席之人事任命權才得以展開。

「一般旅客票價調查」的產生和噴射客機來臨，以及一九五○年代末期經濟衰退所導致的低利潤可謂同時出現。但民航局認為，航空公司已經享有多年的高利潤，且主要航空公司大多沒有津貼補助。因此，民航局將管制焦點集中於票價的標準規範上，而國會對民航局在民航結構上的停止管制有很大的批評。因此，民航局需接受國會的質詢[39]。

「一般旅客票價調查」的聽證會一直持續到一九五八年。在這段時期，許多航空公司申請更高的票價，原因是噴射客機的高成本。民航局在一九五○年代早期的政策是在於制定價格以便達成價格的標準，意味航空公司可以在一定的投資期間達到報酬的回收[40]。

民航局用這種理念來反應航空公司一九五六年及一九五七年早期的需求，而且說明噴射設備和航線的高成本只是暫時的自然現象。然而，經濟的不景氣及福特總統的壓力使民航局允許票價暫時性的上揚4％，且每張票多1元美金，不再去理會過去幾年所賺的高

39. Emmette S. Redford, "The General Passenger Fare Investigation," in Eward A. Bock ed. *Government Regulation of Business: A Case Book* (Englewood Cliffs, NJ: Prentice Hall, 1965), p.345.
40. Caves, *op.cit.*, pp.124-125.

利潤。之後，航空公司接踵要求取消來回票折扣，免費停靠點以及
將「家庭票價（Family Fare）」折扣由1/2降到1/3。這些要求都得到
民航局的允許[41]。「一般旅客票價調查」最後到一九五八年八月有
了結論；並於一九六〇年十一月二十五日宣布決定將大型主要航空
公司的投資報酬率被設於10.5％，小型主要航空公司則是12％，並
認為航空公司達到這個平均比例的經營期限是無法定義的。再則，
民航局認為在反映噴射機營運的記錄中，預測不可靠且資料非常缺
乏。這樣一來，根本就無法決定整個適當的票價[42]。此外，許多其
他的議題如標準承載量以及標準成本的使用也未被管理單位決定。
然而，民航局最後作出結論：一般價格的調高並不能解決體弱航空
公司的財務問題[43]。在民航解制前長短程之航空公司在經營上仍有
利潤，且差距有限，而此種競爭的均勢在一九七八年出現其經營利
潤之高點後分道揚鑣。其中主要航空公司之利潤更是一落千丈大幅
虧損，形成在解制後主要航空公司合併、併購與倒閉的風潮。此點
請參閱本書附錄一〈卡特政府民航解制市場效益〉。

　　一九五八年的聯邦航空法案（Federal Aviation Act）[44]設立了
聯邦航空總署（Federal Aviation Agency, FAA）來代替民航委員會
（Civil Aeronautics Administration, CAA）以及承擔它的職務功能。
新的FAA從舊CAA職務中承擔兩項範疇。第一，在所有安全管制的
改善及強化方面賦與最大的責任和職權。第二，承擔國家領空系統
管理的完全責任。民航局則繼續擁有它在航空意外調查的管轄權。

---

41. *Ibid.*
42. Meyer et al., *op.cit.*, p.22. Also in W. S. Mcshan, *An Economic Analysis of Hub-and-Spoke Routing Strategy in the Airline Industry*, (Dissertation Abstracts International, 47), p.3134A.
43. Redford, *op.cit.*, p.348.
44. U. S. Government Printing Office, *Federal Aviation Act of 1958*, Pub. L. 85-726, 72 Stat. 731.

在一九六六年，交通部法案（Department of Transportation Act）[45] 將聯邦航空總署的飛安管轄權及民航局的意外調查權轉移到交通部所新設立的國家飛行安全局（The National Safety Board）。

在一九五八年聯邦航空法案之下，民航局仍然是一個管制單位，在政策上沒有改變，且在經濟管制和管理政策上都無改變的意向。另一方面，民航局變成一個獨立的管理單位，不像它在一九四○來開始都附屬於商務部（Department of Commerce）之下。

在一九五九年，所有的主要航空公司都在沒有津貼的情況下營運，僅東北（North-East）航空公司在一九六三年短時間的回歸到津貼補助。民航局藉由頒發路線許可證給予較弱航空公司而取消對主要航空公司的津貼補助[46]。為了推廣航空事業，民航局將焦點集中於路線的擴展，將津貼維持在一定水準。戰後主要航空公司享有高利潤，對津貼的需求大大的降低，使得票價標準成為管理單位對主要航空公司的主要經濟控制。

一九六○年代末期航空公司間的競爭越來越多。雖然價格和路線都被固定，但是班次的頻率和承載量都未被固定。航空公司有高頻率的飛行班次但卻是低承載量。在一九七○年，民航局舉行了對航空公司在一九六○年代末期利潤下滑的聽證會。國會議員要求參與聽政會但被民航局拒絕。國會議員隨即轉向司法機關提出對民航局的控訴，而民航局為了回應這個舉動，在一九七○年一月十九日開始著手進行國內旅客票價調查（The Domestic Passenger Fare

---

45. U. S. Government Printing Office, *Department of Transportation Act of 1966*, 80. Stat. 931.
46. 因為補助政策形成民航局沉重之負擔，盼藉航線之分配以促進競爭力而能降低補助。

Investigation, DPFI）。它是相關部會第一個對票價政策的分析[47]。在「一般旅客票價調查」時期，民航局只同意一個合理的投資報酬率，而且也規定價格必須和成本相近，但並未建立承載量控制。然而，主要航空公司的承載量在一九六○年代從59.3％降低到50％。「國內旅客票價調查」因此被推舉出來以彌補「一般旅客票價調查」的缺失而且發展出一個決定票價的公式[48]。「一般旅客票價調查」的議題被分成價格標準和價格結構兩個部分。在考慮價格標準上，民航局同意採用交通部的研究指出高票價會促使航空公司提供高承載量（Average Load Factor）。這種高票價／低平均承載指標的現象使民航局依不同機型設定不同的座位標準。票價依主要航空公司55％的平均承載指標及地區性航空公司44％的平均承載指標來決定。票價的標準也依報酬率的12％來計算。

　　在一般旅客票價調查時期，航空公司經由提供經常性服務來競爭。因此，成本增加而利潤降低。這些成本只能微幅的轉嫁到顧客的身上。因為，價格是被用來反映成本和提供投資報酬率[49]。現在，價格是由特定的承載率來決定，因此價格和收入的關係就比較能預測。價格是被設定來反映服務的成本。「在國內旅客票價調查」之前，航空票價是以等比的一直線方式來應用。然而，飛機的營運成本因每英哩乘客數而減少，因此，此種計價方式的長程線的營運較有利潤，可以補足較不具利潤的短程線。「國內旅客票價調查」藉由增加在價格利率上的距離空間（distance taper）來改變這個架

---

47. Elizabeth Bailey, David R. Graham & Daniel P. Kaplan, *Deregulating the Airlines* (Cambridge: MIT Press, 1985), p.18.

48. M. Rasper, *Deregulation and Globalization* (Cambridge: Ballinger, 1988), p.37.

49. E. Fruhan, *The Fight for Competitive Advantage* (Boston: Harvard University, 1972), pp.58-60.

構，也就是增加短程線的票價及降低長程線的票價[50]。另外一個價格結構改變是源自於對美國航空公司合理票價要求的反應。他們希望民航局能設定一個標準價格，航空公司只能在此上限下限作10%的調整。在市場狀況及競爭改變時才可做調整。民航局拒絕合理性地區的說法，認為所有航空公司只會依此區域的最大值來制定票價。最後，國內旅客票價調整所處理的議題是折扣定價。在過去，折扣定價被認為是用來推廣航空業，且幫助航空公司解決過多的承載量。在定價的議題上，民航局認為「青年人票價」（Youth Fare），「家庭票價」和其他折扣票價是有差別待遇性的。因此，它們是不合法的，並宣布此這種票價應該在十八個月中被取消。這個宣言與先前民航局的舉動互相矛盾。因為，以往民航局為了推廣民航市場就以降低票價為推廣的有利武器。折扣只有在民航局審核不具差別待遇性後才被許可，然而，如今「青年人票價」、「家庭票價」以及「發現美國」（Discover U.S.A）的折扣價被認為有差別待遇性，所以這些折扣就變成不合法。在一九七〇年，航空業面臨財務的損失，聯合航空、環球航空集結討論增加航空公司承載量的可行性。希望藉由限制在長程線班次頻率的共同協定來完成。最初的承載協議遭受從其他航空公司的強烈抗議，民航局在一九七〇年十一月六日否決它。然而，民航局真的鼓勵航空公司尋找本身所造成過多承載的降低的方法。最後，環球航空、聯合航空、美國航空在民航局的同意下，核准它們在四個長程（long haul）市場限制承載量一年。民航局基本上反對承載限制，但是給予許可，僅是用來解決航空公司財務狀況的一個暫時方法。承載量限制協議對三家主要航空公司很有效；然而，它們企圖延長協議，卻引起小規模航空公司的反對。小型航空公司覺得此協議似乎降低在市場的佔有率。在

50. David D. Wyckoff and D. H. Maister, *The Domestic Airline Industry* (Lexington, MA: DC Heath, 1977), p.11.

司法部發佈民航局喪失民事功能後，民航局就在一九七五年七月二十一日廢止承載協議。在「國內旅客票價調查」時期，媒體經常性報導所引發的大眾之關注力，以及承載協定的建立，提供對民航局政策評量的基礎。

　　綜上分析，美國航空管制之具體成形應始自於一九三八年民用航空法之通過。在此之前，美國的民航發展雖然受到郵政總局之管制和推動，雖對美國民航之啓蒙貢獻良多，但美國民航之眞正成熟仍在民航局成立之後，一方面由於當時之民航市場仍屬起步，二則當時相關法規並不完備，聯邦政府亦未設有單一的航空事權機構，亦爲主要之原因。

　　民航局的成立後，對長達四十年的民航管制發展深具意義，其在管理期間以漸進之方式建立管制的架構，但在日後，它又擔負起民航解制上擔任急先鋒之角色，確是始料未及的。民航局是在一九三八年民用航空法授權下成立的全國民航經濟管制單一機構，除了安全外，其主要的任務定負責民航事業的推廣和管制，而此兩項功能之運用與整合端視民航市場環境而定。而其時機的掌握，執行的落實與面對國會的壓力等，均顯現出各階段管制與競爭政策的特質。

　　在一九三八年以來，民航局即對航空公司分類，以便按規定之分類給與不同的管制，以回應民航市場之需求。透過其對航空公司之認證權力，民航局對航空公司之分類完全站在主導之地位，到一九五〇年代中期，市場上之航空公司分類也有了雛型[51]。在一九三

---

51. Melvin A. Brnner, James O. Leet and Elihu Schott, *Airline Deregulation* (Westport, CT: ENO Foundation for Transportation Inc., 1895), pp. 3-4. 此外，僅有飛行於市場利潤小、短程並以小飛機飛行的通勤航空公司（commuter airlines）才能免於此項要求。見 John R. Meyer and Clinton V. Oster, Jr., *Deregulation and the New Airline Entrepreneurs* (Cambridge, MA: The MIT Press 1984), p.255.

八年以後的日子裡，民航局即透過航空公司之分級來作出國內市場
民航推動與管理之工作。在航空市場發展之初期，民航局對市場之
航空公司提供了大量的補助款服務以配合市場之拓展。當然，透過
認證與分類的持續進行，民航局對民航業界的管制也就日愈加深
了。基於航空市場之發展，民航局根據其服務性質的不同，對各種
不同分類的航空公司作出不同的定位，而達到市場區隔的管制原
則，這種管制的原則也就成為民航局日後管制政策的指標。而這些
政策也就成為一九七八年民航解制時期源於民航市場環境之主要壓
力。

第五節　小　結

　　美國民航管制政策的特質到底是按公共利益或特殊利益來考量
似乎難下決定，不過政府管制給民航市場的影響卻是相當深遠的，
經上述說明後可綜合如下：

一、民航經營權之管制

　　若各航空公司欲開啓定期班機的客、貨運服務，需先向民航局
申請，取得一紙大眾「便利與需求證明」（Certificates of Necessity
and Convenience）之後，方能正式開航或增闢某一航線。在民航局
嚴格管制的結果，使得雖然多年來不斷有航空公司向其申請欲升格
為主要航空公司，[52]從一九三八年至一九七六年的三八年間，民航

---

52. Roger E. Noll and Bruce M. Owen, eds, *The Political Economy of Deregulation* (Washington, DC: American Enterprise Institute, 1983), p.135.;George W. Douglas and James C. Miller III, *Economic Regulation and Domestic Air Transportation: Theory and Policy* (Washington, D. C.: Brookings Institution, 1974), pp.110-113.

局沒有核准任何一家主要航空公司的設立[53]。而地區性的航空公司，則在一九五五年之前，沒有任何一家公司拿到民航局核發的一紙「大眾便利與需求證明」證明[54]。再則，在一九七○年開始之後的六至七年當中，民航局也以「政策因素」爲理由，拒絕並批駁了任何有關開闢新航權的申請[55]。由此可見，在一九七八年實施航空公司解除管制之前，美國國內的民用航空市場，確實爲一受到高度管制的環境。

二、路線管制

藉著核發大眾「便利與需求證明」的手段，民航局也控制了從事定期班機服務的大航空公司之路線規劃政策。該紙證明中，對於欲從事某一航線服務之公司，其航線兩端起點、終點的城市爲何？均有極詳盡的規定[56]。民航局不但嚴格限制新的公司加入航空界，同時對於民航市場上現存之航空公司開闢新航路的申請，亦有多重的管制作法[57]。況且，對於某一路線航權的核准需時甚久，且還要經過冗長、價格又十分昂貴的申請手續費，更有待聽證會之舉行。如此，更限制了航空公司競爭的意願與各家航空公司競爭的空間。在另一方面，各航空公司爲了在限制重重的環境下從事競爭，應付繁瑣之申請手續與隨之而來的法律、政治問題，通常在雇用高階管

53. George W. Douglas and James C. Miller III, *Economic Regulation and Domestic Air Transportation: Theory and Policy* (Washington, DC: Brookings Institution, 1974), pp.110-113.
54. Noll and Owen, *op.cit.*, p.135.
55. Brenner et al. *op. cit.*, p.4. 亦有學者認爲解除管制的自由競爭精神，其實早已存在於民航局之決策週期中。藉運用限制及鼓勵競爭之方式在週期中來回擺盪。見 Anthony Brown, "The Regulatory Policy Cycle and the Airline Deregulation Movement," *Social Science Quarterly*, Vol. 66, No. 3 ,Sept. 1985, pp.553-554.
56. 民航局對從事州內（intrastate）飛行，只要其不越州的範圍，並無管轄權。
57. Meyer and Oster, *op.cit.*, p.5.

理人才時，便會考慮到其政治關係與背景是否通達，法律知識與經驗是否充足等問題[58]。

這種航權的管制，尚有另一項目的，就是達成民航局的政策目標之一，即保障弱勢航空公司，與保護偏遠地區民眾之空中交通權利。

三、票價管制

民航局對於航空公司票價設定的限制，採用以下兩種方式：

（一）對各家航空公司所提出的票價調整方案，有權予以通過、修訂及否定。

（二）有時民航局對客運票價與貨運價格均採嚴格的管制，使航空公司的機隊在經過更新之後，未能調整管制手段，扼殺了各公司充分利用票價招攬更多生意的能力[59]。

四、服務品質與補貼

藉著嚴格的控制，民航局也確保了許多中、小型市鎮的航空服務。若無民航局的控制政策，這些小型的市鎮將完全失去定期班機的飛航服務[60]。

為了要使中、小鎮也享有航空服務，民航局對服務飛航於這些不具利潤航線的航空公司實施補助款給各公司，作為載運郵件的報償[61]。

由於民航局之管理權遍及於民航界各層次，對美國國內民用航空界之束縛可謂無遠弗屆。其中特別有關航空公司路線航權之規劃、公司之運作、新公司成立的核准方面，處處可見民航局之管制

58. Noll and Owen, *op.cit.*, p.135.

59. *Ibid.*, p.150.

60. 一直到一九五三年此項責任才由民航局自行承擔。

61. Elizabeth E. Bailey, et al. *op.cit.*, p.7.

措施。

　　總之，在一九七〇年代初期時，政治、經濟及社會環境之變革使得民航改革之呼聲高漲，支持航空業的政治聯盟已隱然若現，使得民航管制政策之爭議性得列入於全國性的政策會議事項中。在管制關係中各項因素的匯集，以及它的直接環境，造成了這種聯盟的出現。不僅是與三十年之前加以比較，甚至是和五年以前相較之下，這些管制關係中的所有構成要素都已經歷巨大改變。這些變化繼而對全國的經濟、政治、以及社會文化環境，都造成了重大的改變。而在經濟理念上之改變影響尤為深遠。是故，在下一章中，將就此種促使民航解制之國內環境變革和思維的改變加以深入探討。

第三章
卡特政府民航解制決策之
國內環境分析

　　美國產業的經濟解制是當下美國在經濟政策上最重要的實驗，在一九七七年，美國生產毛額中的百分之十七源自於經濟管制下的產業，到一九八八年，經過長約十年的時光，尤其是在美國大部分的運輸業、電信業、能源業和金融業相繼解制後，國民生產毛額源於經濟管制的比例已下降6.6個百分比。而這種改變，個體經濟學者們的貢獻功不可沒，尤其他們在經濟理論上的研究，更給一九七〇年代經濟解制思潮奠下了堅實的基礎。對這股自由市場思想的再興，在民航解制之發展上，更是推動民航解制成功的主要力量。當然，任何事件之改變絕少是單一因素所造成的，一九七〇年代的飛行科技的進步，通貨膨脹的打擊，社會上呈現對政府信任感的降低，反對政府權力過度擴張的社會意識，以及對政府官吏無能之厭惡等所謂越戰後遺症候群，均沸然聚集，使得民航解制政策得以一躍而登上全國性關注的焦點。當然，水門事件及一九七六年的總統大選均給予了卡特政府民航解制決策得以出線的機會。但就上述之因素而言，經濟學家們對一九三〇年代以來政府管制政策感到失望則是推動解制的最主要變革動力。同時，福特政府時期的一連串民航管制改革（Airline Regulatory Reform）行動，對卡特政府之解制決策環境之開創，亦有推波助瀾之功。

第一節　福特政府之前的民航管制環境之變革

　　自一九三八年以來，民航經營環境即長期處於政府的高度管制之中，歷經四十年來未曾有重大的突破。而於一九七〇年代，整個社會的環境卻產生了相當的變化，諸如航空科技的精進，經濟景氣之衰退，越戰與水門事件對政府能力形象的摧毀，自由市場經濟理念的再興，民航局對環境反應力之缺乏彈性等因素均造成民航管制環境之變革。

壹、 航空科技的精進與經濟景氣之衰退

一、航空科技的發展

於一九六○年代末期，航空業科技的進步形成航空市場結構性的改變，例如DC-10、波音747、以及洛克希德1011等廣體式或「巨無霸」噴射客機所帶來高載運量能力，使得其載客能力方面有了新的發展。因此，於一九六九年時，各航空公司都開始充滿更新設備的願景，以因應新航空科技時代的來臨。

這項進步對所有的航空公司都造成了一種預期之外的衝擊；這些廣體式噴射客機被引進於商業航空市場後，導致機位供給的驟然增加。但接踵而至的一九七○年代初期經濟衰退，使得預期航空市場的需求成長卻未能如期出現，反而導致市場競爭日益激烈。機位的供給量遠超過機位的需求數，造成承載率遽然下降。航空業追求科技上之進步所造成的改變，固然是導致一九七○年代初期載客能量過剩危機的部分原因，但是航空運輸業在經濟上所具有的獨特營運屬性，以及全國性經濟丕變也都是造成這項危機的主因之一。

二、經濟景氣之衰退

對航空業而言，一九七○年代初期的經濟狀況可說是一段如夢魘般的時光；營運成本快速攀升，而利潤與投資報酬率卻隨之巨幅滑落，使得航空公司預期的數量和實際達到的水準有著相當程度的差異性。如圖3-1所顯示的，在一九七○到一九七五年間，航空公司的經營虧損由20億美元至8,500萬美元之間，其間曾有產生如一九七一、一九七二、一九七三等是有利潤的年代，但卻是和航空業當初

之願景背道而馳的，而業者對一九七五年以後的利潤上揚，在當時
的不景氣的年代中是無法預期的。

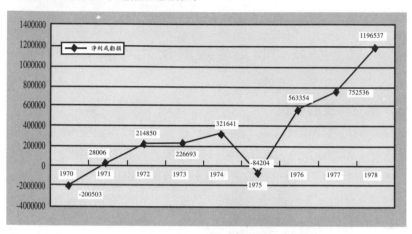

圖3-1 1970-1978年間航空公司之利潤趨勢圖
資料來源：撰者依據 Air Transport Association, Air Transport, Washington, D.C., 資料整
理。
＊以千美元爲計價單位

　　是故，航空業盲目追求高承載量的發展使得其在經濟衰退的過
程中更顯得岌岌可危。由於全國經濟狀況均無法預期，是故，所有
的航空公司都在一種明知不可爲而爲之情況下，繼續維持班機的飛
航。

　　誠如前述，航空業受到高度的管制，對於全國性的經濟變化極
爲敏感，擁有一種以航機爲中心的成本結構，對於需求相當敏感，
因此，如何排定便捷的飛行班次時間表，各航空公司間的競爭更是
激烈、以至於它在某航線中所排出的班機數，極易超過市場上的適
當需求量。所有的這些因素，都與載客能量過剩的危機脫不了關
係。

　　首先，航空業者對科技進步，導致了載客能量過剩的發展。已
往的各種進步對航空公司而言，所需求的幾乎都是有利之處；它們
造成了營運成本的明顯降低，以及生產能力的提高。由於購買新飛

機的這項設備更新成本相當高昂，再加上民航局之協助貸款，使得
航空公司之資金取得無虞。再則，相較於消費者物價指數的增加，
費率仍維持在相當低廉的水準；而且由實質金額的觀點來看，甚至
還低於一九三八年時的水平[1]。徵諸於一九六〇年代中令人刮目相
看的傑出經濟狀況、以及需求將不斷增加的各種預測，各航空公司
的管理階層都決定購買新型的廣體式噴射客機。就像過去一般，航
空公司爭相採購新的航機科技，而且每哩可容納座位（Available
Seat-Mile，ASM）也隨之水漲船高。然而，經濟環境之變更使需求
量卻無法與供給同步成長。

　　第二，一九六〇年代的各種管制決策，導致了載客能量過剩的
發展。在一九六〇年代中，航空旅遊的需求量增加，而所有航空公
司的業務也都欣欣向榮。對於這種繁盛狀況，民航局則先是藉採取
自由化的市場通路，以及授與額外的航空公司有權經營許多的航
線，來做爲因應。民航局希望能透過這種作法，在整體看來都沒有
任何公司會面臨財務困境的時機下，來強化小型的航空公司、改善
偏遠地區的服務和減少補助的要求[2]。一般來說，各主要航空公司
所提供的服務係以長距離、高密度的航線爲主，而地方性航空業者
則以提供短距離、支線式的路線爲主。但是，新頒發的各種航線執
照，則混淆了於主要航空公司與地方性航空業者之間原本所存在的
區別。日益激烈的競爭，也代表著在這些新被授與航線中的載客能
量日益增加。

　　圖3-2也充分顯現短程航線在經營利潤的獲得上是穩步趨堅的。
但在一九七八年以後，二者經營之獲利情況即產生兩極化發展，這
恐怕是主張民航解制者所始料未及的。

---

1. 1975 Senate Report, p.35,; and "CPI Verse Fares," *The ATA Chart*, in Kane and Vose
   1977, pp.1-9.
2. Nawal K. Taneja, *The Commercial Airline Industry: Managerial Practices and
   Regulatory Policies* (Lexington, MA: Lexington Books, 1976), pp.29-30.

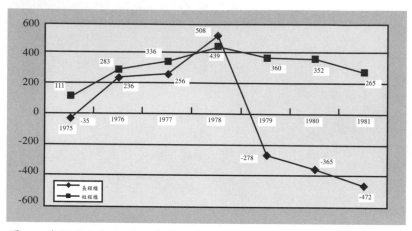

圖3-2 美國國內航空業經營長程與短程航線之利潤比較圖
資料來源: 撰者.compiled from Jose A. Gomez-Ibanez, Clinton V. Oster, and Don H.
Pickrell, "Airline Deregulation: What's Behind The Recent Losses?"*Journal of Policy
Analysis and Management*, Fall, 1983, pp.26-32.資料，調整後整理。

　　第三，或許也是最重要的因素，便是在美國經濟中所出現的沉
滯低迷。

　　美國全面性的經濟蕭條開始於一九六九年，隨之而來的不景氣
狀況下的通貨膨脹（stagflation）造成的薪資與物價之快速攀升。在
表3-1中顯示的美國一九七六年經濟狀況和一九七〇年比數，其生產
者物價指數上漲了39.7％，能源指數上漲了137％及失業人數也產生
了78％的增加，此種經濟通貨膨脹與衰退，進而導致航空營運成本
的提高。同時，機位之需求量的成長卻處於持平狀態；這也意味著
這些新購進的廣體式噴射客機，在一對一的基礎下將無法達到其經
濟效益[3]。當每天所運送之載客量能夠保持相同水準的747客機越來
越少時，也代表著排定的班次應加以縮減。由於所有的航空公司都

3. Donald Haper, *Transportation in America: Users, Carriers, Government* (Inglewood
　　Cliffs, N J : Prentice Hall, 1978), p.303.; and Bradley Behrman, "Civil Aeronautic
　　Board," in James Q. Wilson, ed. *The Political of Regulation* (New York: Basic Books,
　　1980), p.97.

表3-1 1970-1976年間美國通貨膨脹與經濟衰退比較表

	1970	1971	1972	1973	1974	1975	1976
生產者物價指數 1967年 = 100	110.4	114.0	119.2	134.7	160.1	174.9	183.0
能源物價指數	106.2	115.2	118.6	134.3	208.	245.1	265.6
消費物價指數	116.3	121.3	125.3	133.1	147.7	161.2	170.5
就業人數 （百萬人）	78.6	79.1	81.7	84.4	85.9	84.8	87.5
失業人數（千人）	4,088	4,993	4,840	4,304	5,076	7,830	7.288
失業人數占適業 人口百分比（%）	4.9	5.9	5.6	4.9	5.6	8.5	7.7

資料來源：撰者按U.S. Department of Commerce, Bureau of the Census, *Statistical Abstract of the United States, 1975 and 1979.*資料整理。

深信增加班次能帶來競爭上的優勢，因此，沒有人願意將班次減少，並令其喪失市場佔有率。再者，即使航空公司願意停止其部分機隊的飛行，他們仍將面臨到必須支付這些航機之所有費用的困擾。

　　由於所有的這些因素都糾結在一起，使得航空運輸業的經濟狀況益形惡化。因此航空公司們都向民航局訴請協助，以解除他們載客能量過剩的危機。但民航局對於載客能量過剩的狀況，卻未能因應環境的變革而做出適切的反應。

貳、政治意識方面

　　於一九七〇年代初期時，民航局在管制政策仍保持多數決之原則。然而，除了航空管制以外的各項政策，卻又並非如此。水門事件、越戰、以及在經濟不景氣下的通貨膨脹,都使美國的政策產生了一種意味深遠的變革。這種政治上思維之變革,使得民眾對政府干涉經濟之正當性有所質疑,進而提出許多有關的新觀念及理論,對現有管制政策的正當性提出挑戰。而航空公司解除管制即是其中主要的政策提議之一。對於航空業在科技與經濟方面所發生的改變,民航局的確負有某種程度的責任。但是政府行政機構也被認為是在其權限範圍之外,進行運作的一種政治及知識勢力。

水門事件乃是美國歷史上最引人注目的政治醜聞之一。這個名詞已然成為政府官員對公眾信任之濫用,以及成為政府部門中之貪污腐敗的一種象徵。越戰則是一場不受人們歡迎的無謂戰爭、造成國內分裂意識高漲;此外它也因為內容推諉矇混的新聞報導、而非法轟炸高棉的政策,凸顯政府官員的無能與腐敗。朵爾〔Elizabeth Drew〕對一九七六年的總統選舉中,誠實廉節的問題要遠比能力才幹或聰明智慧的議題更受到重視,她提到:

> 人們已不再對水門事件或越戰這兩個事件中的任何一者做太多的討論,但廣被接受的一項事實則是:人們對於政府及政治所抱持的態度,已因為這兩個事件而受到深切地影響 **4**。

這段政治紛擾的期間,使得人們對政府的既有反感更為增強,並使這些反感進展到前所未有的境界。舉例來說,這段期間加強了傳統上對於政府的極具爭議性之不滿,並讓自由主義者對於政府的龐大編制、以及它與大企業之間顯而易見利益掛鉤感到焦慮不安。這些看法並普遍存在於消費者主義論、環境者主義論、公眾利益組

---

4. Elizabeth Drew, *American Journal : The Events of 1976* (New York: Random House, 1977), p.27.

織的成長、對「環境－企業」關聯性等的看法上。但是，這些現象
所造成的政治衝擊卻相當深遠，它已經無法讓美國人民對政府寄予
厚望。是故，上述的所有現象也日益改變政治環境中的勢力結構。

　　再者，外在的政治環境也出現了急遽的改變。水門事件與越戰
動搖了民眾對聯邦政府的信任與信心，並演變成一股促使國家改進
的力量；使得公眾的懷疑論與犬儒主義有日益升高之趨勢。在此期
間中，民意調查顯示出民眾對於政府績效的信任度與滿意度都出現
劇幅滑落；此外，這些民意調查同時也顯現出民眾對於大型企業及
利益團體的負面態度，有逐漸昇高之傾向[5]。

　　在華府中的政治氣氛，也使得「創新」與「反傳統」的論調大
行其道。各種新興態度及實行者的蜂擁匯至，深深地影響了所有的
政府機構。例如，尼克森總統的被迫下野就是一個當時的的民眾心
境寫照吧。而長達十一年又一個月的越戰對美國而言是一場引人爭
議的戰爭，雖然其結果使得詹森總統（Lyndon B. Johnson）被迫下
野，但在美國的歷史上很難找出另一個事件如越戰般對美國社會及
政黨有如此重大影響，其中尤以對總統的威信尊嚴的喪失及民主黨
內部的分裂爲然。[6]

　　上述效應也反應在政治方面：一九七四年的國會議員選舉中，
我們可發現到有許多新登科的民主黨議員，對於雷朋（Sam
Rayburn）建議民主黨議團應信守前任者所立下之制度、並配合各
委員會或小組委員會主席之決策，但議員們之意願卻顯得相當低落
而各自爲政。在委員會之成員中所出現的這種改變，也促成了委員
會中的價值觀之改變；而這些改變亦造成日後更高度的專業化與程
序上的自由化。行政部門也同樣地注入了新的人員與態度。最後，

5 .George Gallup, *The Gallup Pull: Public Opinion 1972-1977* (Washington, DC:
　　Scholarly Resource Inc.,1978), Vol. 1, p.186; and Vol.2, p.761.

6.李本京，《越戰對美國社會之影響》，問題與研究,第十二卷，第六期，民國六十二
　　年二月，頁七十六～七十九。

政府官員與民眾對於醜聞及犯罪行為的敏感性也隨之升高。以往那些政府中之黑箱作業的行為，如今被要求攤在陽光下而接受民眾的檢驗，民眾渴望見到一個社會正義，政治公平為經濟自由化的國家再造的好形象。

參、經濟理念方面

在舉國要求變革之際，構成航空管制政策之基礎的各種觀念，並未發生改變且依然固我。一九七〇年代初期時政治與經濟方面的不平現象，多源自於經濟理論，並對航空管制之適當性提出挑戰。這種信念，將航空管制定義成一項「議題」（issue），並提出了各種解決此問題的政策。在一九七〇年代初期所發生的政經變革下，使得航空管制終究被列入於全國性的會議事項中。

威爾森（James O. F. Wilson）藉由將一九三〇年代與一九四〇年代時，在各大專院校及法學院中蔚為風潮，有關於政府機構配合的理性認知，與一九六〇年代時的相關狀況做一對照，來印証存在於不斷改變中之觀念與不斷改變中之管制政策間的關連性。一九三〇年代時學生們所學到的是：管制乃是符合眾望、具客觀性、並且能讓民眾因而受益的。一九六〇年代的學生們所學到的則是：政府機關所服務的只是那些大企業罷了，並對消費者巧取豪奪。這些當時六〇年代的學生們現在已介入政策制定的過程，而他們在學生時代所接受到的那些觀念之殘餘價值，便在此時發揮了實際的影響**7**。

水門事件與越戰打擊了民眾對美國政治與政府的現存概念；而經濟不景氣下的通貨膨脹而引起之經濟動盪，促使了許多經濟方面

---

7. James O. Wilson ed., *The Politics of Regulation* (New York: Basic Books, 1980), pp.386-387.

的新觀念的產生，並對各種支持航空公司管制政策之信念的正當性
提出挑戰。對戰後時期本該出現的經濟成長卻因受到經濟不景氣下
的通貨膨脹而下跌。原先被視爲理所當然的繁榮，也出現了質疑：
這個「匱乏的新紀元」（new era of scarcity），持續對民眾造成一種
認知上的衝擊，使他們理解到美國的經濟表現只不過是平凡庸俗罷
了[8]。而同時出現的反常狀況還包括了失業、低成長率、以及高通
貨膨脹；經濟蕭條伴隨著通貨膨脹一起發生[9]。這是自羅斯福「新
政」（The New Deal）之後，在美國政府所採用的經濟哲學，凱因
斯（J. K. Keynes）的經濟理論下，這類經濟狀況應該是不至於發生
的狀況。很明顯地，傳統的政策工具並未發揮效用；這也造成人們
對經濟管制政策之功效大感懷疑[10]。在這場經濟沉滯的風暴中，航
空公司只不過是諸多受害企業之一罷了。

　　是故，那些原本就不贊成政府對市場經濟加以干涉的經濟學者
們，終於有機會對政府政策的方向發揮其影響力；當然，政府決策
單位急於扭轉經濟之頹勢，也提供了自由經濟主義學者們的論政空
間。某些限制論者（Restritivists）提出各種研究結果，以做爲對航

---

8. 按瑞士聯合銀行的研究，世界五十三個最富國家之中，比較每人國民生產毛額，美
　　國已經落後到第八位。按照一九七八年中各國通貨匯率折算，瑞士每人爲一三、八
　　五三美元，居第一位，以次依序爲科威特一三、○○○美元，丹麥一○、九四八，
　　瑞典一○、四四○，西德在一九七七年居第八位，一九七八年躍居第五位取代美
　　國，每人爲一○、四一五美元，比利時九、九三九，挪威九、八四四，美國則爲
　　九、六四六美元屈居第八。並請參閱 "U. S. Slips to 8th in Rich Nations' List", *The
　　Japan Times*, July 26,1979, p.14.
9. 美國經濟遭受一九七三~七四年石油危機衝擊，陷於戰後第一次程度最深、歷時最
　　長的衰退，但是復甦比其他工業國快，所以外國貨擁入美國市場，造成美元大量外
　　流；從一九七七年初起，美元匯率連續大幅度下跌，到一九七九年初才告穩定。美
　　元跌價就是物價上漲，自從福特於一九七五年接任總統以後喊出『膨脹是美國第一
　　號公共敵人』的口號，到現在還一直被引用。詳見陳元，能源危機與經濟問題對卡
　　特的考驗，問題與研究，第十八卷，第十一期，民國六十八年，頁28.
10. Martine Feldstein, : "The Retreat From Keynessian Economics" *The Public Interest*,
　　No.64, (Summer), 1981, pp.92-105.

空公司管制進行改革的証明[11]。他們認爲解除對航空公司管制，乃是經濟理論上的一種典型範例，並且深信最後的結果將証明他們的論調是正確的。

　　貝哈曼（Bradley Bahaman）認爲航空運輸之所以會缺乏效率與成本居高不下，應歸咎於民航局的「管制航空公司自由進出市場」之政策來負起完全責任。解制主義論者舉出加州州內航空市場之經驗對民航局之管制政策提出反駁。加州的州內航空公司並未受到民航局之管制。這些航空業者提供給旅客們的乃是一種低成本、樸實無華的服務選擇，而這卻是飛行各州間旅客們所無法獲得的。是故，將美國加州與東岸地區在不同體制管制下的航空公司發展以表3-2顯示。按表3-2，東岸在管制下之每哩平均價較加州無管制下之平均價爲高，票價訂定也較具彈性。

　　質言之，解制主義論經濟學者堅信，民航局的管制政策必須對這種缺乏效率、高費率、以及其它的成本差異負起全部責任[12]。整體言之，這些解制論者們認爲：國內主要航空公司的經濟行爲可以從標準的個體經濟理論之觀點來做一剖析，即政府不應對市場過度干預，應開放市場，藉市場之合理競爭提昇服務品質和降低票價。是故，政府對航空公司實施經濟上之管制是不當之政策。

　　就航空業之競爭特質而言，解制論者們和產業分析家們的意見並不一致，首先，公平競爭在美國乃是一種重要的價值觀，就這方面而言，管制已被証明是能確保競爭氣氛持續不斷的一種方式。然而，管制乃是爲了修正下列四種可能出現的市場失靈中之一者。包

11. Alan Stone, *Regulation and Its Alternative* (Washington, DC: Congressional Quarterly Press , 1982), p.248.
　　限制論者一詞係在經濟理念上排斥政府干預，而力主藉進競爭以提高效益，並深信此爲經濟活動之組織原則。此詞最早是 David Welborn 在其1977年9月於ASAP年會所發表之論文--Taking Stock of Regulatory Reform中之用語。
12. Behrman in Wilson. pp.91-94.

表3-2 加州地區市場和東岸州際市場機票價格比較表

市場	距離	每年旅客量	經濟艙票價	每哩均價
加 州				
洛杉磯至舊金山	340	3,023,341	16,20	4.76
聖地牙哥至舊金山	449	359,02	22,63	5.04
聖地牙哥至洛杉磯	109	637,447	7.97	7.31
東岸				
波士頓至紐約	186	1985680	21.60	11.61
波士頓至華盛頓	413	435920	35.64	8.63
紐約至華盛頓	228	1663850	23.76	10.42

資料來源：撰者依George W. Douglas and James C. Miller III, *Economic Regulation of Domestic Air Transport: Theory and Policy*,(Washington, DC: The Brookings Institution, 1974), p.43.之資料整理。

＊距離以哩為單位。

＊票價以美元為單位。

＊每哩均價以美元為單位。

含了一種是自然獨佔；另一種則是破壞公平競爭，亦即競爭可能過於激烈，而造成企業關閉、破產、以及其它對社會有害的行為。第三種則是外部效益，亦即與整個交易並無牽扯的其它第三者也受到波及。最後，其它的各種缺點或許會造成必須將有限的空間再做分配；例如在廣播頻率中的分配，在各種重要資源中的壟斷，或是消費者們所取得的乃是資訊的不平衡[13]。管制也被用來做為一種工具，以達成涵蓋範圍廣泛的許多社會政策目標[14]。

然而主張民航解制的經濟學家並不認為民航事業具有上述任何一項應受政府管制之特質。首先，解制主義論者們爭辯到該產業並

13. George Daly and David Brady, "Federal Regulation of Economic Activity: Failures and Reforms," in James E. Anderson ed., *Economic Regulatory Policies* (Lexington MA: Lexington Books, 1976), pp.171-174.

14. Mark Green and Norman Waitzman, *Business War on the Law: An Analysis of the Benefit of Federal Health/Safety Enforcement* (Washington, DC: Corporate Accountability Research Groups, 1979), pp.3-7; and 17-21.

無產生破壞競爭之傾向。他們聲稱民眾將由激烈的競爭中受益，服務品質並不會因此而降低或惡化；雖然企業有可能會發生關閉或破產的狀況，但社會利益將遠超過所付出的社會成本[15]。

　　第二，主張解制者們堅稱航空運輸業並不屬於一種自然的獨佔，因為每家業者所擁有的機隊都未超過四或五架飛機以上的巨型經濟規模。他們認為在此情況下，可能出現法院或反托辣司法令所無法控制的弊端或勾結的可能性極微；事實上，只有持保護貿易論的民航局所做出的官方制裁，才會造成任何貿易的解制得以永遠存在。例如飛機之類的資產，在處理上是相當容易的。有許多簡易可行的通路與退路可進出市場，低的資金成本與週轉金，以及直接的區域性之競爭。依據他們的解釋，如此一來，公共事業類型的監督將無法獲得保証[16]。

　　解制論者在這部分的爭辯，其必然結果便是和該產業的科技與經濟發展狀態有關。某些分析家們提到：該行業中從來不曾擁有過足以証明管制之正當性的任何特徵，正因為如此，創造出民航局的基礎也是膺造的。其他人則在「嬰兒期－成熟期」這種二分法之下，藉著推出發展階段的概念，來使其具有適當的資格。在該產業的初期狀況時，管制或許是適當的。然而，目前該產業已不再是一個艱辛奮鬥的行業，而是一個完全開發的龐大事業，而且那些早期的狀況都已不復存在。因此，這種管制的體系也就不合時宜了[17]。

　　至於意見不合的第三點，則是與費率及航線的相互補助有關。貝哈曼指出：經濟學家們之所以對不同航線間的相互補助方式大加

15. William Jordan, *Airline Regulation in America : Its Effects and Imperfections* (Baltimore MA: Johns Hopkins Press, 1970), pp.238-242.

16. *Ibid.,* pp.91-94.

17. George w. Douglas and James Miller III, *Economic Regulation of Domestic Air Transport : Theory and Policy* (Washington, DC: Brookings Institution, 1974), pp.173-174.

讒伐，是因爲它造成了各種資源的無效率配置，以及對有利潤之航線中的旅客們進行不正當地課稅、以彌補其它無利可圖的服務[18]。解制論者們指出：若有的話、也僅有少數的航線會跌落到無利可圖之地步；而那些已無利可圖的航線將會被通勤式的航空（commuter airline）公司所取代，而且費率與航線結構應該、也必然會反映出提供服務的需求及成本。這些經濟學家們認爲：推動成本與價格的服務競爭，已証明該產業先天上就是競爭的，而且民航局的管制並無法抑止這種朝向競爭的趨勢。他們認爲：要恢復供需均衡，唯有解除進入市場之解制，才是使得供需達到均衡的有效途徑。是一種解除進入通路管制的政策，而不只是解除價格管制而已[19]。雖然人爲因素的高費率可能是個別消費者們所關切的，但航線這項問題或許具有更高的政治敏感性。因爲，它會牽扯到由各主要航空公司提供服務至許多不同的行政區域，而使該地的國會議員產生高度之關切進而形成民航局之壓力。

對於解制論者運用如此嚴格個體經濟理論標準所產生的解釋，大部分的產業分析家們都不表贊同[20]。他們認爲航空公司的經濟有其獨具一格的特性；事實上，他們認爲該行業係遵從一九三八年法案中的經濟前提。舉例來說，航空產業分析家們辯稱民航局的政策造成了極度的競爭，而且對那些因爲無法創造足夠之運量來允許多家航空公司都介入營運的航線而言，經常都會導致無利可圖的結果。他們辯稱航空業應被視爲一種準公用事業（quasi-utility）[21]，

---

18. Behrman in Wilson , p.102.; and Richard Posner, "Taxation by Regulation." *Bell Journal of Economic and Management Science*, Vol. 2, No. 1, 1971, pp.22-50.

19. Bebrman in Wilson, pp.93-94, footnotes 81; 82.

20. Gilbert Goodman, *Government Policy toward Commercial Aviation* (New York: Kings Crown Press, 1974); and Samuel B. Richmond, *Regulation and Competition Air Transportation* (New York: Columbia University Press, 1961)

21. Robert Kane and Allen Vose, *Air Transportation*, 6th ed. (Dubuque IA: Kendall Hunt 1977), pp.9-14.

因為它在某些方面乃是獨佔性的、而且在其它方面又是競爭性的。此外，產業分析家們也宣稱，為了要對航空市場行為的實際複雜性有所瞭解，在考量航空服務時應以一種全體性的飛行網路而非以某條單一航線為基礎來衡量；這類分析也支持了航空公司以強勢航線來補助弱勢航線的這種主張。就像某位產業分析家所言：

> 在過去幾年裡，有許多的研究者試圖由古典經濟理論的觀點來解釋（航空業者）的市場行為。雖然這些研究者都做出了極重要的貢獻，但截至目前為止，仍沒有任何明確的分析模式可用來說明國內定期班次之公司航空公司的經濟行為……各種市場狀況已被遠遠地排除在古典經濟學中完美競爭的市場模式之外[22]。

　　在論證經濟學家與產業分析家之間的觀念衝突之本質時，藉由創造一套解制論者的信念型態，使其能夠與航空管制之信念型態相互比較，亦當可發現一九七〇年代觀念的改變。
　　兩者於所有的前提中存在著許多極重要的差異。最顯著的部分乃是出現於經濟方面，但是解制論者卻擁有許多與航空管制有所關連的其它前提。在這些分析家中，有所多人於發展具有關連性的前提、以及在將這些前提組織成一種相當有條理的觀念論上，都扮演著極重要的角色[23]。
　　首先，當公眾需求仍被列為主要考量時，這些需求乃是依據個體經濟理論的標準而被定義，因而造成許多不同的方法紛紛被提

22. Frederick Thayer "And Know the Deregulators? When Will They Learn?," *Journal of Air Law and Commerce*, 1977, pp.661-689.
23. 例如史丁格勒和彭斯那（Richard Ponsner）對管制政治中之經濟私益理論有相當的貢獻，而官僚利益理論直到民航解制辯論熱烈展開後才正式加入。

出，以期達到這些需求。民眾被視爲一般階級消費者的。消費者利益可藉由經濟效率而獲得最佳的滿足。要使效率達到最佳狀況，應是透過未受阻撓的市場競爭，而非一種存在於市場中的集體主義論者之干涉[24]。

　　第二，對於以「未受管制之競爭」來做爲全國經濟活動的組織性原則，這種經濟前提對此點所具有的信心與政府管制理念相較下，顯然要高出許多。除非是在一種範圍受到解制的情況下，否則這些前提都對政府干涉不表苟同。因爲他們確信私人企業要比公家機構更爲出色的觀念仍然維持不變；若有任何改變的話，則是私人企業利益之優先程度更爲主要。其次，其差異上的基本領域在於：未受管制或僅受到些微管制的競爭，乃是提昇對民眾之服務的方法。這項觀念係源自於解制論者對該產業之經濟本質所做的解釋。是故，企業的責任仍應保留，而且也未出現改變。因而，解制論者們認爲在管制下的情況並非如此；民航局已侵害了許多重要的管理特權。因此，他們主張航空業界的責任應再予增強。

　　此外，這種反對經濟管制的看法，係與其它許多行政組織上及政治上的前提有所關連。舉例來說，如果在沒有政府管制的情況下能使民眾利益獲得最佳的滿足，那麼也就不需要任何的行政機構了。因此限制主義者認爲航空運輸業雖然會對民眾利益產生影響，但卻不應受制於公共事業類型的監督；因爲該行業並未切合一個公共事業所擁有的各種特性。因此，各種監控乃是一種不適當的作法。其次，管制具有先天上的不公平性，或至少與市場相較下是公平性較低的。這些限制論者們，係由經濟學家的公平性概念之角度來定義公平性；針對相互補助而發的經濟公平之議論，係主張在可獲利航線中的消費者，不應該被強迫去補助那些無利可圖之航線中

---

24. Michael Levine, "Is Regulation Necessary? California Air Transportation and National Regulatory Policy," *Yale Law Journal*, Vol. 74, No. 8, July, 1965, pp.1416-1447.

的消費者。管制的法律化並未造成公平性，反而導致政府機構在決策制定上的嚴重遲延（管制的落後）。是故，管制乃是一種政治性的，或至少是很容易變成過於政治性的，以致於要使管制具有客觀性及非政治性，縱使並非全然不可能，也將會是相當困難的。

上述的限制論者信念構成該解除管制聯盟的認知核心，其共識也成為政策爭論的過程中的主要論點。一九七五年的參議院公聽會以及其它的研究對這套前提而言，不僅提高了它在經驗同盟上的支持度，同時也更鞏固了在其背後的看法。

這些信念型態提出了許多全國關切的問題。首先，限制論者們認為：解除管制將可高度滿足公眾的實質利益。最具政治意味的有力爭論乃是：加州的實例驗証了在未受到民航局管制的情況下，成本與費率事實上的確會更為低廉。限制論者所使用的方法論係強調於成本。而批評家們則爭辯道：由於州內的航空公司並非是未受管制，因此加州與德州這兩個例子的証明並不能適用於州際的管制，全國性與加州的狀況不可相提並論，這些研究僅侷限於一九六五年噴射客機服務之前的那段期間，而且有許多企業也在當時出現了關閉的現象。雖然如此，限制論者們仍將加州州立公共事業委員會（California State Public Utility Commission）的管制視為是有所解制及具有彈性的，它並沒有任何的補助，對於進出市場並未加諸控制，而且對價格的控制也極少。他們的分析並未發現到在洛杉磯－舊金山市場中有任何其它的地方性狀況，重要到可能會使它的成本結構與例如波士頓－華盛頓市場產生差別[25]。有鑑於此，限制論者們堅稱加州的市場乃是一種適合於全國的經驗；它証明了解除管制將可降低成本。在高通貨膨脹的年代裡，航空公司解除管制乃是一項與成本有關的議題，就政治上而言它具有吸引廣大選民的能力。

---

25. Roy Pulsifer, "Introduction" *Journal of Air Law and Commerce*, Vol.41, No.4, (Autumn)1975, pp.573-579.

　　自由市場經濟理念的信念型態也與許多傳統的美國價值觀相投合，例如，競爭、自由市場、自由化、選擇、小公司對大企業、以及單獨的個人對龐大的政府等。舉例來說，限制論者們對於政府在理想化的自由市場中別具用心的集體干涉，就深感嫌惡；相反地，他們較青睞於個別的消費者與生產者之行為所造成的集體性結果。他們注意到干涉中所具有的正面價值相當少、但卻有著許多的負面影響；政府充其量也不過是一個受到懷疑的客體罷了，但在最壞的情況下，卻可能成為不必要之缺乏效率與供需失衡的始作俑者。他們強調個人選擇自主性與美國人對權威、政治、以及政府所具有的傳統性懷疑，可說是不謀而合。

　　第三，限制主義信念型態與當時備受爭論的各種議題有所關連。舉例來說，在一個普遍對政府心存不滿的年代裡，限制論者們火上加油地突顯出政府傾向關注私人企業利益而忽略了公眾利益上的事實。他們指出市場的現況為所有的消費者們提供了最佳的說明。以上的這三種因子能夠被靈活地連結於航空管制政策中，則具有深遠的意義。這些要素讓許多政策制定者的政治立場日益趨向於解除管制。

　　坎恩，他是一位經濟學者及解除管制的支持者，亦挺身為經濟觀改變過程中的內容及重要性作證：

　　　　當我還是一個經濟系的學生時，我相信或假設管制只不
　　過是針對那些未受到管制之市場的運作中、所存在的各項缺
　　點而發的一種仁慈反應罷了，直到最近，各種証據顯示這仍
　　是最為普遍的看法……航空公司的例子，明顯地証明了變遷
　　中的觀念在管制政策之發展中所扮演的角色[26]。

26. Alfred Kahn, "The Political Feasibility of Regulatory Reform," in Le Ray Graymer and Federick Thompson, eds., *Reforming Social Regulation* (Beverly Hills, CA: Sage 1982), pp.249-251.

　　對政策改變的過程而言，觀念上的改變可說是其基礎；人們及觀念的日益互動，在改變的過程中扮演著重要的角色。在與航空管制政策有關的所有機構中，我們都可發現到限制主義型態的支持者，縱然這些觀念是與管制的基本前提有所牴觸。例如透過甘迺迪（John Kennedy）的特別助理布理爾（Stephen Breyer），解制論者的見解得以散播於國會中[27]，廣及於政府機構中的支持者與信念轉向者，就如同在一九七五年民航局之特殊幕僚報告（Report of the Special Staff）中所見到的，遍及於公共利益及消費者群體之成員中，甚至還散播到與該產業有關的員工組織之中。雖然如此，在參與航空管制的政策制定者中，絕大多數的人仍認為這種作法乃是以公共利益為訴求。在一九七〇年代初期所發生的諸多重大事件，共同為限制論者們所組成的各種實際政治聯盟提供了一項公開的政綱，並促銷其理念，以期獲得官方之青睞。

肆、民航局的反應

　　雖然，民航局對於航空運輸業之惡劣經濟狀況所表現出來的反應，就現況而論可說是相當適切、並與其成立初衷之推動與管制的組織定位頗為一致。但是嚴格說來，民航局在此環境下所作出的回應，基上是缺乏創意與警覺性的。民航局仍固守其管制理念之原則，藉以來解決載客能量過剩及獲利減少的問題；並希望能藉此確保各航空公司在財務上的穩定性。

　　然而，就一九七〇年代初期時的知識份子及政治氣氛的大環境而言，這種反應卻是極為不適當的。這種缺乏彈性之反應，迫使了

---

27. James Wilson, "American Politics, Then and Now ," *Commentary* , Vol. 67, No. 2, (February)1979, pp.39-46.

航空公司解除管制政策成為全國性政策會議之主要議題。是故,在一九七〇年代初期的政治環境與背景下,一場爭論於焉爆發。管制理念的嚴苛,與不合時宜的缺點,使學術上的反對派與政治上的反對者得以結合,而且水門醜聞案件的發生更為航空管制的反對主義者們提供了額外的政治助勢。

貝哈曼指出在一九七〇年代初期以前,在航空業在管制中所呈現的狀況使業者與消費者們似乎都因為管制而受益,而且大部分的觀察家們似乎也對當時的現狀頗為滿意。但是這種意見上的一致,卻因為不景氣下的通貨膨脹及巨無霸噴射客機出現後所採取之反競爭政策而壽終正寢;加以一九七三年的石油危機、及指派了一位具有強烈偏袒企業之色彩的主席布朗尼 (Secor Browne),而無疑是雪上加霜[28]。雖然如此,貝哈曼聲稱:這些反競爭的政策,乃是受到各航空公司之要求與教唆;但民航局係以犧牲旅客大眾之權益來保護航空公司的收費的作法誠屬不當而備受抨擊。在整個過程裡,這種作法無意中提供了那些解除管制的擁護者們一種極有價值的政治槓桿作用[29]。

當時,民航局曾實施了三項政策,以因應這種惡劣的經濟狀況。首先,民航局在政策上打斷了倚賴於價格調漲的這項作法,而將它在一九六〇年代時自由化核可新航線與簡易市場通路之授權的政策,做了全然的逆轉。主席布朗尼公布了一項非正式的航線延期償付令,而且民航局為了提昇承載率、以及藉此增加利潤,也對服務競爭加以解制。這種作法對當時的環境而言,無疑是雪上加霜。

第二,於一九七一年時,民航局在某些航空公司之間,做出其有史以來首次支持與批准解制載客能量之協議。總共有八家航空公司參與此項討論,但只有美國航空、聯合航空與環球航空等就四條

---

28. Behrman in Wilson, pp.96-101.

29. *Ibid.*, pp.96-97.

橫貫大陸的航線達成一項協議。其它的各大航空公司及小規模的航空公司對此都不表贊成，並在稍後，對這些原本為六個月期限的協議之展延提議案，表示反對的意見。這些協議引起了美國法務部對於反托辣司與獨佔問題的關切[30]。再度使民航局的決策能力遭到質疑。

第三，民航局主張對一九七〇年至一九七四年的費率與票價結構展開「國內乘客票價調查」。但卻拒絕國會議員參與的要求[31]，後由莫斯（John Moss）向位於華盛頓的美國上訴法院（U.S. Court of Appeals）提起訴訟，這使得實質上與程序上的事件不僅受到政治性的壓力，同時還受到來自於司法調查的壓力[32]。對民航局來說，這種決定誠屬不智。該局藉由展開國內乘客票價調查（DPFI）來回應已然聚集的政治風暴、不斷惡化的經濟環境以及向那些在處理這兩項問題的航空公司們保証一種公平的投資報酬率。這項具有高度技術性與複雜無比的調查，歷經了四年，被分成九個階段，並且涵蓋了和成本與票價結構等範圍極廣的各項議題。雖然民航局努力推動不同的降價方案。而新出爐的票價結構並未能有效的避免大規模的全面性票價調漲，但卻將許多重要的成本加諸於公眾及部分業者的身上，而使得管制政策更加受到非議。

一九七三年阿拉伯國家的石油禁運，造成通貨膨脹率的暴升，並使一九七二至一九七三年所產生的經濟復甦消失無蹤；不佳的經濟狀況再次出現，使得要求對反競爭政策大肆修改的聲浪也暫時銷聲匿跡。於一九七三年以前，燃料在航機之營運中只不過是一個相當不具影響性的因素；但是這種狀況現在卻完全改變了[33]。需求減

30. Taneja 1976, *op.cit.*, p.17.
31. 莫斯為政府作業及商業委員會（Operation and Commerce Committee）乃商業委員會中財務及商業小組委員會之主席，同時也是調查委員會中之特別小組委員。
32. Behrman in Wilson, p.98. note 98.
33. Nawal k. Taneja, *Airlines in Transition* (Lexington MA: Lexington Books, 1981), p.5.

少，營運成本上漲，而且燃料的短缺也迫使聯邦政府不得不對燃料的供應實施限量配給。對於航空公司們所面臨的這種困境，民航局則是將其政策再提高數個等級以爲因應。政府機構贊成各種額外的航線載客能量解制協議，排除各種高度折扣的費率，以及允許明顯的票價調漲[34]。

這些管制政策對消費者的荷包及旅行計畫，都造成了不利的影響；民眾們並不能要求政府機構對通貨膨脹與其它的問題直接負責。舉例來說，有位評論家就提到：一九七三年的取消兒童折扣票價之作法，就具有造成民眾中擁有良好教育程度、高度活動性、以及政治上深具勢力之階層大爲反對的作用[35]。民航局政策對民眾所造成的負面影響，與民眾對於水門事件的政治環境相結合，進而助長了反對政府擴權的理念興起。

當布朗尼於一九七三年初辭職之後，提姆（Robert Timm）一便接掌其職位。他在民航局推廣政策上所顯現出來的旺盛企圖心，以及對政治氣氛的缺乏敏感性，已足以証明長期而言對此種政係該機構乃是相當不利的。提姆不僅將先前各種政策的程度大爲提高，也不斷地藉機表示他打算使這些政策成爲永久性的管制工具。姑且不論航空公司財務在一九七四年初所出現的改善，貝哈曼對提姆的政策做出如下描述：

‧‧‧‧‧‧仍然企圖使競爭趨於最低程度‧‧‧‧‧
（以及）公開地說明一種偏袒企業的觀念論，極力主張要保障

34. Ivor Morgan, "Government and the Industry's Early Development," pp.13-38,; and "Toward Deregulation," pp.41-45. *in John Meyer et al Airline Deregulation : The Early Experience* (Boston: Aubaurn House, 1981).
35. Robert Thorntor, "Deregulation: The CAB and Its Critics," *Journal of Air Law and Commerce*, Vol. 43, No, 4, 1977, pp.642-643.

旅客利益的最佳途徑，便得先保障航空業的利潤水準[36]。

這項原屬於一九三八年民航局所建立的雙重管制與推廣原則的公開聲明，在水門事件的那個年代中，可說是拙劣無比的政策。

就像那些在提姆之前、該民航局中的許多成員一般，在往返於全國的所有旅行當中，也都接受了許多航空公司與飛機製造商的殷勤款待[37]。特別值得一提的是，他曾接受聯合航空飛機製造公司（United Aircraft Corporation）之款待，從事了一趟「免費的」百慕達之旅，並在當地會見了航機製造商與航空公司的主管。

因此，在一九七四年夏天，華盛頓星報（Washington Star）記者歐格（Stephen Aug）撰寫了一系列有關於提姆在管理民航局方面的報導。這趟百慕達之旅被認爲是與受管制業者有著過度密切關係的一項明證，而這也益發提高了民航局容易受到偏袒徇私之指控。

> 對那些民航局的批評家們來說，「提姆醜聞」乃是民航局之反競爭政策的一種象徵；與其說這些政策是一種公平的判決，還不如說它是提姆主席與航空公司主管間的密切友誼之產物來得更爲恰當[38]。

甚至於眾議院州際與海外商業委員會（House Committee on Interstate and Foreign Commerce）的主席，也公然抨擊提姆的行爲。而一項針對航空公司非法的選舉政治獻金之爭論，更使得這項「提姆醜聞」雪上加霜[39]。除了增強政府機構在華盛頓民眾－如果

---

36. Behrman in Wilson, p.39.
37. Robert Burkardt, CAB: *The Civil Aeronautic Board: Dulles International Airport* (Va: Green Hills, 1974), pp.62-63.
38. Behrman in Wilson, p.101.
39. *New York Times*, June 29, 1974, p.12, Column 3.

無法做到對全體民眾－心中的透明度之外，這項醜聞也導致福特總統不得不在他任期行將屆滿之際，另行指派一位改革者來擔任主席。

　　貝哈曼指出，在一九七四年間被採行的另外兩項事件也更進一步加深成民眾對民航局之負面認知。首先於十月份，該局提出一項針對特許或補助航空公司票價而發的費率底限提案，以及他們在國際與主要國內航線之乘客運量中所應分攤的比例解制，以幫助泛美、環球、以及其它固定航班的航空公司。在十一月，該機構批准了另一項在一年內總調漲幅度只要不超過百分之二十即可的費率調漲案[40]。此種獨厚主要航空公司的作法，被視爲「被俘虜的民航局」的最佳佐證。

　　民航局於一九七〇年代初期之經濟狀況所做的回應，雖然適合於管制信念型態，但卻非常不適於當時的政治環境與背景。一九七〇年代初期時的政治環境，是適合改革與創新的理念，對墨守成規的民航局而言，是終將被淘汰的。許多人都認爲航空管制係與一大群讓社會上大眾所關切之問題相互結合而產生關連，例如：通貨膨脹、消費者主義、權力的濫用、龐大的政府－大規模企業的舒適安逸、以及貪污腐化等。許多人都已完全相信民航局在保障公眾利益上並未發揮任何作用。

　　正是在這種環境下，參議員甘迺迪（Edward Kennedy）乃決定於一九七四年六月份召開針對航空管制的監督公聽會。由於民航局的行爲已然助長解除管制聯盟的急遽形成，並化爲一股政治上的力量，進而促進了政策改變的進行。最主要的是，民航局並未能隨著社會環境之變革而調整適當的應變能力，則是其在一九七〇年代初期面臨之最大挫折。也使得民航管制改革之呼聲響徹雲霄，而終導

---

40. Paul Quirk and Martha Derthick, *The Politics of Deregulation* (Manuscript, Brookings Institution, 1984), pp.2-20.

致其本身亦遭受到裁撤的命運，此部分在下一節中有深入地探討。

第二節　福特政府時期之民航管制改革

福特總統於一九七五年四月十八日正式提出呼籲，主張解除票價及進出入航空市場之解制，並引用反托拉斯法來規範航空業的惡性競爭。同年的四月二十八日，福特總統並對全國商業代表發表演說，表示他將把一份完整的改革計畫提送國會，以期改革美國政府對鐵路、陸路及航空公司之管制[41]。是故，福特總統以管制改革為其任內主要的政經政策之一。此外，他並任命羅伯森（John Robson）為民航局主席，以全權推動他的民航管制改革政策。唯福特於一九七六年的美國總統大選中失利，連帶使得他在民航政策上之改革「功敗垂成」。不過，終其任內，民航改革仍有輝煌的進展，對卡特政府民航解制決策的環境開創有重大的影響。

> 由一小群人所做的努力，能夠對政策的改弦易轍發揮極大的影響力。同樣地，在民航局中的少數人不僅能對民航局的政策、同時也能對國會的政策之變更產生極大的影響[42]。

茲將福特政府時期主要民航管制改革努力，諸如：一九七五年之甘迺迪聽證會、一九七五年之福特總統任命羅伯森為民航主席案、一九七五年之民航局特別幕僚報告以及一九七六年之參議院航空小組委員會公聽會等案件分別解析於下。

---

41. "Complication of Presidential Document," Weekly Vol.11, April 28, 1975, p.457.
42. Behrman, Bradly, "Civil Aeronautics Board," in James O. Wilson, ed. *The political of Regulation* (New York: Basic Boles, 1980), p.120.

壹、甘迺迪公聽會

　　這是使那些「大眾化的」經濟理論被認為正當、而且讓它們得以被審慎列入考量的第一個活動[43]。

　　甘迺迪公聽會（The Kennedy Hearings）於一九七五年二月間舉行、總共歷時八天，其報告並在同年九月份出爐。這場公聽會最初之主要目的乃是以糾正民航局政策制定之各種程序為名，以便使法案能落入該附屬委員會的管轄權範圍之內，而達到他們對民航解制有關的各種實質問題上展開討論[44]。該聽證會的結論，認為民航局是一個既無公平性、而又缺乏效率的機構。尤其，是在「提供消費者合理價格的航空運輸」，或是在「提供航空公司合理之誘因、以使其提供該項服務」等方面，更是如此。甘迺迪自開始就聲稱：「十一月的公聽會証明與航空公司票價管制有關的各種策略及程序，乃是不公平及毫無成效的」[45]。

　　在一九七五年公聽會的報告中，他已提到：「只有程序上的改革是不夠的，還必須要有一種根本上的重新制定方向[46]。」根據布里爾所述，一九七五年的參議院報告蒐集了所有的資訊與爭論，並將其整理成一份「徹底的」、「完整的」、以及「可信賴的」文件，使得任何主要的缺點都無法逃脫出它的攻擊，並且藉由這些資料中

43. Jonathan Katz, *The Politics of Deregulation: The Case of The Civil Aeronautic Board*, (Unpublished Ph.D. Dissertation of Columbia University , 1985), p.138.
44. "Subcommittee Roles, Staff Use Questioned," *Congressional Quarterly Weekly Report*. March 8, 1975, Vol. 32, No.10, p.496.
45. *Hearings on Oversight of CAB Practices and Procedures*, 94th Congress , 1st. Session (Washington, DC: Government Printing Office, 1975), Vol. 1, p.2.
46. *U.S. Senate Commerce Committee, Sub-Committee on Aviation,1975 SenateReport.* pp.III-IV.

引導出各種適切的結論與方案[47]。毫無疑問的,對於解除管制乃是一項民之所欲的政策而言,這份報告形成了一種極易被接受、和極具政治說服力的說帖。但是,不可諱言的,它卻是一種徹底地反對管制主義者論調的報告。

這場公聽會及該份報告,至少讓解除管制者的主張向下列各方面邁進了一大步。第一,這場公聽會藉由公開辯論的方式提供了反對管制主義者們有足夠的曝光率,讓社會大眾得以透視主張民航解制者的理念[48]。第二,該項調查中提供了許多私人研究者們可能無法以其它管道而獲得的資訊,並藉強化其信心,堅持其反對管制主義者的立場。舉例來說,研究人員宣稱他們發現,不同航線間相互補助的程度不僅是微不足道的,而且是嚴重地影響了消費者的公平權益,使得航空公司們的供詞不攻自破[49]。第三,貝哈曼與布里爾兩人都認為該公聽會迫使福特政府表明其立場,而加速其改革步調[50]。第四,對於推動解除管制這項主張的人們來說,此次公聽會培育出一種共識,形成了與外部的相互扶持積極推動民航解制之政治網路[51]。

> 該公聽會的結果乃是:航空公司管制改革,成為在政治上明顯可見與存在的議題‧‧‧‧‧此外,由於這項議題已受社會關注,它便很容易以某些重要的方式來加以特徵化。這是一項「偏袒消費者」的議題‧‧‧‧‧一項「反通貨膨脹的議題」‧‧‧‧‧一項「主要的管制上之改革」的議

47. Stephen Breyer, *Regulation and Its Reform* (Cambridge, MA: Harvard University Press, 1982), p.334.
48. Behrman in Wilson, pp.101-102.
49. Breyer, *op.cit.*, pp.333-334.
50. Behrman in Wilson, p.102.
51. Breyer, *op .cit.*, p.328.

題‧‧‧‧整個重點在於民眾們現在已開始將這些特徵視為
報章報導的一種結果，它可以隨之反映出各種重大的事件，
並使得這些特徵成為栩栩如生的[52]。

　　總之，這場甘迺迪公聽會提供了反對管制主義者們組織的通
路；使得支持解制者們得以在國會、相關的政府機構、以及民眾面
前，爲他們的政策偏好做一申辯。這場公聽會中所展現的自由經濟
觀點，及市場均衡之原則再度受到參與辯論者的青睞。

　　布里爾這位反對主義者對整個會議進程做了下列的評論：

　　（它們的效果）大部分乃是由於它們係以一種總體的政策
方向為導引所造成的。需要有更多之競爭與較少之管制的這
種理論，已經接受了試煉；它提供了一種發展這項爭論議題
的架構，其中的每一項都有助於判定這種理論在付諸實行時
是否應該加以修正[53]。

貳、羅伯森的任命

　　當民航局主席提姆（Robert Timm）的任期於一九七四年十二
月屆滿時，福特總統並未續聘。而於一九七五年三月時指派了羅伯
森（John Robson）擔任這項職務（The Robson appointment）。福特
總統以任命新的民航局的主席表達他對民航局民航政策的質疑[54]。
羅伯森是交通部的前任首席顧問，在此時接掌此職務，主要是落實

---

52. *Ibid.*, p.339.
53. *Ibid.*, p.326.
54. 參議員肯楠曾要求福特不要再提名提姆爲民航局主席。參見, December 21, 1974,
　　p.52, Column 1.

福特政府之民航改革工作。

除了他的就任對該民航局所造成的衝擊之外，他的任命也象徵著管制改革的議題，又向上踏出成功的一大步。這項任命案對解除管制聯盟而言，聚集了兩黨在政治上的不容輕視的支持。因為，內閣與官僚制度對解除管制者們的支持，對於解除管制政策的實現乃是極為重要的二項指標[55]。

福特的內閣中包含了不少反對主義者與經濟家。為了緩和在後水門案之年代中日益高漲的反政府情緒，福特與其內閣所抱持的基本中西部民主黨保守主義，也開始傾向於解制論者的經濟理論。日益惡化的通貨膨脹，則進一步地增強了該內閣對於管制上之改革運動的接納度。一九七四年九月的「通貨膨脹高峰會」（Summit Conference on Inflation）表示了下列看法：

政府的管制通常都會使物價上漲；大多數的經濟學家們對於那些降低競爭與效率的管制計畫，都表示了支持解除管制的態度，雖然，這些抱怨中有許多都是針對社會性、而非經濟性的管制[56]。

福特雖然聽從了反對管制主義者們有關於航空改革的建言，但由哲學上的傾向與直接的關切來看，將他歸類於一位經濟家才是最適當的；他對於縮減政府編制有著高度的興趣。自一九七四年起，福特政府就把航空解除管制視為展開具體改革的一個最佳起始點。一九七五年二月，福特提議對航空管制實施改革立法，這項提議於十月時被提出，即是敘述一九七五年的航空法案（Aviation Act of 1975）[57]。執行分部中的其它單位都坦然接受管制上的改革與解除

55. Wilson, *op.cit.*, p.389.
56. Behrman in Wilson, pp.102-103.
57. *The New York Time*, February 18, 1975, p. 37, Column 1,; and October 9, 1975, p.1, Column

管制上的提案，並支持該解除管制聯盟。來自於交通部、聯邦貿易委員會、司法部反托拉斯單位、以及經濟諮詢委員會的人員，都以支持管制上之改革與解除管制的學有專精見證人的身份，參加了甘迺迪公聽會。來自於交通部的施諾（John Snow），乃是一個官僚制度下贊成解除管制的積極擁護者[58]。這種官僚制度的支持發揮到極點後，終致造成一九七七年二月審計部提出費率管制得需耗費極高成本的報告；該報告主張解除管制與提高競爭[59]。除此之外，司法部門也開始著手處理、並且傾向於管制上的改革與解除管制的議論。

羅伯森的任命不僅將該局的大門對改革者開放，並終致造成該機構的大門也向反對主義者們敞開。他究竟是不是一位反對主義者呢？相關的證據相當混亂。在一篇雜誌的文章中，他聲稱自己並不贊成對航空公司實施解除管制，而是當他在擔任主席時才被說服這種作法有其必要性[60]。雖然如此，他在擔任主席時所採取的各種行動，在在都顯示出對於反對管制主義者之各種看法上的接納。

參、一九七五年的民航局特別幕僚報告

一九七五年的民航局幕僚報告（The 1975 Report of the CAB Special Staff）中之特別幕僚乃是由三位經濟學家、一位律師、以及一位統計學家所組成[61]。民航局特別幕僚針對管制上的改革所提出的報告（The Report of the CAB Special Staff on Regulation Reform），代表著該機構在費率與航線方面對反競爭政策的廢棄、以及朝

58. Paul Macavor and John Snow, eds., "Regulation of Passenger Fares and Competition Among the Airlines" Ford Administration Papers on Regulation Reform (Washington, DC: American Enterprise Institute, 1977).

59. Morgan in Myer et al., pp.97-98.

60. Behrman in Wilson, p. 102; and Morgan in Meyer et al., p.44.

61. 委員會由 Roy Pulsifer 為召集人其成員如下: Lucile Keyes, P. Dedridge, J. Mcmalion 及 W. Demory.

向更具競爭性的政策。貝哈曼於一九七五年七月所發表、有關於該報告的詳細描述中，將其描繪成一種希望藉由「坦白的自我批評」（frank self-criticism）與根本上的自我評價，以減輕外界的壓力，而採取易攻為守的官僚制度回應[62]。然而，這只不過是這項研究背後的諸多動因之一；在羅伯森到任之前，代理主席奧美里亞（Richard O'Melia）就已著手創立這項內部改革的特別任務小組，而且提姆在這方面也對他多所支持。民航局的普西費（Roy Pulsifer）以及其他政府機構政策的常任內部評論家們，共同組成這個獨立的特別幕僚；他們在將自己的調查結果公布之前，並不需要事先向該委員會報告。他們在報告中建議：所需要的不只是改革而已，而是在三到五年之內，應對航空公司的進入、退出市場及費率實施階段性及完全的解除管制。這份報告凸顯出解制主義論之經濟學家們所使用的各種議論[63]。

這份報告針對該局與其員工之部分所做的分析，顯示出民航局應朝改革方向發展，而並非該特別幕僚群所主張的解除管制。這份文件不僅支持了外界批評者們的論調，更重要的則是，它也表示了內部對於政策改變的想法。民航局的其它行動也反映出這項轉變：在七月時達成的取消載客能量解制的協議，對授與新航線經營權的逐步自由化，在一九七六年的放寬票價標準及折扣票價的重新訂立等均有令人耳目一新的轉變[64]。羅伯森加快了這項活動。他提出一項針對某些航線來採行進出市場解除管制的試驗案，但是當這項試驗的有效性與適法性受到質疑後，也就不得不將其放棄。羅伯森並不因此就屈服，他又組成了第二個特別任務小組，繼續實行這些改革。根據貝哈曼所述：

62. Behrman in Wilson, p.104.
63. *The New York Times*, July 23, 1975, p.31, Clumn 1.
64. Morgan in Meyer et al., pp.44-49。

　　提姆在幫助民航局進行脫胎換骨的轉變時，主要是藉由利用在民航局員工中偏向於改革的意見來影響其他的成員‧‧‧‧‧員工們對於改革所表現出來的強烈支持‧‧‧‧‧在緩和民航局成員們對改革的各種疑慮上，可說是極為重要的[65]。

　　提姆的辭職，以及一九七六年三月任命一位偏向改革的前任民航局首席法律顧問進入該委員會，對羅伯森在轉變上所做的各種努力都幫助極大[66]。

　　民航局朝向於改革的運動，也暗示了該機構中在認知上的改變；但它並不代表著一種針對該組織的知識前提而發的根本上之內部挑戰。充其量而言，這項運動只能被視為一種觀念論上的「軟化」過程的開始罷了，它使那些順從於反對管制型態的人得以聚集成一種內部的力量。此外，政策的轉變乃是有跡可循的；民航局在先前就已經有各種偏袒競爭的政策，這些政策很容易地就融入於它現有的理念架構中。這種對於管制所出現的基本愛恨交加之情結，也意味著被辯解為正當的政策，在範圍上將會有極大的差異。

　　特別幕僚實際上是由反對管制者們所組成，這點可說是別具意義。其成員與其他反對主義者之間的密切關係，乃是有目共睹的；當李維（Michael Livine）在該機構任職時，普斯特就與李維在同一辦公室工作。此外，特別幕僚中也包括了凱思（Lucile Sheppard Keyes），他是一位在委員會政策上的卓越外界評論家。因此，這個機構就像參議院一般，不僅提供了這些反對管制主義者們一個講台，同時也產生了一份擁護該反對管制主義者議論的文件；以來源來分析的話，則這份特別幕僚報告或許比參議院報告還要更具說服

---

65. Behrman in Wilson , pp.105-106.

66. Paul Quirk, *Industry Influence in Federal Regulatory Agencies* (Princeton, NJ: Princeton University Press, 1982), pp.73-75.

力。

肆、一九七六年的參議院公聽會

一九七六年的參議院公聽會（The 1976 Senate Hearings）是指在一九七六年四月，參議院商業委員會的航空小組委員會（The Senate Aviation Subcommittee of the Commerce Committee）針對航空管制的改革舉辦了一場公聽會。主席肯楠（Howard Cannon）參議員，是一位航空運輸業的支持者他反對各種改革提案，並企圖在公聽會上封鎖別具用心之立法改革的意圖。在整個聲明過程中，羅伯森乃是偏向於解除管制、並完全贊成該份特別幕僚報告。他的立場乃是：

> 民航局對於價格及進出市場的管制，不僅助長了無效率及高票價，而且就長期而言，很有可能破壞了各航空公司在財務上的健全‧‧‧‧‧民航局認為「航空管制之改革對航空業的財務健全而言乃是不可或缺的」這種堅決地的贊成口吻，深深地影響了參議員肯楠。當這種議論係由一個在政治與實際利益上顯得是反對改革、而非支持改革的組織中所發出時，這的確是一種頗令人注目的議論[67]。

參議員肯楠不僅拋棄了他對改革的反對態度，而且還在一九七六年九月提出了改革立法，並在一九七七年三月與甘迺迪聯手推出一項改革法案[68]。參議院的航空管制監督委員會（The Senate Over

---

67. *The New York Times*, April 9, 1976, p. 53, Column 1.

68. U.S. Senate Commerence Committee, Sub-committee on Aviation, *Hearing on Regulatory Reform in Air Transportation*, 94th Congress, 2nd Session (Washington, DC Government Princeton Office, 1976).

Sight Committee on Airline Regulation）雖然在其組成上並未有任何
改變，但卻已傾向於民航管制改革。肯楠參議員立場的逆轉，對民
航解制之立法過程有極大的助益。肯楠的轉變也代表著一種國會傾
向於改革政策的轉變。由於民航局獲得國會之支持後，也強化了民
航局內部與外在環境上對民航改革的力量。

　　由於甘迺迪公聽會與其它的重大事件，使得大多數的國會議員
（即使他並不一定贊成解制）但均對民航改革抱著支持的肯定態
度。當國會領銜吹起民航改革風向球時，外界對此問題認知也起了
顯著的變化。一九七０年代後期，是一個不贊成政府擴編及反對管
制的政治時代，而加州的１３號提案（Proposition 13）中的「反對
課稅」（tax revolt），尤為這個時期的象徵[69]。國會也看清了這種趨
勢，並且開始做出回應。雖然如此，立法者並未將民航解制視為一
個具有高度優先權的項目；既便是甘迺迪參議員亦復如此。參議員
們的按兵不動即可証實了這一點。姑且不論各種改革與解除管制的
法案不斷被提出，但直到一九七八年之前，卻沒有任何一案在立法
上獲得通過。觀念上的傾向民航改革並不見得一定會轉化為實際行
動，但它卻可以維持著一種普遍化的支持聯盟，並在合適的狀況下
成為一種推動力[70]。

　　於政策爭論的過程中，國會的委員會（Congressional
Committee）在結構與組合上都發生了重大的改變，當然國會議員
及其雇員的人事更替也是造成這種變動的部分原因。最顯著的則
是，它也是屬於眾議院在水門事件後所進行之重組中的一部分。在
一九七五年時，國會將航空運輸的管轄權由海外與州際商業委員會
（Committee on Foreign and Interstate Commerce）中的一個附屬委員

69. Congressional Quarterly, *Regulation: Process and Politics* (Washington, DC:
　　Congressional Quarterly Press, 1982), p.20.
70. 1975 Senate Report *op.cit.*, pp.209-215.

會，轉移到公共事業與運輸委員會（Committee on Public Works and Transportation）中另一個新設立的附屬委員會[71]。而在參議院的附屬委員會結構中，則並未出現任何明顯的改變，而大部分的解除管制爭辯則是這兩個議院都積極參與的。

肯楠參議員的立場轉變並不代表國會完全傾向對解制觀念的接受，但是，這的確象徵著直接面對法案身負責任的國會議員們，對反對管制概念日益接近。貝哈曼也注意到在那些改革者與反對主義者之間（即反對管制政策者），存在著一種基本哲學上的差異；他將「改革者們所贊成的乃是管制上的改革、而非解除管制，但是反對管制主義者們只是在『改革』的外衣下來追求解除管制」這種現象仍歸因於解除管制在當時所處的乃是一種在政治上無法立足的狀態[72]。管制信念型態雖可將改革包含在其範圍內，但卻無法贊同完全解制；而解制信念型態則是能夠容忍將改革視為一種短期的手段，但所追求的卻是解除管制。而這一點，卻有待卡特政府時期，民航局藉行政管理解制來踏出完成解制的一大步。

第三節　小　結

卡特政府民航解制法案決策的動機固然仍有待體系後續的逐步釐清與探討。但是當時社會環境的變更，人心思動的現象應是形成卡特政府政治系統上之最大壓力來源。

民航管制機構對外界環境變化反應之緩慢與鈍化，造成民航市

---

71. 1975 Congressional Quarterly Almanac, "1975 Congressional Reforms", 94th Congress, 1st Session, (Washington, DC: Congressional Quarterly Press, 1976), Vol. 31, p.35.

72. Ann Cooper, "Senator Cannon Undecided on How Far to Deregulate the Nation's Airline Industry," in *Congressional Quarterly Weekly Report*, Vol. 35, No.15, p.656.

場之公平機制蕩然無存，科技進步所帶來的民航發展契機反而成為業者的負擔。同時，石油價格的飛漲，造成大眾支出的負擔增加，通貨膨脹及失業率的提昇，均使得一九七〇年代的美國政府面臨一巨大的經濟再造工程之挑戰。這種經濟不景氣的年代，更是燃起民眾對政府治國能力的疑慮，也對所謂過去一九三〇代以來大有為政府的觀念產生懷疑。海耶克的自由市場經濟論再度成為一九七〇年代經濟主流。而一九七六年的總統大選，也使得民主與共和二黨間亦展開了競選的佈局。甘迺迪參議員的聽證會，帶動民航解決討論的高潮，以及福特政府急於提出一連串的反應，諸如民航改革之承諾、新任民航局長的任命、相關調查之展開等努力，希望和民主黨在民意的爭取上分庭抗禮。當然，二黨均希望藉此時機對當時之經濟衰退找出一個解決的方向。雖然福特終其任內並沒能看到民航改革的成果。但他在任內對此問題之認知與反應皆對卡特政府的解制法案開創了一個嶄新的空間。

第四章
卡特政府對民航解制之認知

　　一九七八年十月二十四日下午四時零五分，卡特總統於白宮內閣廳簽下了美國史上第一個率先完成解制的民航法案時指出：

　　　　民航解制法案之通過使得我們能達到打擊通貨膨脹和確保美國大眾享有低價空中運輸機會的二項政府施政目標。

　　其次，在民航解制通過的當晚，即一九七八年七月二十四日晚上十時卡特總統在白宮的橢圓辦公室接著發表反通貨膨脹計畫（Anti-Inflation Program）指出：

　　　　通貨膨脹正日益危害這個國家，並將以降低政府支出，減少預算赤字和杜絕政府浪費為振興經濟的主要措施。在降低政府的支出上，應裁減政府機構和冗員，並且嚴格控制政府管制的成本方能奏效。

　　就其內容而言，卡特總統對政府管制的信念，是建立在政府有效經營的功能基礎上，即政府管制必須能符合成本效益的概念，凡改革管制對打擊通貨膨脹有助益的皆在卡特政府鼓勵之列。反之，對無需施行政府管制的，則應完全鬆綁，以落實美國政府提供公平、合理競爭環境的傳統精神。

　　因此，卡特將藉解除管制、精簡政府組織與鼓勵善性競爭等政策之整合，以此打擊通貨膨脹的意圖至為明顯。

　　而一九七八年代的民航解決策，在卡特政府的認知上是否誠如卡特總統在法案通過後所陳述的如此一致性的相關？亦或僅是卡特政府為了解決燃眉之急的經濟不景氣而出現的創造性認知？卡特政府對民航解制的正確認知又應如何探討？為了對上述問題能有一完整而充份的解釋，本章擬就認知影響決策的相關理論、卡特總統之個性、領導風格與政經理念及參與決策者的經濟觀加以剖析，藉以對影響卡特政府民航解制之認知因素加以解析。

第一節　認知影響決策之理論基礎

　　認知理論已被公共政策學者廣泛地用來剖析決策者對滿足環境需求而產生產出項時的轉換過程，以便更確切地分析決策者的認知和產出項間決策之關係。拉斯威爾（Harold Lasswell）則指出決策者的行為是個人與環境的函數亦是透過刺激（stimulus）經過個體（organism）所導致反應的過程[1]。換言之，決策者的政策產生端視決策者個人對環境之認知而定。而社會認知理論學者班達那（Albert Bandana）則指出心理功能（psychological function）是環境（environment）、行為（behavior）及包含認知與其他個人因素三者持續不斷的交互因果關係（triadic reciprocal causation），強調「環境」、「行為」、及「認知」三者的互動關係。茲將班達那之認知互動關係以圖4-1表示。

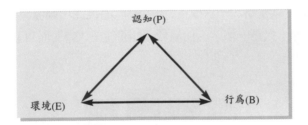

圖4-1互動決定論示意圖
資料來源： Albert Bandura, and Robert Wood, "Social Cognitive Theory of Organizational Management," *Academy of Management Review*, 1989, vol.14. No.3, p.362

1. Harold Lasswell and Abraham Kaplan, *Power and Society: A Framework for Political Inquiry* (New Haven: Yale University Press, 1950).

　　所謂認知，係指對客觀環境的刺激加以選擇和組合的方式，使刺激更具有意義。換言之，認知就是對客觀事物的一種看法。事實上，認知包括二階段的作業過程，首先透過視覺、觸覺及其它感官得到印象，並對所得印象加以詮釋，或者賦予意義。而對印象從事詮釋或賦予意義的工作，則得透過個人「認知結構」（cognitive structure）以及「評估結構」（evaluative structure）進行交互作用。認知結構是指透過經驗所累積的有關信念，而評估結構則是行為者的價值觀[2]。藉此，透過認知的歷程，才能使行為者了解其周圍環境，也才能行為者應付其生活環境。在認知過程中，一個最大的難題就是認知結構。認知中的真實體（perceived reality）往往成為我們主觀上的真正事物而直接影響我們的行為。事實上，認知上的事物和真正客觀事物之間，尚有一段距離而產生扭曲的認知？通常扭曲的認知只會在未注意到刺激的所有相關層面時才出現。一個人對圖4-2中的這項刺激可以有數種認知，即可以將之視為「一個正方形」，也可以視為「十六個正方形」，但如視此項刺激為「十六個黑點」或者「只是一個字」便屬於「扭曲的認知」。而圖4-2事實上共有30方塊。

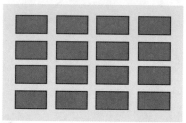

圖4-2　知覺示意圖
資料來源：姜占魁，《組織行為與行政管理》。于聰玲發行，民國八十年，頁六十八。

2. 戴萬欽，《甘迺迪政府對中蘇共分裂之認知與反應》。台北：正中，民國八十年，頁一二三。

　　由於不同的人對相同的事物既然會產生不同的認知，其主要是歸因於個人對刺激的選擇、刺激的組合、情景及個人的自我觀念等不同而異[3]。

　　就刺激的選擇而言，儘管生活環境中有各色各樣的刺激，但這些刺激並不能完全地順利進入我們的認知世界，行為者僅能選擇其中的一部分加以反應而把其他刺激都予以淘汰。換言之，對環境刺激的認知是具有選擇作用的。人的心扉有寬闊與狹窄之分。心扉寬闊的人，其所能選擇刺激的數量也越多；心扉狹窄的人所能選擇刺激的數量也越少。一種意見透過心扉進入一個人的知覺世界後，另一完全相反的意見便被排斥；但另一種人卻能同時接受各種不同的意見，對各種不同意見的優劣加以衡量，採取其優點，淘汰其劣點，而形成他個人的意見。費思亭傑（Leon Festinger）曾指出，人通常本能上傾向於使他的價值和認知維持平衡[4]。

　　其次，刺激一旦被選擇，必須加以組合作用後，方才具有意義。組合作用常常常會根據焦點與背景（figure and ground）原則，按接近性原則（proximity）來進行推論相似性原則（similarity）和封閉性原則（closure）：當數個不同的刺激同時進入行為者的認知世界後，他會把其中某一刺激看成是焦點，其他刺激則配視為背景。我們為什麼會把其中某一刺激看成是焦點而把其他刺激看成是背景了呢？這是受我們的認知世界而成為我們注意的焦點，對於不太熟識的事物則被視為背景。是故，有所謂「社會認知」，乃是探討人們由於文化及社會背景不同而在認知上所出現的差距。據此，影響人們對政治現象認知的因素則包含了：意識型態、個性、過去從事的政治和經驗，特定決策環境的特點，潛在的代價和報酬，掌

3. 姜占魁，《組織行為與行政管理》。台北：于總玲發行，民國八十年，頁六十八。
4. 戴萬欽，前揭書，頁一二四。

握資訊及認知者個人情緒狀態等。因此，行為者有時候可能會只選擇那些和信念相符的刺激，使行為者的注意力產生偏見，而只看到和其信念相符的事件，尤其是情況確實出現曖昧迷離時，行為者的認知通常多盡量偏向與既有的信念相符。是故，行為者的認知係取決於刺激和他歷來累積的經驗和信念。

　　而接近性（proximity）原則則認為事實的建構總是經由「留意的過程」（attentive process）和「認知的過程」（perceptual process）兩者交互作用而成，前項是對刺激的選定，而後者則是針對刺激形成的可能觀點中，決定前者為真正認知。加以留意的過程，常受行為者過去的反應和經驗以及目標和信念的影響[5]。而認知的過程則端視行為者所面臨刺激的本質及個人的信念而定。行為者常在只得到部分資訊時，便迫不及待對事物形成先入為主的觀念，進而影響其對未來資訊的認知，而企圖改變行為者固有的觀念並不容易。行為者對資訊的認知通常是亦步亦趨的。如果其注意力仍只在刺激的某一有限層面，錯誤的認知不但無法修正，甚至可能演變成認知的「扭曲」（distortion）[6]。是故，決策者對環境之反應，也將會受到環境中相關資訊和其本身價值系統和理念判斷的影響。賈維斯在「認知錯誤的假設」（Hypotheses on Misperception）中，共提出十四項重要假設。茲舉其與較相關者如下[7]：

　　一、行為者喜歡依據他們心中所期望的現象從事認知，以既有的理論、信念和形象來看待新的資訊。資訊愈模稜兩可，行為者便愈堅持原有的理論。

　　二、決策者和學者都太習慣於既定的改變，而傾向排斥新的資

5. 湯淑貞，《管理心理學》。台北：三民，民國六十八年，頁四十七。

6. 張承漢，《組織原理》。台北：台灣開明，民國六十五年，頁一四一。

7. Robert Jervis, "Hypotheses on Misperception," *World Politics* , Vol. 20 (April 1968), pp.454-479.

訊，另外他們常過早形成他們的理論和願望。

三、行爲者較易將與原有認知抵銷的零星資訊加以同化。除非
　　這些零星的資訊係同時集結湧現，認知重組的可能性方較
　　高。

四、當行爲者的認知體系中，根本不存在所遇現象相對應成份
　　時，認知錯誤最難糾正。

　　而相似性（similarity）原則是指事物在形狀上有相似的特徵
時，在知覺上有將其歸於一類的傾向。構成這種認知的原因，顯然
是由於認知刺激相似性的特徵所致。進而產生歸類作用（catego-
rization）。這種刺激相似性的組合，在組織中是屢見不鮮的。在外
界所發生的事情，外表上看來，均屬類似而就盲目地採用習慣的方
法來處理，產生歸類作用。而所謂封閉作用，就是對客觀事物根據
主觀的觀點，遽下判斷或結論。有時認知刺激中的特徵並不十分清
楚地顯示彼此間具有某種關係，可是當我們根據以往經驗去解釋它
時，經常會主觀地增添或減少它的特徵，以符合我們的解釋。鮑爾
（Raymond A. Bauer）認爲大多數的人都不願意把自己認爲「最可
能發生的狀況」，作爲指導其行動的基本假設，而產生認知錯誤[8]。

　　另一影響知覺作用的因素就是情境。諸如對情境熟識的程度、
對情境的期望、以往的經驗和自我概念等。然而在認知的過程中亦
常出現認知困難的現象，其結果往往影響行爲者的快樂。認知過程
使不同的行爲者對於相同的刺激賦與以不同的意義，進而必然造成
人際間相處的困難。大體而言，下列四個主要因素會造成我們認知

8. Raymond A. Bauer, "Accuracy of Perception in International Relations," *Teachers College Record*, Vol. 64, 1963, p.294.

的困難，甚至形成錯誤認知，扭曲認知和創造認知的現象[9]。

一、刻板印象（stereotyping）。就是根據認知的相似性（perceived similarities），將他人或物歸類的一種過程。組織中的決策者往往會利用刻板印象，將複雜的問題予以單純化。

二、月暈效果（halo effect）。就是以行為者的單一特徵為根據來評估他的整個人格特徵。這對於知覺作用也會造成困難。

三、觀念上的防衛（perceptual defense）。在認知過程中有一種特徵，就是把不喜歡或騷擾的資訊都排除在認知之的範疇之外，而把能支持個人意見的資訊吸收在知覺世界內。

四、投射作用（projection）。行為者有時會把自己本身的屬性或情感歸屬於他人，這種歸屬即被稱謂投射作用。例如，決策者往往將政策之失效歸諸於幕僚人員之失職即為一例。

此外，公共政策上的認知問題研究至少可從下列三個可分別進行的探討層次，一是個別決策者的個人認知，二為部門團體的認知，三是國家的認知。然而國家仍是團體的一種，因此在理論建構探討時即簡分為個人認知和團體認知兩類進行。然而，國家的傳統精神、歷史經驗及文化內涵不僅對個人認知有影響，對組織的認知也有影響。質言之，美國傳統觀念、精神價值系統和認知習性也會影響機構對政制資源的運用態度。再者，組織的認知和過程與個人

---

9. Marvin Karlins, Hiomas L. Coffman and Gary Watters, "On The Fading of Social Stereotypes: Studies in Three Generations of College Students," *Journal of Personality and Social Psychology* (September, 1967), pp.1-16.

認知過程亦有差異。組織的決策體系乃動態的，且組織領袖的認知，也常受到組織各階層中許多個人認知的直接間接影響。而組織溝通管道所具備的特質，便是組織成員個人的認知如何影響整個組織的認知關鍵。

然而，一個組織的認知過程，通常存有若干定律，史奈德（Richard C. Snyder）和派奇（Glenn D. Paige）曾將其歸納出下列四點：

一、組織對外界所掌握的資訊愈不足，便會在決策時愈依類組織內部最主要負責決策部門所自行蒐集到的資訊。

二、當資訊有限時，資訊來源是否可靠的重要性便愈高。

三、對既有資訊的信心愈高，便愈需要大量的相反資訊及愈可靠的資訊來源，方能改變現行的詮釋。

四、時代承平時，唯有威力性較高的資訊方能快速吸引高層的注意[10]。總之，組織領袖的認知，幾乎一向是公共政策抉擇的決定關鍵因素。而組織中能對特定問題的不同政策主張，則常起源於對問題的認知有限。當決策高層對問題有共同或相似的認知時，他們對政策選擇獲得共識的可能性也增高[11]。

而個人決策受到許多因素的影響，常會受到價值體系、觀念趨向、心向開放程度、認知差異程度，資訊處理能力和團體壓力的影響；總統的決策係基於他對狀況的實際考慮和判斷，而這些思慮則會受他對消息來源的信心以及狀況所呈報給他的方式而影響。總統

---

10. Richard C. Snyder and Glenn D. Paige, *The United States Decision To Resist Aggression in Korea: The Application of An Analytical Scheme* (Evanston, Ill. : North-Western University Press,1958).

11. *Ibid.*

當然會對某些官員和刊物較為尊重。他也當然會覺得自己和某些幕僚溝通，要比和其他人溝通更為容易[12]。

價值體系係透過以往的生活經驗、家庭背景和教育背景而養成的。人的以往生活經驗、家庭背景和教育背景不同，當然其所培養的價值體系也自然因人而異。個人的決策行為深受價值體系的影響，價值體系不同的人所制定的決策，當然也不會相同。理念趨向或經驗趨向（ideologically oriented or empirically oriented）是由於行為者過去在家庭和學校所受的社會化過程的不同，可能養成許多不同的信念來做為判斷客觀事物的標準。在一個完整的認知過程中，不同的信念之間不會產生矛盾和衝突的現象，是彼此密切關聯的，因此即形成了他的理念（ideology）。有的學者將理念界定為信念系統（a system of beliefs）。理念往往是根深蒂固地根植於行為者人格認知之中，他的固定不變而持久是它的特性之一，而且對個人行為發生莫大的影響力。同時它還具有簡化（simplifying）客觀事象的作用，舉凡遇到任何客觀事務或問題，不去追究事物或問題的來龍去脈，動輒根據理念遽下判斷[13]。伍弗爾（Arnold Wolfers）強調認知對決策者的思維、感受和意識，才能算對決策者有決定性的影響力。一個人決定某項具體行動…必然反映出行動本身和任何政策過去一連串事實的關聯。所以，具有理念趨向的人所制定的決策，勢必缺乏客觀性和理性。但另外一種人，或許因一開始所接受的教育和訓練就是一種自由式的教育和訓練，所以其所養成的態度不輕易相信任何理念，也無根深蒂固的信念（entrenched beliefs），其所相信的就是客觀的證據和事實，換言之，唯一值得他相信的就是經過證驗的事實（verified data）。舉凡拿不出證據來的任何論斷

12. Theodore C. Sorensen, *Decision Making in The White House* (New York: Columbia University Press, 1963), p.39.

13. Arnold Wolfers, *Discord and Collaboration* (Baltimore: Johns Hopkins University Press, 1962), p.42.

或陳述都在他的懷疑之中。因此，每逢遇到任何問題，他總逃出圍於「自我價值體系」的範疇之外，以純客觀和理性的態度，先充分蒐集資料、研判資料，然後再下判斷、制定決策。心胸開放（open-mindedness or close-mindedness）可分心胸開闊的人和心胸閉塞的人兩類。心胸開闊的人凡事不會採取武斷的態度，他養成一種相對的觀念，自己的意見雖自認為是對的，但決不排斥他人的意見。他能虛心容忍和採納他人的意見，他同樣重視客觀證據，他不相信解決任何問題只有單一的最佳的方法（the one best way），他有殊途同歸（equifinality）的觀念，也就是說，對於任何問題，他能從各個不同的角度去觀察，參照他人的意見，去尋求各種可能解決方案，再加以仔細衡量、分析和評估各個方案可能生產的各種正、負後果，然後才審慎的選擇一個適當的方案。但是心胸閉塞的人恰與此相反，多圍於「絕對價值」觀念，不易接受他人的意見，萬事皆以「自我」為中心，排他性特別強。對任何問題，只要他認定某一解決方案，任何人也不能改變他的立場。這種人剛愎自用，適應環境的能力頗差。其所制定的決策，一旦犯有錯誤，他會錯誤到底。因此，認知上的差異是源行為者個人生活環境和教育背景不同，而蘊育出不同的價值觀念、心理狀態或參考架構（frame of reference）。在某種情況下，雖同一事物，可是在不同的價值體系、心理狀態、或參考架構人的認知中，當然就顯現出不同的形象來。這種認知上的差異，自然會影響到行為者的決策行為[14]。處理資訊能力程度也影響到行為者的認知能力，因為認知並非是靜態的，而其在運作時呈現和新資訊一直不斷交互激盪的動態。是故，何種資訊具有重要性應予接受？何種資訊不具重要性應予淘汰？這就須靠人處理資訊

---

14. Philip E Converse, "The Nature of Belief Systems in Mass Publics," in David E. Apter, *Ideology and Discontent* (Glenview, Ill. : The Free Press, 1964), p.207.

的能力了。這種資訊處理的能力，會因人而異而形成所謂的個人「認知風格」。易言之，「認知風格」可以指一個人所偏愛的資訊取得方式，以及其運用資訊的方式。最後，團體有團體的行為規範，也有團體的價值體系，人的行為必須接受團體的行為規範利價值體系的影響，決策行為自不例外。此外，在以團體為單位而制定的決策。對團體決策也受到下列因素之影響。諸如團體凝聚力、團體權力體系、團體排他性、團體大小及團體和個人目標的一致性上[15]。

　　團體凝聚力（group cohesiveness）對於團體決策之影響至鉅。從社會生活的體驗中，一個團體的成員難免會發生高頻率的互動行為，在互動行為的過程中，首先會產生共同觀念（common notions），由共同觀念再培養出共同的價值系統（common value system），從而也發展出一套團體的行為規範（common norms）。這三者是促成團體凝聚力的主要因素[16]。

　　但凝聚力的高低，隨團體而異。凝聚力高低對團體決策有不同之影響，一般而言，凡決策之制定須獲得團體成員的意見一致原則，或須要求快速（speed）的原則，那麼凝聚力高的團體，可以制定有效的決策，蓋因凝聚力高的團體對成員的壓力很大，成員對團體的順從性（conformity）也很高，所以容易達到共識，而且決策的速度也很快。反之，對於困難而複雜的問題來尋求解決的決策方案時，那麼凝聚力低的團體，可以制定有效的決策，蓋因凝聚力低的團體對成員的壓力很小，個人對團體的順從性也很低，因而個人的意見較不會受到團體的壓抑而能充分的表達出來，於是可以達到集思廣益的目的[17]。而團體權力體系係指任何團體經由成員長期交互行為和交互影響的結果，難免會出現高低不等的地位體系或權力

---

15. 姜占魁，揭前書，頁一七〇～一七五。
16. 同上註。
17. 同上註。

體系。地位體系或權力體系的嚴密性有高低之分；凡地位體系或權力體系嚴密程度高的團體，必會阻礙成員間意見的充分溝通，因而決策之權力難免會為少數人所操縱，由此而制定的決策必缺乏周密的考慮，故決策執行的效果偏低。反之，權力體系嚴密程度較低的團體，成員有充分的自由空間來表達個人的意見，因而可以達到充分意見交流的目的。因此對決策可以做到周密的考慮，從而所制定的決策也較為正確，人員在執行決策時更會投入高度的熱情。再者，團體排他性之存在與否也直接會影響團體本身之心胸開放或心胸閉塞。團體是否具有排他性與團體歷史淵源之久暫有著密切的關係。在一般情況下，歷史短暫的團體排他性較弱，蓋因新形成的團體往往缺乏穩固性，其是否能長久維持生存和發展，尚係一未知數，因此其成員多注意或重視環境對團體的反應或看法，因而行為特性乃係外射的、開放的，目的在企求能與環境培養良好關係，並極力吸收新的成員，用以鞏固團體的地位，故團體的心胸是開放的，而且排他性不大。可是隨著時間的流逝，由於成員間長久的互動行為和交互影響後，團體內之權力關係和地位體系必漸趨穩固。處於這種情況下，舉凡新分子的加入，必會破壞這種穩固的權力關係和地位體系，故多呈顯強烈的排他性。

　　團體是否具有排他性，與團體之決策也有密切的關係。凡排他性強的團體在其制定決策時，不易考慮外在的反應或因素，犯了閉門造車之弊，由此而制定的決策，效率與效能必然不高。排他性弱的團體則恰與此相反，在其制定決策時，均能虛心接受外界的意見，因而決策的效果甚高。其次，成員個人目標與團體目標之一致性與否，傳統研究團體動態的學者多受一個觀念所蒙蔽，就是認為人之所以參加一個團體，完全是為了達到團體的目標[18]。事實上卻

---

18. 同上註。

並不然，人參加一個團體時必把他個人目標也帶進團體之中，他之所以參加團體，只是視為達到個人目標的一種手段而已。那麼個人目標和團體目標之間的觀係如何？彼此是相互矛盾呢抑是相互相輔相成的呢？這對團體決策的影響甚大[19]。如個人目標與團體目表是矛盾的關係，必無法制定有效的決策，決策只是個人利益之彼此討價還價或相互妥協的結果而已。如個人目標與團體目標是相符相成的關係，那麼能能制定有效的決策，蓋因個人目標的達成係達成團體目標的手段，而團體目標的達成也是個人目標達成的目的。最後，團體之大小對團體決策也有不同之影響，大團體在制定決策過的過程中，耗費的時間較長，而且意見分歧，很難達到共識，同時難免會分裂成許多小團體，彼此相互對壘，相互衝突，因而會使團體呈現分裂狀態，從而團體之整合（group integrity）必產生嚴重的問題。其優點，可以達到集思廣益的目的。相反的，小團體在制定決策時，意見比較集中，較易獲得共識，耗費的時間也不長，更不會促成團體的分裂。而其缺點就是不能廣徵意見，可能把許多創新或可貴的意見被排除在考慮的範圍之外，無法達到集思廣益的目的[20]。

　　總之，本節中述及的各項個人認知、組織認知、認知錯鋘、扭曲認知、創造認知影響個人決策及團體決策的因素等均將有助於本章第二節及第三節「卡特之人格特質、決策風格與政經理念」及「行政部門參與決策者之個性、經歷與經濟觀」對民航解制決策影響之剖析。同時，因這些理論亦有助評估下列問題，如，一、卡特政府對民航解制有無認知錯誤或扭曲認知？二、其曾對民航解制有過正確性的創造認知？三、其關鍵性決策人士之認知是否有形成「團體謬思」的事實？四、整個卡特政府對民航解制認知問題的溝

---

19. 同上註。
20. 同上註。

通管道具有何種特性？

第二節　卡特之個性、領導風格與政經理念

藉析論卡特總統之個性、領導風格及其政經理念以剖析其個人認知對民航解制政策未來之影響。

壹、卡特之個性

從華府的觀點，美國總統可分為三類，一是深具政治經驗，瞭解政客和官僚的行為與習慣，並能與各方面合作的總統；二是無任何在華府工作之經驗，但就任後即不以外人自居，大致上均能和政客與官僚合作的總統；三是以圈外人自居，就任總統後，採取反華府或反官僚的立場，而以一種華府政客所藐視之嚴格道德水準，企圖改變聯邦政府[21]。卡特就是屬於後者這樣的一個以圈外人自居的總統。他是一個希望以圈外人的立場來整頓圈內的工作，以愛和熱情去統治國家的總統。

卡特生於南方之喬治亞州（Georgia State），但他尊重人權，為自由主義之信徒。在一九七六年的美國總統大選中，新聞媒體曾詢問他：「總統先生，你是一位自由主義者亦或是一位保守主義者？」，他回答說：

基本上我是屬於保守的，但對諸如民權、環境品質以及

---

21. 伍啟元，《美國世紀》。台北：台灣商務，民國八十一年，頁四二三～四二四。

協助人們克服障礙而改善其生活等議題上則是屬於開放的。
而這種理念直到我擔任總統也一直未改變過[22]。

此外，易維克（Chales H. Zwicker）曾指出，卡特的領導風格
可經由其固守的公共道德觀、成為領袖的強列企圖心、作事求完美
的意志力以及積極推廣世界和平之決心來探一究竟，亦是透視其內
心世界的最佳指標。卡特具有著強烈的宗教信仰。在一九六六年的
「再生」（born again）為在其生命中的轉捩點。他的政治理念也深受
其宗教和個人信仰的影響。他認為「政府的角色是在充滿罪惡的世
界上建立公平正義」[23]。

卡特用詞堅愼，道德觀和能力使得能形成以問題為導向的政治
哲學，為傳統政治家。在政治上，他主張只有嚴格的紀律，萬全的
準備和努力不懈等方式方能在政治上獲得成就。在當選總統後，由
於卡特對政治信仰的堅持，造成他在國內與國際問題處理上的許多
的挫折，這種打擊也使得他失去連任總統的機會[24]。

一路走來，卡特在其回憶錄中曾指出影響他個人人生最大的幾
個階段分別是：在他父親所主持的主日學中學習與體驗成長；在海
軍中完成學業的奮鬥過程；在哈比亞社區中心（Habitat for
Humanity）中及亞特蘭大的卡特中心協助別人的社區經驗以及和其
夫人洛薩琳（Rosalynn Smith Carter）在白宮及平源鎮共享的生活。
「就如同保羅看到上帝，在宇宙深不可測的神蹟中和造物者的多元

22. Jimmy Carter, *Keeping Faith: Memoirs of A President* (New York: Bantam Books, 1984), pp.65～66.
23. Charles H. Zwicker, review of "Jimmy Carter: American Moralist," *Presidential Studies Quarterly*, Vol. 27, No. 2 (Spring) 1997, pp.387-389.
24. Fred Kacher, review of "Jimmy Carter: American Moralist," *United States Naval Institute Proceedings*, Vol. 124, No. 1, 1998, pp.98-99.

與紛亂之下與我同在」[25]。卡特從小即在極具種族色彩的南方長大，孩時之玩伴也多爲黑人，自小並受到父母，社區及宗教的深度影響使他對種族的問題具有寬厚的包容思維。誠如他最親近的幕僚喬登（Hamilton Jordan）所指的「在種族問題上，他持的是一種中庸的態度」[26]。卡特早年即開始尋求眞正社區（Community）的意義，到其服公職爲止未曾減退，但他一直無法如願。摩里士（Kenneth E. Moris）認爲早期的社區缺乏環境，「進而形成卡特個性及事業上必要的道德觀」[27]。

　　卡特於一九四六年和洛薩琳史密斯結婚，並於一九五二年結識瑞柯夫將軍（Hyman Ricover），這二個人對卡特之生命具有最主要的影響。在一九五三年其父親去逝後，卡特遷回喬治亞州之平原鎮，便開始在當地之發展。在它政治生命的演進歷程裡，由從事農業生產到州議員，進而成爲州長，可謂相當平順。一九七〇年在他就任州長後，在他的就職演說及致力公平的追求上，均使他成爲家喻戶曉的人物。是故，在其任州長期間道德操守與工作能力（morality and competent）成爲卡特問政的主軸。在總統大選時，卡特也曾承諾「在個人道德優點與能力領導者之基礎上，更新信心」[28]。他認爲「宗教信仰爲其生存的核心」[29]，並且認爲信仰「不僅

25. Patrick H. Samway, review of "Jimmy Carter: America Moralist /Living Faith," *America*, Vol.176, No. 9, Mar. 22, 1997, pp.31-32.

26. Judith Graham, ed., *Current Biography of 1977* (New York：H. Wilson Company, 1979), p.231.

27. George H. Sriver, review of "Jimmy Carter: American Moralist," *The Christian Century*, Vol. 114, No. 10 (March 19-March 26), 1997, p.307.

28. *Ibid.*, pp.308-309.

29. Bill J. Leonard, review of "The Private and Public Worlds of Jimmy Carter," The Christian Century, Vol. 114, No. 10, (March 19-26), 1997, pp.296-299.

是個名詞而且更是個動詞」[30]。卡特的信仰歷程受到了浸信會高度虔敬，家庭教育以及諸如喬丹（Clarence Jordan）、富勒（Millard Fuller）和金思（Martin Luther King, Jr.）等宗教狂熱人士之影響，形成卡特成為堅持原則的力行者，獨立性日益顯現。自一九六六年「再生」以來，耶穌基督成為卡特生命的源頭（Since 1996 Jesus Christ has become the Fountainhead of Carter's life.）[31]。卡特在政治上的純真和來自南方小鎮的固執，使得卡特對倫理上的妥協與實際問題上之討價還價均常予以拒絕[32]。卡特在對爾虞我詐之政治並不欣賞，使得卡特成為喬治亞州民主黨人保守勢力的追隨者[33]。

貳、卡特之領導風格

歷來美國學者在嘗試對總統的領導風格，提出理論上的解釋時，總強調總統個人的人格因素的重要性。喬治（ Alexander L. George）在觀察美國總統與幕僚間的互動行為後，認為總統的認知態度、效能感，以及對政治衝突的看法，都直接影響到他對幕僚的關係[34]。總統個人的個性、偏好、成長過程的經驗，都可能塑造出

30. *Ibid.*
31. Douglas Brimkley, review of "Jimmy Carter: American Moralist," *The Journal of American History*, Vol. 84, No. 2, Sept. 1997, p.741.
32. William D. Peterson, review of "Jimmy Carter: A Comprehensive Biography from Plains to Post-Presidency," *Library Journal,* Vol. 122, No. 2, Feb. 1, 1997, p.88.
33. Genevieve Stuttaford, "Jimmy Carter: A Comprehensive Biography from Plains to Post-Presidency," *Publishers Weekly*, Vol. 244, No. 1, Jan. 6, 1997, p.56.
34. Alexander L. George, *Presidential Decision-Making in Foreign Policy: The Effective Use of Information and Advice* (Boulder, Colorado: Westview Press, 1980), pp.147-148.

特定的態度與行為取向，從而影響他們組織與運用幕僚的方式。例
如羅斯福與詹森對權力的特殊敏感，甘迺迪個人主義的傾向，尼克
森的孤傲內斂，艾森豪的軍旅經驗，而卡特對細節問題的執著，及
雷根大而化之的作風，都可用以說明他們的領導風格[35]。

　　除了總統個人的態度或經驗外，總統的黨籍與其組織幕僚的方
式也有相當關聯。自羅斯福以來，除了杜魯門以外，每一位民主黨
籍的總統都採用軸心模式來領導幕僚；相反地，採金字塔模式的總
統，則全屬共和黨籍，無一屬民主黨籍。兩黨之總統，之所以在作
風上呈現此種極端之差異，似非偶然，亦非單純地可以完全用總統
的個性來解釋。

　　此一現象，似可從共和與民主兩黨菁英的不同來源加以說明。
根據美國學者希斯（S. Hess）的觀察，傳統上共和黨的政治菁英，
多來自大企業或大公司，以「經理型」的人才為主，有豐富的行政
管理經驗與才幹。共和黨總統所甄拔引用的幕僚，多數具有此種背
景，專業分工的管理傳統。因此，他們在行為與制度上，很自然地
會表現出這種注重行政與管理的特質，有利於金字塔式的組織方式
的出現。另一方面，民主黨的支持者，多來自社會中、下階層，這
些人缺乏既存組織的整合，需要政治領袖的直接溝通與說服鼓舞。
因之，進入白宮任事的民主黨正式菁英，都是深入基層，能與群眾
打成一片，並長於各種溝通技巧的政治人物。他們不耐辦公室或組
織圖的束縛，卻喜歡和人直接交往接觸。在這種氣氛與作風的影響
下，民主黨的白宮呈現出軸心模式的特質，毋寧是十分自然而可以
理解的[36]。

35. 黎建彬，《美國總統與白宮幕僚之關係及其影響》，刊於孫同勛主編《美國總統制
　　之運作》。台北：中央研究院美國研究所，民國七十八年，頁一九七～一九八。
36. S. Hess, *Organizing The Presidency* (Washington DC: Brookings Institution, 1976),
　　p.176.

　　從理論上來看，總統固有絕大之權限，來選擇幕僚的組織方式，然而此一抉擇，亦必須由幕僚來對應配合。換言之，幕僚的行爲，也可能在實際運作上，影響或改變總統的原始構想。是故，領導風格的特色，實際上反映出領導者與被領導者間微妙的互動關係。

　　誠如上節所述，決策的形成是一個複雜的過程，其中所涉及的因素眾多，心裡學者認爲決策是一種認知反應的結果，即經對外界事務分析與判斷後所作出之選擇。具體而言，影響人們對政治現象認知的因素甚多，主要包括意識型態、個性、過去從事政治活動的經驗、特定決策環境的特點、掌握的資訊和認知以及個人的情緒環境等均爲形成個人領導風格之內涵。易言之，領導風格對決策的形成具有決定性的影響力。卡特的個性是屬於保守與謹愼，他具有事必恭親的特性，在其就任總統後，對其白宮幕僚人員遴選和內閣人事之任命均由自己經仔細考量後方才選用，對個人充滿自信。在其當選總統後，完成組閣之際曾指出：

　　　　如果您看到內閣組合的成員，您將對他們的經驗，區域性的均衡分配和多元背景，對華府事務的熟悉…以及對國際事務之通達。這是一支夢幻隊伍，藉著他們使自己更能瞭解國內外的事務[37]。

　　當然白宮幕僚制度自一九三九年羅斯福總統時代建立以來，其對總統的決策影響至鉅。白宮幕僚儘管各有不同的背景與經歷，但彼此也有其共通之處。他們通常是總統的舊識，與之保有密切的地緣或工作關係，或來自相似的教育背景，而卡特則大量重用來自喬治亞州的地方菁英。再者，這些幕僚往往也是當初和總統一起打天

---

37. Carter, *op.cit.*, p.47.

下的得力助手，是競選活動的重要功臣，例如卡特手下的喬登與鮑爾（Jordan and Powell），都是著名的例子[38]。因此，白宮幕僚憑藉著他們與總統特殊而密切的情誼，往往最能與總統相處，也最能獲得總統的信任。

　　儘管卡特總統與幕僚間之互動關係則以軸心式（Hub-of-the-Wheel Style）進行，這種模式以總統為中心，而與各個幕僚機構保持同等密切的聯繫。恰似輪軸之條幅，皆自其核心擴散般，各幕僚不論職級大小，大致立於平等的地位，可直接向總統提供消息或建議；若有必要，總統也樂於主動與之接觸，彼此交換意見。在這種模式下，官式的組織圖不具任何實質的意義，因為文書上所標示的層級結構，不能反映出總統與幕僚間實際的互動行為。總統的幕僚，既然呈現出「一對多」的互動方式，則資訊處於一種分散而自由流通的狀態，沒有人能壟斷或控制總統的溝通管道。總統可隨時隨意依己意獲得想要的資訊。

　　卡特在美國人民對水門案記憶猶新時，以「反對既存建制」（anti-establishment）為訴求重點，而順利地入主白宮。他不但公開譴責尼克森政府「宮廷侍衛」（palace guard）式的幕僚制度，並且為了實現真正的內閣政治，強調節制白宮幕僚的權限。為了實踐這些諾言，他上任之初，即宣布不設幕僚長，亦不允許任何幕僚阻隔他與內閣間的聯繫。在形式上，九名重要的行政助理各有不同的職責，分別直接對總統負責，沒有層級次序，而在實質上，他們與總統的距離，則遠近各有不同。

　　卡特總統在解決問題時，沿襲了以往他在工程上所受到的訓練，總要對所有的細節有了充分的了解後，才作決定。由於他對細部問題的過份關注，以致常有見樹不見林的情況發生。在就任初

---

38. 喬登是卡特的總統競選總幹事，選後負責政治事務的顧問，亦為其最親近的助理，鮑爾則為其新聞秘書，地位重要。

期，他即常在大衛營審閱送來的簡報資料，研究預算表，並且檢查其中的數學運算是否有誤。此外，他不但細心地在幕僚送來的備忘錄上改正他們的文法或拼字錯誤，而且還親自決定那些申請人可以獲准使用白宮的網球場[39]。由於卡特對細節的熱衷與關心，阻礙了他授權的原意；也由於他過份地追求完美，使許多技術上的考慮，阻礙了整個大方向的評估。

卡特的決策也有獨斷的傾向，也許是其凡事追求完美或並不善假手他人個性使然。在其決策過程中，內閣共同討論問題的次數隨著其就任時間而遞減，在第一年出現了36次，第二年削減為23次，第三年僅有9次，最後一年只剩6次的紀錄。他同時指出，一旦他作了決定之後，雖然閣員有巨大的不同看法，也希望他們能遵照辦理，他曾強烈指出：外交政策之最後決定權在白宮，而非在國務院，對當時外交事務表示強勢主導的決心[40]。

而卡特此種強勢之領導風格不但展現在其在外交的決策上，亦於民航解制的推動上。他運用總統之任命權，任命和他共同分享限制理論（Restrictionism），主張政府應減少在經濟干預思維的坎恩為民航局主席，並和國會共同推動完成立法，甚至在解制法案未完成立法程序之前，透過「行政解制」（administrative deregulation）的作法來率先達成民航解制的目的[41]。

由一九七七年一月二十二日至一九七八年十月二十六日期間，卡特曾先後在各種公開場合大力倡導民航解制相關理念達二十三次之多，可見其對理念之執著和用心之一般。（詳見附錄三）

---

39. H. M. Barger, (Glenview, Ill: Scott, Foresman Co., 1984), p.215.

40. Carter, *op.cit.*, p.52.

41. Richard W. Waterman, *Presidential Influence the Administrating State* (Knoxville: The University of Tennessee Press, 1989), pp.169-172.

參、卡特之政經理念

　　一般人提到卡特總統，均留有其「人權」鬥士的深刻印象。誠然，卡特卸任後最大成就是成爲一位「世界政治家」（world states-man），他的基本目的仍在消弭戰爭與促進和平。然而卡特終其任內，所面臨的最主要問題卻均和經濟息息相關，其中最主要者一則爲能源問題，其次爲通貨膨脹問題，這二個議題也成了他與國會爭論的重點。而其經濟政策與政府再造即成爲解決通貨膨脹的主要力量與方法[42]。卡特在一九七一至一九七五任喬治亞州州長時間，對自己最滿意的施政是州政府的再造和實施零基預算制度。藉此，將三百多個州政府組織合併爲約三十個州單位，達到提昇政府效益的功能[43]。是故，在經濟上卡特總統比其前任尼克森更支持「限制理論」（Restrictionism），他公開承認美國的力量已較之前衰退。這些論點也反映出在他的內政措施方面，如對縮減政府財政支出，減低軍事費用，對能源或汽油問題以及對通貨膨脹等問題的重視。上述看法在其於一九七七年二月二日他所發表的二十五分鐘的「爐邊談話」（fireside chat）中，也成爲他任內改革美國國內經濟政策的主要藍圖[44]。綜合其內容，其主題可區分爲能源危機、全國經濟振興、政府再造計畫以及外交政策等爲主軸，也是他就任總統後亦首次正式地有系列地說明了他的施政方針內容。

　　綜觀其內容，卡特經濟問題中展現了其「自由與保守」（liberal

---

42. Jimmy Carter, "Fireside Chat", *Public Papers on the Presidents of the United States：Jimmy Carter-1977 I.* (Washington DC: Government Printing Office, 1978), pp.103-112.

43. 伍啓元，前揭書，頁四二六。

44. Carter, "Fireside Chat," *op.cit.*

& conservative）弔詭並存的特質，也更凸顯在其經濟理念上。卡特的保守主義蘊含標準自由主義的價值觀，傾向有限權力的政府。和一九三〇年代以來政府創造需求，帶動經濟成長的「大政府」經濟改革觀迥然不同[45]。

　　如果以簡單的思維來說明卡特經濟的理念基礎，即可以「開源節流」來詮釋。茲就和本書相關之內容，例如，能源問題、經濟政策與政府再造等方面之內容，說明如下：

一、在能源危機方面：

　　他積極建立美國能源政策，並指派史拉辛格（James Schlesinger）負責，而此政策之特色在於撙節能源。他指出：「浪費之能源總量遠超過我們由國外進口之總數」[46]並提，出能源永遠是不足的，而且是一個永遠的痛，除了多元開發能源外應培養節省能源之共識[47]。是故，卡特總統認為要儲備可供三十日消費的石油存量，逐漸解除天然氣的限價，實施石油進口限額，限制核能電廠的設置，並鼓勵使用煤炭及其他新能源。

二、經濟政策方面

　　卡特總統上任後採擴張性的財政和貨幣政策，他認為美國係建立於勤勞工作的建國理念上而非裹足等待福利救濟，是生產而非停滯的民族，主張政府有提供滿足有意願工作者的工作機會，在通貨膨脹下亦能提供社會大眾基本的生活條件，國家經濟的力量來源是藏富於私人自由企業之上，並應對需要者給予協助。同時提出減稅

---

45. 李本京，《美國亞洲政系之制定—兼論保守主義與自由主義之歷史因素》，國際關係學報，頁七。
46. Carter "Fireside Chat," *op.cit.*, p,106.
47. *Ibid.*

的概念，在個人方面，提高寬減額，同時也提供減稅獎勵，鼓勵產業界擴大雇用勞工，提高生產以扼止通貨膨脹。此外，並推動公共服務備用方案以減低生產率[48]。

三、在精簡政府方面

卡特認為，政府的能力應在為全民服務時展現「有能力與具熱忱」的效益性。當自由競爭能提供大眾更佳服務時，政府不應加以干預[49]。他主張再造政府，以減少政府機構因疊床架屋而導致長期政府機能不彰的現象，並由白宮內部之單位裁縮做起，以為示範，並減少政府開支。此外，更主要的是，他主張減少政府在經濟上之管制。並指示預算和管理局（The Office of Management and Budget, OMB）來規劃落實政府零基預算制度，廢除不必要的政府管制，制定「落日條款」以取消不合時宜政策以及裁撤政府機構中功能重複之單位[50]。

綜合上述卡特就任總統職務期間內提出的政經方案的內容，我們不難體會到卡特經濟理念完全建立於限制理論者的觀念上。來特（Paul Light）曾於一九八二年對一百二十六位白宮人員進行調查，得到結果如表4-1，其所顯示的和卡特上述的政經重視程度相當吻合。

48. *Ibid.*, pp.107-108.
49. *Ibid.*, pp.109-110.
50. *Ibid.*

表4-1　卡特總統任內最主要的內政推動方案	
方案提出次數	
84	能源政策
63	通貨澎脹
59	福利制度改革
28	醫療成本方案
19	刺激經濟方案
9	政府再造方案

資料來源：撰者按 Gary King and Lyn Ragsdale,*The Elusive Executive:Discovering Statisical Patterns in the Presidency* (Washington DC;Congressional Quarterly,1988),p.68之資料整理。
＊*受訪者可以採多重回答方式*(more than one reply)

　　表中雖然不見民航解制之名稱，但事實上民航解制法案除了和表中之第（4）項的醫療成本方案除了和無直接關係外，其他均成爲包裝民航解制政策的主要因素。主張透過合理的市場競爭，提高產能，使消費大眾能擁有合理的價格，反對市場之壟斷，營造公平競爭之環境，主張政府應減少對市場不必要之干預。此外，在政府本身應量入爲出，減少赤字以達收支平衡，爲了達成此目的，精簡政府組織成爲其主要的任內重要議題，以期達成提高政府效益，降低政府支出的雙重目的。卡特曾於一九七七年三月四日對國會講詞中指出：

　　　在踏出我們共同分享效能政府理念第一步之際，我冀求國會能完成立法，減少聯邦政府對國內商業民航公司之管制**51**。

---

51. Jimmy Carter, "Airline Industry Regulation," *Public Papers on the Presidents of the United States: Jimmy Carter-1978 II.* (Washington DC: Government Printing Office, 1978), pp.277-278.

是故，撰者認爲以精簡政府組織，以減少政府開支，並達提昇政府效益，減少管制，強化公平和合理之競爭環境，此種藉自由市場經濟的理念爲消弭通貨膨脹的有效方法，也是形成對民航解制之決策之主要背後考量之因素。是故卡特政府在推動民航解制時即將此解制政策包裝成爲反通貨膨脹的計畫之一，以回應當時市場大眾的期望。

第三節　行政部門參與決策者之個人背景與經濟觀

在民航解制過程中，以介入之程度而言，除了白宮外，民航局爲最主要介入的行政單位，其次則爲和民航運輸相關的交通部。是故，茲將民航局主席坎恩及交通部長亞當斯（Brock Adams）之個人背景及經濟觀分析如后：

一、坎恩

坎恩爲卡特總統所最依賴的經濟學家之一，他於一九七七年被卡特總統任命爲民航局主席，擔任推動民航改革第二階段民航解制的負責人。坎恩亦是首位藉行政管理解制的方式將美國民航改革政策大幅改變，並造成民航局被裁撤的主要人物。他沈穩堅定的個性，豐沛的經濟理論基礎與實務背景和對自由經濟市場理念的執著認知，使得他成爲卡特民航解制過程中最主要的推手[52]。

坎恩於一九一七年十月十七日出生於紐澤西州的派特森市（Paterson City）爲蘇聯籍猶太人之後裔，自小即在紐約長大，並於一九三三年畢業於紐約大學經濟系。其後，並於一九三七年在紐約

---

52. 卡特對民航解制的最大貢獻就是選擇了坎恩，誠然是用對人了。

大學取得經濟學碩士。五年後，一九四二年他進一步地在耶魯大學取得經濟哲學博士。在具有完整的經濟教育學歷後，他曾短期地投身企業界從事經濟分析工作。而由一九四五年起至一九七四的三十年間均在學術界中渡過，以自一九四七年後，他即在康乃爾大學（Cornell University）擔任經濟學的講授，並得到該校最高榮譽的經濟講座教授職位[53]。

他對經濟的研究著作豐碩，包括了公共競爭及反托拉斯政策經濟議題爲主的論述[54]。其中尤以《管制經濟學：原則和機構》（*Economics of Regulation :Principals and Institution*）一書，更成全美各大學經濟系研究政府管制產業的標準讀物。由於在康大其間對經濟問題上之特殊表現，使他成爲艾森豪的經濟顧問及許多私人企業的諮詢對象[55]。在他的作品中，透露出對市場自由經濟之主張，堅持經濟應藉自由市場之均衡發展，而反對政府管制的強烈理念。

坎恩對公共事業管理的獨到認識使他得以在一九七四年出任紐約州威爾森州長（Malcolm Wilson）所聘任之公共服務委員會主席（Public Service Commission）職務，以管理該州的公共事業（public utilities）。在此階段，他展現了以消費者爲導向之服務政策（Consumers-oriented policies）[56]。卡特總統對其減少政府干預及增加市場競爭的理念極爲贊同與欣賞，故於一九七七年五月任命他出任民航局主席（Chairman of Civil Aeronautics Board），以取代羅伯森的席位[57]。

就在參議院通過其任命人事案後的短短幾小時內，坎恩即大刀

53. Moritz,Charles ed., *Current Biography of 1979* (New York：H. W. Wilson Company, 1979), P.198.
54. *Ibid.*, p.199.
55. *Ibid.*, p.200.
56. *Ibid.*, p.199.
57. *Ibid.*

闊斧地修正民航局中相關的法規而揭開行政管理解制的序幕。他允許航空公司折扣票的銷售,開放在紐約和倫敦定點間無須事前定位的航班服務,這種票價比當時最便宜的來回機票還要便宜上一百美元。為了強化競爭,他甚至許可航空公司在不須事先報備核可的情況下,即可將票價在百分之五十之範圍內機動調整。此外,他亦同意國內航空公司自行選擇其飛行航線,進而揚棄了前任局長的保守作風[58]。同時,為了減低各地過於擁擠的機場容量,他也下令重新核准小型機場和中途轉運站的設立,以利旅客之轉運。

坎恩曾在記者會中指出,他自己並非全然是一位絕對的自由企業論者,但是「我並非摧毀政府者」。他曾告訴記者說「我們有著長達四十五年的政府干預市場的歷史,雖然在某些案例上也有相當的績效。然而,同樣地,在某些地方,政府仍然試圖保障既得者的利益,而航空公司就是其中最明顯的例子。政府在這方面的干預應完全退出。」坎恩曾不斷地認為民航局應完全裁撤,並完全認同卡特政府民航解制的積極政策。甚至,對新法案中,階段性地完成裁撤民航局的條款在內[59]。

然而,他認為通貨膨脹是一種社會疾病(social disease)並非僅去更改一些政策內容就能起死回生的。他主張應在非理性的社會中找出經濟的理性化,而使它在各地生根[60]。此外,它也認為政府發展過度的經濟管制政策也是造成通貨膨脹的部分原因。因此,他在政府自由化的推動上不遺餘力而著墨甚豐。而坎恩對政府官僚體

---

58. Elizabeth A. Bailey, "Reform From Within: Civil Aeronautics Board Policy, 1977-78," Problems in Michael A. Crew ed. *Public Utility Economics*, ed. (Lexington, Mass: Lexington Books, DC. Heath , 1979), pp.19-40.

59. *Kennedy Hearing* , Vol. 1, p. 87; Congressional Report, June 11, 1977, p.1156.

60. Moritz, ed.,*op.cit*., p.200.

系也非常的反感，他主張官員應坦誠，公正與忠實。他曾提到：

「我決不能以一位不知廉恥為何物的官僚而出現」。

他甚至要求民航局的同僚要以簡明的文字來述說法規，要使人易懂，而非官樣八股[61]。他是一為高度充滿自信與自我要求嚴格的行動者，在其完成民航解制法案後，卡特總統在法案簽署後的次日即將其任命為自己的經濟顧問兼工資與價格穩定協調委員會主席（Chairman of the Interagency Council on Wage and Price Stability）。同時，坎恩並要求卡特給予完全的自主權來完成他的新任務。

坎恩強調民航局的任務仍是保障公共競爭，並非保護個別的公司，他深信競爭能迫使企業變成更為互依，更有效率和更為小心地經營。他指出：

航空公司並非可以無限制地取得資源，雖然可以隨時地選擇進入航空市場，但他們必需要清楚的認知到政府將會吸乾他們[62]。

坎恩全心奉獻在其篤信的公平、自由和完全競爭之經濟理念上，實現追求正義，公平與削減不合理的管制。他認為：

如果我必需就坦白、公正及誠實或僅僅為保有此份工作做一選擇的話，我寧願選擇坦誠而失去工作[63]。

總而言之，坎恩對自由經濟的篤實信念和公平競爭的市場原則

---

61. *Ibid.*
62. *Ibid.*
63. *Ibid.*

之追求，以落實公平及正義的社會理念和卡特總統的信念是不謀而合的。這一項兩人共同分享的理念無時無刻不反映在卡特政府的民航解制決策的過程中。在法案簽署後當天，卡特總統在典禮中，特別指出坎恩是他最要感謝的二位人員之一，由於坎恩「將民航解制政策，在法律範圍內作得如此完美，在此向您表示感謝的意思」[64]，二人的默契與天衣無縫的互動可見一斑。

二、亞當斯

在卡特政府的行政組織中，對民航解制政策推動之初持反對態度者首推交通部部長（Secretary of Transportation ）亞當斯。亞當斯在出任交通部長一職以前，曾服務於國會山莊，並有六連霸的連任紀錄，也曾被新時代雜誌（New Times）譽爲「國會十大傑出眾議員」，並且他也以思慮周詳，任事講求效率及政治手腕高超而著稱。此外，他也是一位傑出的律師和經濟學者[65]。

亞當斯出生於喬治亞州的亞特蘭大，十三歲時遷往西雅圖，並在那兒完成高中學業。大學時代曾因學業成績優異而榮獲總統金質獎章。其後，進入哈佛大學法學院就讀，於一九五二年取得法學碩士學位。畢業後的八年間一直在西雅圖的法律事務所執業。一九六〇年時，因緣際會得和初任參議員的甘迺迪（John Kennedy）結識並相當投緣，進而在西華盛頓地區擔任其總統競選之輔選工作。甘迺迪任總統後，任命其爲該地區的檢察官（United States Attorney）。他於1964年首次參加會眾議員選舉，一戰成功，進而展開其於國會的政治生涯。

在國會任職期間，就其對議案的投票紀錄之分析顯示其堅持自由信仰的從政風格。早年，他曾是詹森總統對越南政策的大力支持

---

64. Carter, "Airline Deregulation Act of 1978", *op.cit*, pp.1837-1839.

65. *New Times*, April 4, 1977, p.4, Column 25.

者,但後來由於信念不同使然,使得他於一九六七年和詹森政府的政策分道揚鑣,而投身反對越戰的陣營。當選眾議員後,他對選區的服務可謂不遺餘力,只要是選民的真正需求,他均全力以赴。當時,他曾大力支持洛克希德飛機公司因面臨經濟困境的舒困貸款法案,支持其超音速飛機的製造。為拯救西雅圖地區的飛機製造廠員工的免於失業,他也結合了華盛頓州參議員馬南生(Warren C. Magnuson),以提高失業率補助的福利。是故,長期以來他一直是一位民航業及民航勞工立法上的友人[66]。這份與民航業長期的關係也著實地影響了他對民航解的支持立場。此外,在國會議員期間,他長期擔任州際和海外商業委員會之委員(Interstate and Foreign Commence Committee)使得他成為交通問題方面的專家。他並認為交通業是屬於公營事業而非私人事業,政府對公共事業的投資是必須的,也是對我們經濟發展的正當建設[67]。

卡特總統於一九七六年十二月十三日任命其為交通部長,但在同意聽證會時卻受到航空消費者行動計畫(Aviation Consumer Action Project)組織的反對,其主要的理由則是認為亞當斯對民航改革所持有的消極立場所致。

亞當斯曾對媒體表示他對民航解制的基本態度,他認為:民航解制將造成航空市場的流血競價,並使得服務品質蕩然無存,並指出交通服務基本上是公眾必需品,應受到政府公部門的節制,他進一步地指出,解制政策對民航改革來說簡直是符「小題大作」(you don't need to burn the house down to roast a pig),他仍積極主張各類交通系統應放棄自我發展本位,進而形互補的關聯交通網路,並藉

---

66. Moritz, ed.,*op.cit.*, p.5.

67. Brock Adams, "Government Investment in Transportation Is Necessary" Nation, March 23, 1974.

力各管制單位的工作效率，以收統合的效益[68]。

　　在整個的解制過程中，亞當斯雖然持反對的立場，但卻無過多的堅持，主要是以卡特的意見爲依歸。而卡特卻能藉其在國會中豐沛的人脈以經營行政單位與國會的歡愉關係，在促使解制法案的順利通過上則應是一大助力。在一九七八年十月二十四日，當卡特總統簽署民航解制法案之際，曾在典禮中請亞當斯發表講話，當卡特總統向現場來賓宣布，他將邀請最後一位致詞者，即亞當斯致詞，並稱讚他爲一位傑出的交通部長，對運輸的品質有相當高的貢獻。然而在這種解制法案通過的重大儀式上，卡特總統居然未對亞當斯在此法案的貢獻作出任何的說明，似乎也透露了亞當斯對民航解制法案著墨的成份並不高[69]。此外，亞當斯在致詞時表示：

　　　　我非常高與看到法案之通過，就如同我早先對您承諾過的，（It was a promise that I made to you early on），然而一路走來並不容易…我非常高興此法案如您所願地完成了。（And I'm glad it's there for you, and we are pleased）。

　　字裏行間透露了亞當斯的幾許落寞，在和坎恩當天所受到的待遇相比更憑添了一份無奈[70]。坎恩的專業能力和亞當斯的國會人脈及議事歷練對卡特的民航解制而言，無疑是如虎添翼，彷彿如左輔右弼一般，極盡其協助之能事，同時也凸顯了卡特個人的執著行事風格和知人善任的領導特質。

---

68. Moritz, ed.,*op.cit*., p.6.

69. Carter, "Airline deregulation Act of 1978", *op.cit*.,

70. *Ibid*.

第四節　小結

認知理論在行為科學中已被視為研究影響決策的主要因素之一。決策仍是按政治系統外環境變革所做出的一種回應。而此種回應的產生過程受到參與決策者對所處環境認知之價值判斷而定。是故，在社會認知理論觀念下，決策應是根據環境、認知與行為三者互助的因果關係。而卡特承襲南方的保守作風，加上在宗教薰陶下的凡事追求完美的個性，使得他在行事風格上傾向謹慎而多疑，形成事必躬親及傾向任用和自己行事與理念一致的用人模式。尤其是積極延攬和他有地緣關係的喬治亞州或南方各州人員入閣，成為其上任後選用內閣人員的一大特色。

而在政治經濟上，卡特本於自己在喬治亞州的經驗，體認政府改造和成本效益的追求，為提昇政府廉能形象的不二法門。是故，節約政府開支，裁減政府冗員，恢復公平合理的自由競爭成為其施政的主軸。而民航改革政策，雖是福特政府時期所提出的方案，在卡特於一九七六年的總統競選中，也成為他的主要政見。

卡特的知人善任（至少在民航解制的案例上），在坎恩與亞當斯的任命案上應算是成功的，尤其將貝莉及柯漢發表為民航局局委員，使在該委員會中，主張民航解制的委員成三比二的絕對優勢，對解制的推動事半功倍。（見附錄四）

此外，卡特對總統權的運用也有高度的技巧，透過預算控制、組織精簡及對解制法案的表態親身參與，這些策略性的總統權力運用，也使其在民航解制決策的推動上降低了阻力。

總之，卡特政府對民航解制之認知是一項政治性多元目標的混合體。當然，更是卡特自我信念之實踐之具體表現。

第五章
卡特政府對民航解制之反應

　　本章旨在析論民航解制政策在當時的社會中究竟被視爲是如何的一項方案，是一項空中交通運輸政策之轉變？是對民航產業既得利益者的挑戰？亦或是對經濟衰退下的反叛？當時的朝野菁英歧見焦點爲何？而卡特政府在這過程中持何種立場，並對這種社會抉擇如何反應？其次，卡特政府如曾作出反應，則其反應爲何？如何反應？透過何種方式來傳達其立場訊息？因此，本章擬藉當時美國朝野菁英對民航解制之歧見，卡特政府民航解制策略運用，卡特政府的民航解制之實際反應及卡特政府對民航解制法案之簽署，等節作出討論。

第一節　當時美國朝野菁英對民航解制之歧見

　　本節主旨乃在透過當時朝野之菁英對民航解制之不同信念，說明解制政策在各類團體中所受到的不同程度的看法與支持或反對，及其雙方意見是否能成爲卡特政府民航決策的一部分。是故，本節之內容就解制政策的擁護者與反對者之聯盟分別加以討論。

壹、解制政策的擁護者

　　主張民航解制的團體聯盟，在一九七〇年代人心思變的趨勢上，趁勢結合了政治上與經濟上的各項有利條件環境，並整合在決策過程中對支持法案通過具有影響力的第三勢力，全力推動民航解制運動。其聯盟核心成員囊括了大部分的民航局官員、經濟學者及部分民航業代表。相較之下，反對民航解制者們並未能及時建立或維持一個足夠強勢的聯盟，來和前者相互抗衡，相對是處於弱勢的發展。

解制聯盟的活動，按其性質可區分爲過渡性的管制改革與達成解除管制爲最終目的等兩個不同的階段[1]。前者以改革民航管制內容爲訴求，後者則是在精簡組織的立場上達到解除管制爲目的。民航局在民航發展的每個階段都曾產出不同的政策以爲因應。第一個階段係由一九七五年延續到一九七七年中，它所提倡的乃是自由化政策的競爭觀念，在這段期間裡，國會成爲主張解除管制改革者的主要戰場。甘迺迪在主張民航改革政策顧問群的支持下成爲此階段民航自由化政策之主要催生者，雖然李維（Michael Levine）當著反對聲浪的面前，將民航改革派稱之爲「立法上的膽小鬼」，但是自由化的主張對民航解制的完成卻是居功至偉[2]。例如，它發揮了過渡時期的安撫效果，讓那些政策執行者們能夠適應政策改變。再者，它使那些民航解制的反對者們，在企圖反對改革時，遭遇了戰術性的困難。因爲這些人已經表示過他們的看法，認爲「改革乃是有其必要的」而頓失其反對民航自由市場的立場。然而，除了消弭這些反對之阻力之外，改革主張也滿足了當時市場要求變革與創新的社會訴求，有利於民航解制的推動。

其次，民航解制階段則是由一九七七年五月，卡特總統任命坎恩爲民航局委員開始直到一九七八年十月的法案獲得通過爲止的這一段期間。這個階段中所產生的各種政策，則是實際地與組織功能的精簡有所關聯。對該聯盟來說，民航局乃是其運作上主要的制度討論根據地；國會則是扮演一種提供支持以及有關於行政管理與立法政策改變的競爭場所。坎恩與他的夥伴在國會中則爲立法與行政

---

1. 卡特總統任命坎恩爲民航局主席，是民航改革（Airline regulatory reform）與民航解制（Airline deregulation）時期之分水領。

2. Michael Levine, "Is Regulation Necessary? California Air Transportation and National Regulatory Policy," *Yale Law Journal*, Vol. 74, No. 8, July 1965, p.193.

機構爭辯的主要領導者，而且解制也是由他所領導下的民航局所提
出。國會則藉由民航局的解制政策所產生的各種利益以及滿足他們
對選區利益之分配而呈現出樂觀其成的心態。美國政治制度具有多
元性之包容特徵，解制的擁護者們必須組成一個強大聯盟，以使他
們的政策主張能被採用，進而使得民航解制政策獲得立法的通過。
在民航解制的這個案例中，有三個理由使得在解制之前必須獲得立
法上的行動：第一，行政解制（Administrative Deregulation），如
不繼續完成立法程序，將違反了法令之原意；第二，行政管理上的
轉變仍不足以達到完全解制的那種最佳狀況；第三，行政解制政策
是不夠穩固的，因為它們並無法提出與競爭有關的各種政策之保證
3。

　　因此，立法乃是必須的，而且也非得成立一個大型的政治聯盟
不可。就如威爾遜（George W. Wilson）所言：

　　　　大規模的聯盟常常被組成，以支持各項新的政府政策；
　　這是因為在政治的決策中必須要有正當說服決策者之理由。
　　那些與整個結果有著利害關係的支持者，必須提出論證
　　（argument），方足以說服那些並無利害關係之局外人、或是
　　有著不同利害關係的人。這項論證可能是好的、也可能是不
　　好的，而且它所訴求的代表性也可能會隨著時間而改變；但
　　無論如何，這項議論必須要能夠說服別人才行**4**。

---

3. Frederick Thompson and L. R. Jones, *Regulatory Policy and Practices* (New York:
　　Praeger, 1982), p.125, Note 46.
4. George Wilson, "Deregulation: How Far Should It Go?," *Indiana Law Journal*, Vol. 51,
　　No. 3, (Spring)1976, p.365.

　　由反對民航管制主義者（Oppositionists）、主張民航改革者
（Reformers）、以及經濟學家們所組成的這個解除管制聯盟，聲勢相
當浩大。就國會通過一九七八年法案所贏得空前的讚同票數來看，
此法案獲得了民眾以及有大部分組織化的利益團體對此聯盟表示支
持的態度。根據民航局主席坎恩的說法，當時出現了：

　　·····一個由全國的政治人物、私人利益團體、以及
公共利益團體所組成的相當多元化、且使人無法抗衡的聯盟
—其成員包括了參議員甘迺迪與參議員肯楠，福特總統與卡
特總統，美國的消費者聯盟（Consumer Federation of
America），公眾主義（Common Cause），那達（Ralph Nader）
與他的各方追隨者，全國製造商公會（National
Association of Manufacturers），再加上例如，聯合航空
與前疆航空（Frontier）等已成立的航空公司，以及像是西
南（Southwest）這類剛新加入市場的航空公司[5]。

　　這個解除管制聯盟之所以能夠擴張、並獲致勝利成果的根本原
因，乃在於它有能力提出足以說服、並且符合代表美國政治體系中
絕大多數者之利益的主題—自由、公平與合理競爭的經營環境。當
這種前提與技巧性的政治領導權、以及將來自各方的支持加以結合

---

5. Alfred Khan, "The Political Feasibility of Regulatory Reform: How Did We Do It?," in
Le Roy Graymer and Frederick Thompson, eds. *Reforming Social Regulation*,
(Washington DC : American Enterprise Institute, 1983), p.256.

後，便足以向民航局的管制政策提出挑戰。當它與許多因素及重大事件，特別是經濟上的狀況結合之後，所產生之政策自然能贏得壓倒性的勝利。

　　國會、航空業以及民航局乃是民航管制政策制定鐵三角的主要構成部分，也是解析這個解制聯盟時的主要關鍵。舉例來說，卡特總統執行他在任命上的權力，以及他的內閣提供給坎恩的支持，便是促使該聯盟得以成功的基本因素。但是，人們也可能認為卡特僅是順從民意，遵循著反對民航管制者的要求；他並未擔任該聯盟的實際領導者。在一般人的想像中，法院在這方面也是舉足輕重的，因為它們必須對改革的各種創新提案虛懷以待；然而，它們並未影響到航空公司對於民航局在解制政策上所提出的各種挑戰，直到一九七八年法案獲得通過、而適法性的問題變得有待商榷時才介入。何以法院的反應是如此之緩不濟急？則頗堪令人尋味。

　　該聯盟在第一個階段中係透過國會來發揮作用。在這個改革階段中，國會的推動者們扮演著主要的角色，但是到了解制的階段時，則是由民航局居於主導的地位；對於一九七○年代初期時的各項重大事件，國會的反應乃是偏向於航空改革而非解除管制。國會對那些解制者們所提出之各項經濟理論所最常見的是冷漠的態度與持懷疑的看法，最多也不過是變得願意接受罷了，而並非想真正的解制。解制者們在第一階段中想要獲得立法上之解制的實際努力，是功敗垂成的。當然，來自航空業界及選區利益的壓力為主要因素，為了加強並突破民航解制的瓶頸，在卡特任命坎恩為民航局主席後，他們開始轉向追求行政管理上的解除管制。雖然如此，基於以上所提的各項原因，該聯盟仍然需要國會對立法行動的支持才能夠達到完全的合法解制的目的。運用行政解制在政策之推動上之便捷性，使支持者增加不少，而反對管制者主導了該機構、也使反對解制的聲浪大為緩和。當航空公司的抵抗變弱之際，政治上的反抗也隨之減弱。參議員肯楠先是主張改革而後接受成為解制的支持者，其立場之改變，說明了管制上的政治利益羈絆與特殊團體的束縛，遠比我們所認爲的還要更曖昧與模糊。有鑒於行政解制運用所帶來了票價的下降，航線之增加，尤其是地區航空的鬆綁等各項有利結果，也更能有效地說服其他的國會議員的支持。

貝爾曼（Bradley Behrman）對該聯盟於一九七八年所應用，以克服國會之抗拒及建立立法上對解制之支持的兩項策略，做了相關探討。

一、該機構積極地追求各項解制上的政策。積極的追求法律邊緣的解制，減弱了該航空業所提出「各種利益也可以在不需要實質的法令改變之狀況下來獲得」這樣說法之殺傷力。

二、該聯盟企圖使國會議員相信，這些政策的各種利益乃是由解制、而非改革所造成的結果。因此，解制並不應說爲是一種「充滿危險的高風險政策」[6]。一九七八年初，反對解制者聲稱：在現有的法律下，折扣票價的普及化已經達成，因此，在法律中所做的各種改變將會亦同樣具有風險性，而且也不可能再造成更進一步的利益；充其量而言，所需要的只是些微的改革，或是較具彈性的行政管理罷了。而解制者們則反駁道：解制造就了這些利益，而且持續不停地朝著這個方向在努力。他們並說明票價的降低、需求的增加、以及利潤的成長等，都是解制所帶來的產物。

---

6. Bradley Behrman, "Civil Aeronautic Board," in James Q. Wilson, ed. *The Politic of Regulation*, (New York: Basic Books, 1980), pp.116-118.

　　他們宣稱：在法令上解除對於進出航空市場所加諸的控制，將
會帶來更多的利益[7]。

　　政治上的壓力促使民航局在第一個階段中依循政策連續的方向
向民航改革發展；坎恩與反對主義者們卻加快了這項腳步，並迫使
該局在第二個階段中，由先前的加強競爭的改革政策發展成爲解制
的出現。坎恩將該局的運作轉變爲以解制前提爲基礎，並使民航局
成爲解除管制聯盟的焦點。就這項逆轉而言，還有其他的許多人也
都功不可沒。舉例來說，卡特任命貝莉（Elizabeth Bailey）與強生
（Tenney Johnson）爲民航局委員，也使坎恩在該委員會的投票中獲
得有效的絕對優勢。因爲，該局委員爲五名，完全由卡特總統所任
命，包括坎恩、柯漢、貝莉、強生及涂克爾（Donald Tucker）等。
這些政策改變的結果，使得民眾與航空業都因而受益。票價比已往
更低，服務品質改善，利潤增加，裝載率提高，需求遽增，航空公
司財務崩盤的情況鮮少發生；每個人似乎都有所收穫[8]。主張解制
者們利用了航空管制之中心制度的各種資源，來使解制這項主張得
以向前邁進。

　　民航局在態度上的逆轉是由許多原因所造成的，但主要的原因
是因爲民航局的組織規模小及主席掌控全局的特質所構成的[9]。坎
恩運用了主席的行政權，推動內部改變。內部反對改革的聲浪並不
是一個嚴重的阻撓障礙，因爲，委員會中的成員並未企圖封鎖各種
改革，此外，員工若不是主動地配合或默從接受、就是自願地或不
甘不願地離開了該機構[10]。按官僚政治私自利益的特色，政客們勢

---

7. *Ibid.*, p.118. note 187.

8. Ivory Morgan, "Government and Industry's Early Development," in John Meyer et al.,
Airline Deregulation: The Early Experience (Boston: Auburn House, 1981), p.50.

9. 民航局組織規模及主席由總統任命的特性，終導致其最後的裁撤，此點在本文之第
六章將詳細申論。

10. 民航局組織規模及主席由總統任命的特性，終導致其最後的裁撤，此點在本文之
第六章將詳細申論。

必會與解制者合作以鞏固自我的利益。而專業人士則可能會採取合作、中立、或置身事外的態度，這決定於他們的專長是屬於那種類型；坎恩延攬了許多經濟學家，並成立一個經濟分析局（Office of Economic Analysis）[11]，來對他的各項政策提供分析上的支持。那些充滿發跡的野心家們可能會向主席靠攏、以保住其長僱官僚的飯碗，但也可能企圖加以反抗；對於他們的各種抗拒，主席有權力保持中立、使其無效、或是對其意見採取輕視的態度。

在民航解制的過程中，產生了正反的爭論，然而，米尼克認為民航解制聯盟亦有各項的缺失[12]。

一、該聯盟的看法忽視了無形的與解制所擴及的各種利益及成本。這些估計偏差包括了：安全性、服務品質、以及大航空運輸網路之維修等議題。

二、解制的政策爭論，係強調航空管制的各種成本，並將其利益以最小化方式來處理。換句話說，這項定義將競爭所可能引發的各種無法掌控成本的可能性，避而不談。

三、聯盟的組成份子就各種傳統衝突的背景而言，可說是相當複雜的；自由主義者，保守主義者，企業人士，消費者的擁護人士，民主黨人，共和黨人，全都聯合在一起。

四、由於並沒有其它的官僚機構被列入時間表內以假定民航局的管轄權，使得在管制者或潛在的管制者中所出現的意見不一致的程度，並未被提及。最後，聯盟對民航經營管理之無限困難並未作出完整的說明，僅強調解制後，經營成

---

11. 坎恩聘請賈斯基（Darius Gaskins）來負責此新成立的單位，賈氏曾服務於聯邦貿易委員會經濟小組。

12. Barry Mitnick, *The Political Economy of Regulation Creating, Designing and Removing Regulatory Forms* (New York: Columbia University Press, 1980), pp.432-434.

本較易達成管控而已。

一九七〇年代中葉至末期的經濟與政治狀況，支撐了解制聯盟所做的各種努力。

一、就全國性的經濟而言，一九七〇年代後期乃是一個普遍繁榮的期間。航空業也反映出這種好轉的情勢。日益提高的競爭並未造成破壞性的影響。燃料價格平穩，消費者的收入及旅遊支出也逐漸增加，運輸量成長，而且航空公司們並不需要爭奪市場佔有率。在一個不利的經濟狀態下，這些利益（如果有的話）也勢必會大為降低[13]。解制在經濟上所造成的負面影響，這時尚未出現。

二、政治上的會議議程偶然地與航空公司解制結合在一起。政治上的氣氛帶動了具體的改革。一九七八年全民「反對課稅」的訴求帶領下，所有的政治人物都希望能有機會把既不對航空業造成任何傷害、而又能遏止通貨膨脹及降低物價的這項功勞，記到自己頭上[14]。 同時，對解制的支持也就意味著對減少管制與精簡政府的支持。根據許多分析家所言，政治的氣息正逐漸轉向保守主義[15]。 這些政治上與經濟上的因素，對解除管制聯盟的成功卓有貢獻，並在與解除管制的反對者之對抗中發揮了功效。

13. Lucile S. Keyes, *Regulatory Reform in Air Cargo Transportation* (Washington, DC: American Enterprise Institute, 1980), p.55.
14. Kahn in Greymer and Thompson, *op. cit.*, pp.251-254.
15. James Miller, "A Perspective on Airline Regulatory Reform," *Journal of Air Law and Commerce*, Vol.41, No.4, (Autumn), 1975, p.682.

貳、解除管制的反對者

　　相較於民航解制聯盟而言，反對解制的組織顯然十分薄弱而毫無成效。他們並不像支持解制者般地組成一個聯盟；不論是由規模的角度來看，或是由各種計畫與理念前提的觀點來看，都是如此。基本上，這些反對者們只是一些為了因應各種解制提案、而以改革或促成某些改革做為回應的群體罷了。州際的航空公司們是構成這種反對者的核心。這些大航空公司以及他們的盟友，並不確定他們真正想要防禦的究竟是什麼；他們對於是否要為保有管制政策之政府干預市場的信念型態防衛並無統一的意念。至少，並不像那些主張解制者全力爭取自由市場合理競爭理念那般熱烈。他們對於這些觀念性的前提認知並不夠明確。因此，他們在抨擊航空管制時顯得言之無物而力不從心。航空業的定位，是以追求利潤而非理念為主，這點使得他們的議論對那些局外人來說並不具說服力，更遑論吸引力了。最後，值得一提的是，整個航空業並不能團結一致地反對解制；事實上，希望能維持管制的，只有那些已獲得定期班機營業許可既得利益之航空公司而已。

　　航空業者們為何會無法阻止管制上的改革與解制，可歸納為六項主要原因。

一、解制者的訴求深具吸引力，並能形成政治上之共鳴。

二、在那些投合個別航空公司的改革方案及解除管制政策中，都將使支持現存管制體系的業者受到限制，航空產業對現有管制制度之支持是受到限制的，在改革與解制方案中的一些政策對航空業而言仍然是有利的，他們認為改變後能獲利的空間相對增加而有利可圖。

三、航空業對各種改變的反對也是片斷而無組織的。因為，它所反映的乃是一個多樣化而且相互競爭之行業的利益衝突而已[16]。民航管制改革爲不同等級的航空公司以及在這些等級中的每一個業者所帶來的成本與利益，並非完全合乎公平原則的。

四、徵諸於聯邦政府與航空業者間以往的發展，航空公司們傾向於在政治上表現得極爲被動。這些仍然與政府有著密切關聯的往昔受扶助的業者，雖然並未將政治關係視爲一種單向的交流，但他們卻也沒有將其視爲一種完全均等的關係。在這種狀況下，航空公司們所握有的政治「支持力量」也就相當稀少；而且在羅伯森被任命之後，他們在政府內部也就沒有任何熱心的裁判了。

五、在當時的市場所處的政經環境下，對主張維持民航解管制攻擊的理念來說，是相對不利的。

六、也是最重要的，該產業在行政體系上或國會方面對其立場缺乏重要性的支持者。是故，那些以往主要的航空管制政策制定團體，紛紛轉而支持解制。

支持繼續實施管制的人要比解除管制的擁護者們少了許多，而且在那些支持者的實際名單中，也缺少舉足輕重的關鍵人物。坎恩確認出在航空公司管制中的「既得私人利益」，乃是由四個主要的群體所組成：包括了各主要的已獲得認證之各航空公司，航空公司的員工，小型城市中接受補助的航空業者，以及機場的營運者[17]。這份名單也可以將飛機的製造商以及相關之供應商也包括在內，但是這些既得利益者們卻已被告知：解制將可爲他們的產品及服務帶

---

16. Kahn in Gremer and Thompson, *op.cit*., pp.255-256. ; Behrman in Wilson, *op.cit*., p.117.; Morgan in Meyer *op.cit*., p41.

17. Paul Quirk and Martha Dertick, *The Politics of Regulation* (Manuscript, Brookings Institute, 1984), pp.7-23.

來更大的需求商機。此外，李維則將航空法院視爲另一個反對者
18。每一個關係人對於改革與解制，在反對的程度上都有所不同，
而這正是他們的特徵。最後要提的是，這份名單中並未將民航局包
括在內；這個職司航空公司管制的政府單位，執行了許多州際航空
公司所不樂見的政策。民航局的作爲令大部分的理論家們大失所
望；它先是支持管制而後又成爲解制的急先鋒。

　　基本上，航空業者所追求的只是要以各種足以封鎖解制的改
革，來維持現有的官僚制度下的民航局管制方式。雖然該產業並未
事先提出這項提案，但由稍後的事實証明，他們並不反對在損失某
些功能的情況下來維繫這種官僚制度。航空公司並未追求原封不動
或四分五裂的功能或人事上的轉移，而且也無法藉由建立某種形式
的自我規範來追求將控制權轉移到該產業中；這是因爲反托辣司法
令已封鎖了這項選擇的可能性。

　　到了一九七八年末，航空公司們對於解除管制的反對聲浪，反
而變成了聽任其發展。他們缺少來自於擁護者的驅動力與活力。除
了我們在前文中所提到的之外，造成這種現象的另一個原因則是：
解制擁護者們運用了一種可稱之爲「必然性的策略」（the strategy of
inevitability）所使然。這些解制的擁護者們消弭了反對者們打算藉
立法的途徑來瓦解解制政策成爲法案的努力，使他們遭受到失敗。
民航解制者努力地說服那些反對者，使他們不得不相信各種管制上
的改革與解除管制的政策已經是規劃完備而且深受歡迎。因此，改
革與解制已是一種大勢所趨的必然結果。是故，追求解除管制已是
該機構不變的目標。這項策略利用了航空業希望對它在運作時所賴
以爲基礎的「基本大法」（ground rules）中存在著確定性與穩定性

---

18. Afred Kahn, "Deregulation and Vested Interest: The Case of the Airlines," in Roger
　　Noll and Bruce Owen, eds. *The Political Economy of Deregulation* (Washington, DC:
　　American Enterprise Institute, 1983), pp.135-136.

的這種心理；航空公司們不但必須繼續和官僚制度就這些法規的解釋與管理進行抗爭，而且這也意味著所有的法規都是暫時性的、並且隨時都會生變[19]。航空業在其歷史中的任何時間裡，從來不曾真正地擺脫經濟上的管制；既是如此，又怎麼有人能夠斷言解除管制究竟會為該產業帶來利益或傷害[20]？總之，解制者們不只是倚賴於政策結果的利誘，而同時亦透過以「揭發航空業的利益、並將其公諸於世」為訴求之政治手段來迫使航空業者就範[21]。坎恩也承認，民航解制者的成功，在於其本質基本上就是政治性的。

第二節　卡特政府對民航解制之實際反應

本節旨在剖析卡特政府對民航解制所實際採取的行動，以何種方案來落實。即行政單位以何種方式來回應聯盟之諸多訴求，而這反應是否得宜，或是呈過渡反應的現象？

壹、卡特總統的民航解制決策宣示

「擁有一個有效率的政府是我們共同的目標。因此，我要求國會減少對商用民航政策的管制措施，以作朝向此目標邁進的第一步。個人認為最主要的目標之一是將美國大眾由過度管制的經濟體系中解放出來（I free the American peo-

---

19. Levine, *op.cit.*, p191.
20. Behrman in Wilson, pp.117-120.
21. Kahn in Noll and Owen, *op.cit.*, pp.139-140.

ple from the barred of over-regulation)。雖然這個過程必然會使受到影響之相關人員仔細地思考，耗費許多時間，但我們可以先由國內民航業開始，因為國會在這個議題上已展開始其對管制改革的努力。」

這是一九七八年三月四日，卡特總統就任後致國會信函中首次出現要求加速民航解制的文字[22]。

不過在什麼時候開始，卡特已對民航管制政策採取解制的決定？以及在何種環境下來引發此項決策。根據相關文獻，當一九七六年卡特參加美國總統競選時就曾提到對民航解制之支持。當時其所以支持之理由，一是因為民航管制改革在福特總統及甘迺迪參議員的倡導下已成為舉國重視之全國性議題，對全國性議題之加入討論與支持對總統大選選舉有一定的助益[23]。其次，卡特之自由主義思想，及對「限制理論」經濟觀念之支持，使其對管制改革也投下讚成的一票。在選舉期間的行為，是否代表對民航解制決策的真正立場雖然值得商榷[24]，但是，就卡特總統於一九七七年四月十五日所發布的反通貨膨脹計畫中曾指出解除對民航及其它行業不必要的管制，是其競選中的主要政見，並承諾藉此提昇政府效能。因此，至少我們可以藉此推敲卡特在所身處環境的壓力下之認知是傾向支持的。

再者，在一九七六年卡特競選成功當選總統後，分析在其第一次向全美國民眾提出「爐邊談話」之主要內容，包括「能源危機」、「經濟現況」、「政府再造計畫」以及「外交政策」等經濟要

---

22. Jimmy Carter, "Airline Industry Regulation," *Public Papers on Presidents of United states: Jimmy Caster 1977 Ⅰ*,(Washington DC: Government Printing Office, 1978), pp.227-278.

23. *Ibid.*

24. *Ibid.*

項，除外交政策外，皆屬於內政方面的說明，並以經濟議題為重心[25]。自一九七三年石油價格上漲後帶來經濟上通貨膨脹與國際能源政策之挑戰，而如何降低物價上漲和通貨膨脹一直是卡特政府追求的目標[26]。而政府再造則是藉對冗員及機構的裁併，提高行政效率減少政府對企業界不必要的管制，使其自由競爭，維持美國傳統私人企業的發展精神，進而增加稅收而減少政府支出達成降低物價等措施，均為卡特政府企圖降低經濟不景氣做出的配套措施。是故，民航解制政策在卡特政府決策中已然被包裝成精簡政府組織、降低政府支出、減少管制、鼓勵競爭、提昇政府效能等功能的「三合一」策略，作為卡特政府打擊通貨膨脹的試金石。這種將民航解制政策形成為經濟改革的認知與決心在一九七七年二月二日所發表的「爐邊談話」中表露無遺[27]。

　　然而，卡特總統為何選上民航管制政策為其首項推動解制政策之試金石？當然無可諱言的，除了其個人的經濟理念使然外，其就任後國內整個大環境的因素占有絕對的影響力。而使其斷然提出民航解制的主要決心最直接的引爆點乃是一九七七年二月二十三日，審計部所公布的有關民航管制之調查報告所導致。在此份報告之結論中指出：國內民航管制政策造成大眾旅遊成本的升高，例如：

　　民航管制造成航空費用大幅由百分之二十二上昇至百分之五十二。

　　在一九六九年到一九七四年之間民航管制政策造成旅客得多付一千四佰億至一千八佰億元之支出。

　　此點對當時的卡特政府所面臨的打擊通貨膨脹政策無疑的是一件挑釁[28]。是故，在此報告提出後的十天後，即在一九七七年三月

---

25. Carter, "Fireside Chat," *op.cit*., pp.103-112.

26. *Ibid*.

27. *Ibid*.

28. Carter, "Message to Congress", *op.cit*., pp.277-278.

四日,卡特即向國會正式要求加速完成延誤多年的民航改革方案。
這也是卡特就任總統後,首度以文字宣示主張民航解制的出現[29]。
卡特指出:

　　我要求國會立即加速國內民航管制改革,並朝下列各項
既定目標完成立法。
　　1. 使國內民航業由市場自由競爭達到均衡,不再由政府
干預決定。
　　2. 市場開放新的航空公司加入,並予許參加現有航線之
經營,以便這些新進入,有創意的航空公司亦能提供大眾服
務…
　　3. 在有限度下,航空公司應可以擴大其航線而不必得到
民航局的批准。
　　4. 在經過初步過程後,除了為了防止惡性低降競爭得受
到管制下航空公司外,應可以自行訂立具有競爭性的定價。
　　5. 航空公司亦應具有較大的彈性可以退出市場而不必受
到市場不必要的限制。
　　6. 落後、偏遠社區應有權力享受便捷的航空服務。

　　行政單位在整個立法過程中會全力配合國會來進行,以便此法
案能在短期完成。
　　以上為卡特在其就任總統後的第一次對民航管制改革所作的最
完整的「表態」,而這次的宣布也是其對民航管制改革政策最具代
表性最完整的政策宣示,亦是藉由解制的政策來防止經濟的繼續蕭
條,落實政府再造,提昇政府效率,減少不必要的機構,杜絕浪
費。總之,民航解制政策正滿足了卡特政府在經濟與政治上結合上

---

29. *Ibid.*

的需求。然而,如何來推動及落實其改革理念?在執行上,卡特藉
總統對民航局主席擁有任免權的法源,立即任命坎恩為該局主席,
全權推動民航解制。此外,此項改革自卡特政府時期以來,在大環
境劇烈變動下,大眾對政府改革期待殷切,追求變革與創新蔚為全
國性的議題,使民航解制推行起來亦能達到事半功倍之效果。

貳、坎恩的任命案

　　研究美國總統的學者均同意總統們必須透過和政府中立法機關
討價還價和妥協以便增加他們對國會的影響[30],在憲法上美國總統
和國會共同分享治權,權力均等。

　　學者們對總統能透過何種方法能對行政體系達到最高影響,則
有不同的爭論。然而現行仍有二種一般的看法,其一認為非政治的
官僚(non-political bureaucracy)最符合總統之效益,因為它可以
在政治的決策上提供多元的中立資訊。這種看法將官僚視為「不確
定的能力」(neutral competence)[31]。另一看法則認為,總統應政治
化官僚,以便增加對它的掌握[32],也唯有在政治化官僚下,總統方
能影響官僚之行為,並藉此推動施政的目標。這種方式即稱為「反
應的能力」(responsive competence)[33]。為了擴張總統控制,他得
透過不同的技術來達成,諸如任免權、罷黜權、裁併權以及預算權

30. *Ibid.*
31. Hugh Helco, "OMB and Presidency--the Problems of Neutral Competence," *The Public Interest*, Vol. 38, 1975, pp.80-98.
32. Richard P. Nathan, *The Plot that Failed: Nixon and the Administrative Presidency* (New York: John Wiley, 1983), ;Nathann, "Political Administration Is Legitimate," in Lester M. Salamon and Michael S. Land ed. The Reagan Presidency and the Governing of America, (Washington, DC: Urban Institute, 1984), pp.375-379.
33. Terry M. Moe, " Politicized Presidency," *in The New Direction in American Politics*, ed. John E. Chub and Paul E. Peterson (Washington, DC : Brooking Institution, 1985), pp.235-271.

的行使，以便鼓勵官僚來配合行政的目標。納登（Richard Nathan）
將此類之圖徑稱為「行政的總統策略」（administrative presidency
strategy）[34]。

　　這種行政的總統策略並非全然無風險。基本上，總統無論在憲
法及法制上均無權去強制屬下順從其命令。上述的總統擁有的若干
權力，也得受到國會的同意或受法律的限制（如總統的罷黜權），
因此，總統如加強行政機關配合其政策，則可能導致源於國會的壓
力，或亦可以形成官僚體制對總統推動事項的反抗，或向利益團
體、新聞媒體、國會中委員會輸誠，甚或總統將面臨法院的挑戰，
進而降低總統的影響。

　　是故，總統必先在其行政官僚體制中尋求共識，而令其接受或
執行總統推動之政策，以便共同一致和國會協調，以達到政策之推
動。總而言之，總統如何運用其法制之權利，先在行政體系內達成
共識，進而贏得國會支持則是總統能順利落實其政策的不二法門。
而在所有的行政的總統策略中，最主要的則屬於總統之任命權、預
算權和精簡組織之運用。卡特任命坎恩為民航局主席就是一個典範
案例。

　　一九七七年六月二十五日，卡特總統任命坎恩為民航局的主
席，並於同年八月，延攬貝爾實驗室（Bell Laboratories）的經濟學
家貝莉進入該委員會中。卡特已經同意完全的解除管制，並且使白
宮確實地成為解制聯盟背後的支持者。舉例來說，總統在四月份時
就曾指出：「對於民航局無法提出充份理由、但又拒絕低票價之申
請案的任何決定，都將予以封殺」[35]。將卡特歸類為一位經濟家可
說是最適切的；對於聯邦預算與全國經濟負有管理上之責任的白
宮，希望特別強調政府財政管理方面的功能。

---

34. Nathan, *The Pilot that Failed: Nixon and the Administrative Presidency, op.cit.*
35. *The New York Times*, March 5, 1977, p.25. Column 4.; May 10, 1977 p.32. Column 1.

對於航空公司解制政策之得以被接受，卡特的最大貢獻便是任命了坎恩，這使得主張民航解制者能夠有效的控制民航局。坎恩運用了他身為主席所擁有的對民航局官員的任命權，延攬或提拔了如，李維與貝凱斯（Phillip Bakes）等其他的具解制主張色彩的經濟學者進入民航局。此外，他也運用了自己極為出色的說服力與他的政治技巧，讓反對解制主義者所主張的民航政策得以進展為官方的政策。坎恩在行政管理上的這些行動，迫使該機構承擔起解除管制聯盟的領導角色。

坎恩的任命案象徵著在政策爭論中的一個轉捩點，因為它等於是預先告知了巨大的政策改變；該機構比已往更加地偏離了政策的連續性，超越了先前的改革、並朝向解制發展。隨時留意各種政治上的限制，以及採用一種漸進主義的方式（但他稍後卻拒絕這種方式），他推動實施了許多行政管理上的新措施，鼓勵更高與更廣泛的機票折扣及大幅降低票價，授予越來越多的航線經營權，幫助那些航空公司，並在最後還採行了一種在適法性上備受質疑的「多重進出入市場許可通路」（multiple permissive entry）政策，以便實際地開放某些特定航線的進出的市場通路。這些政策上的改變使競爭的各種限制猛然減少，因而導致適法性的問題隨之出現。

> 由坎恩所領導的該機構，很明顯地已決定要把重心置於將經濟理論應用在航空公司身上，並因此而積極地試圖對航空公司實施解制，但卻不曾對傳統上已被接受的各種法定限制有著太多的顧慮[36]。

主張解制者們進入了民航局中，而該機構也採用了解制者的政策，並投向解制聯盟的陣線中。這種趨勢促使國會及卡特政府雙方

---

36. Behrman in Wilson , *op.cit.*, pp.112-116.

必須以法令方式來處理解除管制。民航局的這項轉變過程也遭遇到
諸多的阻力；坎恩加快了他在民航局中專業人事的改組腳步。但
是，民航局的轉變的確將政治上對於解制的反對聲浪有效地消弭於
無形。

坎恩的任命案也代表著一種經濟理論信仰上的逆轉。民航局被
迫放棄管制政策的傳統政策而採用解制的信念。在此時期中，政府
機構朝向解制的運動既不算是冷酷無情，也不至於過度偏激的。坎
恩藉著追求行政上的解除管制以完成立法上的解除管制，而加快了
該聯盟的動勢。他以充滿技巧性的手法將改革轉變成解制，並確定
該機構無法再重回到管制理論及維持傳統政策的老路上，同時樹立
卡特政府經濟改革帶動標竿之效益。就如同卡特總統在簽署民航解
制法案中提到：在坎恩局長的領導之下，我們看到了國內航空公司
間真正合理競爭的出現。競爭使經濟學者和航空業者均互蒙其利。
使國內航空票價降低，客源增加及利潤之提昇。

第三節　一九七八年民航解制法案之簽署

一九七八年的民航解制法案（Airline Deregulation Act of 1978）
是卡特政府推動民航解制的具體成就，亦為卡特民航決策的具體產
出，茲將其最後完成之過程加以說明。

一九七八年二月六日，參議院的商業、科學、以及運輸委員會
提S. 2493報告，這是一項擬藉由削減民航局的權力、並開放航空公
司進入市場管制之方式，來修正一九五八年的聯邦航空法案。於四
月十九日，參議院做出部分修正後，以83票對9票、而有8票棄權的
懸殊比例下，通過了S. 2493。五月份，眾議院的公共事業與運輸委

員會提出H.R. 12611報告，這是一份與參議院之議案相當類似的法案。眾議院在九月二十一日通過了該法案，但加入了一項要求：即加入「在五年內廢止民航局的落日條款」，其投票結果乃是三六三票贊成、八票反對，另有六一票棄權。協議委員會（Conference Committee）的報告於十月十二日提出，並在十四日—此乃一九七八年會期的最後一天—的辯論後，獲得參眾兩院的認可。卡特總統於十月二十四日簽署該法案，使其成為正式法令，即Public Law 95-504文件[37]。

該法案摒棄了一九三八年以來的民航管制的經濟思維，並使反對民航解制主義者的解制得以被納入正式的法律中。該法案明確地陳述了民航局的目標，它提到該委員會在追求公眾利益時，應該要考慮：

　　將最高度的倚賴性放置於競爭市場的各種力量、以及實際的與潛在的競爭之中，以（A）提供必要的航空運輸系統，與（B）激勵有效率與管理良好的航空公司能夠賺取適當的利潤，並吸引資金的投入[38]。

該政策宣言中的用詞首度呈現出言簡意賅與充滿彈性的特質；各種自由裁量權也被清楚地寫出[39]。所有的程序同樣地都被改變，以使其能順應自由市場下之合理競爭概念。舉例來說，時間上的要求也被加入，以減少管制上的空檔期間、並加快決策制定[40]。

將一九三八與一九七八年的法案做一比較後，可對理念上之改

37. Dorothy Sandell, "Comment: Deregulation--Has It Finally Arrived? The ADA of 1978" *Journal of Air Law and Commerce*, Vol. 44, No. 2, 1978, pp.799-803.
38. *Declaration of Policy*, Title 1, Section 102 a 4.
39. *Ibid.*, Title IV, Section 401c.
40. *Ibid.*, Title X, Section 1010.

變所涵蓋的廣泛本質做一說明。民航局被命令對所有新的航空服務都加以核可，除非是這些服務被發現到有不利於公眾便利與必需的事實；在以往，核可的基礎乃在於公共利益對此服務有所需要的前提。

在這段過渡期間內，民航解制法案設定了一項不需要正式批准即可加入航線經營的自動市場通路計畫。這項作法有效地終結了航線特許執照的價值。這使得加諸於包機航空公司與通勤式航空公司身上的各種限制，就和加諸於其它等級業者身上的限制完全相同。民航局現在的政策是完全一視同仁。合併也將獲得核准，除非挑戰者們能夠証明這些合併是反競爭的，而不再是因爲這些倡導者能夠証明合併是有利的。該法案嚴格限制了對不同公司間的協議加以核准的權力。航空公司們在一種「合理與適當」（reasonable and just）收費的範圍內，對提高或降低票價有著更大的伸縮性。聯邦政府藉著先占有該領域，而封鎖了各州在經濟上對航空公司的管制[41]。最後，各種對補助與安全性的確定條款也隨之出爐，包括要求對這兩者進行各種研究，並向國會提出報告[42]。

該法案以實際結果証明了解制聯盟在與航空公司工會、小規模社區、以及機場營運者進行交涉時，運用了「使用者付費」的這種戰術[43]。縱然這項戰術並未將反對他們的聲浪完全消弭，但它的確發揮了使反對者樹立各種立法障礙的意願大爲降低的效果。利用「員工保障計畫」（Employee Protection Program）—它是「機場與航路發展計畫」（Airport and Airway Development program）的一項修正案－來與各航空公司工會進行交涉，並提供補償給那些面臨薪資

---

41. *Ibid.*, Title 1, Section 105.
42. *Ibid.*, Title 1, Section 106 and 107.
43. Behn in Levine, p.336.

縮水、失業、與工作重新配置的所有員工[44]。小規模的社區也獲得一項補助計畫,以保留由該政府機構所決定的「絕對必要的航空運輸」[45]。這項計畫讓許多機場營運者以及那些相同地區內的地方政府都大為寬心。在這些作法下,該法案消弭了各種的不安與疑慮,並因而減低了政治上對於解除管制的抗拒力量。

這些條款中也牽扯到民用航空委員會權限的有效期間。眾議院在H.R. 12611中加入了第十六號標題(Title XVI)─亦即《落日條款》(Sunset Provisions)。這項新的標題削減、轉移、以及終止了民航委員會的職能;除非國會有所行動,否則國內的航線授權將在一九八一年十二月三十一日宣告結束;費率、票價、合併、以及購併的授權將在一九八三年一月一日告一段落;而且該機構也將自一九八五年一月一日起就正式裁撤。民航局某些職能已被轉移到郵政服務或是司法部、交通部、以及國務院等機構中。某些職能雖繼續維持不變,例如,消費者保護與資料蒐集等,但在當時則尚未對其前途做一分配。不過民航局遭受到裁撤是否為卡特政府解制決策中的一部分或是歷史學者所謂的「擦槍走火的意外事件」,則是另一個值得探究的問題。此點本書將在第七章的菁英理論暨組織模式途徑中再加以討論。

第四節　卡特政府民航解制策略運用

卡特政府民航解制決策過程中,如何能凝聚共識而開創契機,則是解制成功之主要因素。雖然民航解制的立法結果與民航局的遭

---

44. William K. Ris, Jr. "Government Protection of Transportation Employees: Sound Policy or Costly Precedent?" *Journal of Air Law and Commerce*, Vol. 44, No. 2, 1978, pp.509-544.
45. *Declaration of Policy*, Title IV, Section 419.

到裁撤，在民航改革的初期並不是主要的訴求，在初期民航改革之主要目標乃是縮小民航局的管制範圍，而民航解制與民航局的裁撤，誠然是始料未及的[46]。民航解制政策之推動者，如何尋求資源以鞏固自我之立場以及克服困難而完成解制及管制機關之裁併，的確值得深究。撰者以為在整個改革與立法程序當中，當事者的政治行為與所處環境之互動，實為最重要的原因。是故，本節擬就推動民航解制法案通過並造成民航局裁併的策略過程，按替選方案之說明、政策評估、政治性的包裹表決、策略妥協、吸納有力人士為幕僚的策略及行政率先解制等作法為主軸，分別解析如下。

壹、替選方案之說明

狄里昂（Peter Deleon）為最先提出此項併裁替代方案者，他指出：如果能提出替代方案的有力說明時，對原法案不滿意者，將形成推翻原方案的共識[47]。而此項共識訴求則有賴於替代方案與原有政策問題間差異性之凸顯，澄清裁併政策法案之相關疑慮，並對原有政策的抨擊得到合法化的支持等活動來協力完成。

此外，巴道（Eugene Bardach）認為，意識型態的衝突極化了對解制「終止政策」（Termination Policy）的特質。他指出：「應以更多的努力去瞭解終止政策的過程，而非僅及於對反對聯盟之研究，在過程中最值得注意廢除理念的存在政治規範（political order）和道德規範（moral order）之間的相互關係（inter-relationship）」

---

46. 然而卡特自傳中曾指出，精簡政府組織，提高行政效率是其在選舉中所訴求的，並承諾當選後當積極落實此政見，由是觀之、民航局的裁撤是其來有自。見《卡特回憶錄》 *Keeping：Faith Memoir of the President* (New York: Bantam Books, 1976,) p.66-68

47. Peter Deleon, *A Theory of Termination in the Policy Process: Roles, Rhymes, and Reasons* (Santa Monica, CA: The Rand Corporation, 1977), p.28.

[48]。而在解制的過程中，替選方案的策略運用，是為上述觀念之最佳詮釋。

　　早期的民航解制提案著重於將民航管制由傳統的管制理念中解放出來，而置於反托拉斯規範之管理而已。對航空業的直接管制是一種資源的分配規劃（resource allocation planning），亦即是政府取替市場自然供需法則而對私人企業進行干預的政策[49]。此點在一九三〇年代當民航法案通過後，傑費（Louis Jaffe）曾指出：「在一九三〇年代，大部分的思維均認為產業系統已經成熟或甚至已然衰退，行政單位為治療退化的醫療機構之一。」這種想法對處於「大衰退」時期之恐慌反應來說亦屬正常。在一九七三年，無人發現資源已進行的規劃均有良好的生產力，能滿足社會大眾生活的需求，大部分的人均認為，我們問題之所繫在於分配不均而非生產之不足。在如何解決分配問題則認為應有一既定的生產及資源的整合以利生產，此點即為規劃管制之思考基礎。對一個豐衣足食的社會而言，透過競爭而解決問題的完美觀念，可謂是一項極端的諷刺[50]。然而，對民航解制而言，卻是這種諷刺現象的重現，即解制的觀念已由「合理競爭」的概念取代了「規劃管制」的傳統經濟邏輯。

　　這種「競爭—反托拉斯」的航空管制替代方案，最主要仍是於經濟學者所主導。在一九七四年福特政府因為因應通貨膨脹所召開的全國經濟高峰會議中，首次出現了解制能減少因通貨膨脹所引起的價格上漲的議論。緊接著，甘迺迪參議員及其助理即藉此大張推動解制的方案作為取代管制的主要政策。在他主持的國會小組委員

48. Peter Bardach, "Policy Termination as a Political Process," Policy Science, Vol. 7, No. 2, June 1976, p.123-131.

49. William R. Herman, "Deregulation: Now or Never ! (or Maybe Someday?)," *Public Administration Review*, Vol. 36, No. 2, March- April, 1976, p.223-228.

50. Louis L. Jaffe, "The Effective Limits of the Administrative Process: A Reevaluation," *Harvard Law Review*, Vol. 67, May 1954, p.1105-1135.

會之聽證會中提供了經濟學者表達他們立場與主張的機會。對民航解制的演進有重大的影響，誠如凱斯（Lucille Keyes）所言：

> 在航空的領域中，籌劃改革法規者，不論是政府單位或國會，均採用專業經濟學家的理論；甚至，民航局也運用學院派的經濟分析理論為其改格計畫辯護。正如一航空業龍頭的航空公司行政人員所言：『對撤消管制的推動並非起於業界，而是首由學界發起。整個運動經由學界的發起，漸次擴展至政府的行政部門及立法部門後，終於普為民眾所接受。51

替選方案形成了對現況討論之合法性，而將「終止政策」推向下列四方面的理念延伸，進而形成下列四點共識：

一、當支持改革者提出替選方案出現後，民航改革的問題日趨兩極化，由於兩極化後的情況使政策的方案選擇日趨單純化，也加速了決策的過程。決策之所以能順利下達，則有賴於政策間差異性的充分顯現，以有利決策進行。在甘迺迪參議員所主持的聽證會中，發現大部分的人由於對民航局現行政策之不滿，而傾向支持民航解制。此外，更重要的是傾向解制的一連串聽證會之舉行和福特政府之對經濟學者解制理論上之大力支持，使得解制政策的立場成為官方一致之口徑。是故，「激進」與「漸進」的民航政策也就成為爭辯的重點了。

二、替選方案策略也能消除現有政策優缺點，並在新政策之內容中加以清楚完整的說明。此項功能，對尋求政策改變者

---

51. Lucille S. Keyes, *Regulatory Reform in Air Cargo Transportation* (Washington, DC: American Enterprise Institute, 1980), p.23.

而言是最令人頭痛的。因為,對政策的內容亦能激起衝突
與對立。原本支持改變政策者極可能因對新政策內容之不
滿意而改變其原本支持改革之立場,模糊了問題之焦點。
例如,改革者以反托拉斯來強化取代管制政策,亦受到廣
泛之抨擊,即為一明顯例子。赫曼(William Herman)指
出:

　　那些企圖以強化價格為競爭者,花費他們大部分的精力
在管制問題的探討上。然而,事實上他們所要求的不僅是解
制而已,部分人士甚至提出加強反托拉斯政策...誠然,對促
使價格競爭上而言,管制政策和反托拉斯政策同樣是效益不
彰[52]。

　　總而言之,替選方案對終止政策之影響成度,端視其對終
止建議案內容所澄清問題的成度而定。
三、替選方案策略亦能使對政策終止之要求達到合法化及建立
　　口碑。對現行政策缺失過分之專注也使改革者的角色被忽
　　視。一項代替方案之提出使得主張終止政策者能更有力地
　　說明舊有政策之效能限制及新政策如何能適時地補足此些
　　缺點。
四、此外,完整的選替方案內容結構對政策評估力及政治包裹
　　決策等二項策略也產生重要的影響。政策選替方案,對那
　　些不滿意現有政策者提供了共同的討論話題,如撤銷舊有
　　政策所可能帶來的益處。同時,也能運用新政策說明其可
　　能對某些利益團體帶來潛在利多。

---

52. Herman, *op.cit.*

貳、政策評估

政策評估在整個民航解制的過程中意義深遠。雖然有些論點也不免流於空泛，但民航局針對來自各方面對於管制政策及提案的討論也予以廣泛的分析。一九七八年三月，參議院航空小組提出佐證前，民航局主席坎恩即曾指出：

> 自一九七四年十一月以來，由5個國會委員會舉行了8組的聽證會，並歷經了60天的討論，…民航局、交通部、審計處及國會委員會均曾提出了諸多的研究報告與論證，累積高達二萬頁，但卻了無新意[53]。

質言之，政策評估之施行是對現行政策結構不信任的一種傳達方式，進而建立起廢除原有政策可能的空間。對民航解制過程之實證性研究大致可分為二種方式，基勒（Theodore Keeler）把它劃分為「學術研究和政策研究」二類[54]。而根據其完成的時間不同，其中有若干的差異性。參議員甘迺迪的幕僚認為在一九七四年民航業已成為解制的當然產業。因為，當時已有大學的學術研究指出反對競爭（anti-competition）對民航管制的影響[55]。但在甘迺迪聽證會前後，他們所關心的仍是人們對改革案內容支持傾向的分析。

在二次世界大戰之後，許多研究均對民航局的民航發展政策作

53. U.S.Congress, House, Committee on Public Works and Transportation, Aviation Regulatory Reform, *Hearings before the Sub-committee on Aviation*, House of Representatives, 95th Congress, 2nd Session, 1978, p.122-123.
54. Theodore E. Keeler, "The Revolution in Airline Regulation," in Leonard W. Weiss and Michael W. Klass eds. *Case Studies in Regulation and Reform*, (Boston: Little, Brown Co., 1981), p.66-68.
55. Stephen Breyer, "Analyzing Regulatory Failure: Mismatches, Less Restrictive Alternatives and Reform," *Harvard Law Review*, Vol. 92, January 1979, pp.547-609.

出抨擊。第一位對此提出挑戰者爲凱斯，他於一九五一年時他指
出：民航局的政策在保障已取得航權之既得利益航空公司。他認爲
民航局應該放棄「經營許可證書」的管制，並認爲民航局亦不應對
機票價格的調整作出限制[56]。

　　卡夫斯（Richard Caves）於一九六二年在其著作中也指出民航
局的民航管制政策和經濟學家之效益的因素並不吻合，並造成航空
服務不當的高成本出現[57]。他認爲這些問題之根本乃肇因於民航局
限制了對航空公司自由進出市場所致，使得既得利益之舊有航空公
司獲得保障[58]。卡夫斯和凱思均支持民航解制，並主張航空市場有
其市場特性，亦自行會達到合理性的服務品質，不需要任何的經濟
管制[59]。然而在卡夫斯及凱思等學者的研究問世時，民航解制爭論
面臨另一較無法克服之研究困境，即長期以來美國的航空市場均在
政府的管制下發展而成，並無解制的管理成效之相關資料據以從事
實證性的研究[60]。直到一九六〇在民航局管制以外的加州及德州民
航的發展經驗才提供了管制與解制民航的比較，也才發現管制下的
航空業的確比非管制下的民航業效率低但其經營的成本卻高出許多
[61]。因此，在甘迺迪聽證會之前的學術研究，說明了民航局之政策
乃以保護航空公司既得利益爲主軸，也反應了政府此階段在管理上
的趨勢。

56. Lucille S. Keyes, *Federal Control of Entry into Air Transportation* (Cambridge, MA:Harvard University Press, 1951), p.342.
57. Richard E. Caves, *Air Transport and Its Regulators: An Industry Study* (Cambridge, MA:Harvard University Press, 1962), p.433
58. *Ibid.*, pp.445-446.
59. *Ibid.*, p.447.
60. Emmette S. Redford, *American Government and the Economy* (New York: Macmillian, 1965), p.413.
61. Michael E. Levine, "Is Regulation Necessary: California Air Transportation and National Regulatory Policy," *Yale Law Journal*, Vol. 75, July 1965, pp.1416-1447.

　　再者，於一九七○年代中，由於民航局主席在提姆的貪污醜聞及管制政策的影響，使得管制改革的理念得以匯集。曾有人提到「如果不是民航局的管制政策過了頭，民航解制並不能引起如此高度的迴響....。提姆時期的無能與管理失序使得福特總統及力主保有現況之支持者失去反對改革之憑藉。[62]」總而言之，一九七○年代的民航局及其政策內容，爲主張民航解制者提供了一個發展的絕佳機會。此外，在政治研究方面，則透過國會中各種委員會之委託對改革建設案作出研究，或爲因應反對解制所提出之問題而作的研究。例如，在一九七四年的四月在航空運輸協會（Air Transport Association， ATA）公布一項批評民航解制的報告[63]。甘迺迪及其幕僚即仔細地研究此份報告之內容，收集了許多經濟學者們及政府機構的各類意見來對該報告提出質疑。在一九七六年二月份公布一份由交通部支持下完成的報告中指出，福特總統的改革法案將增加旅客流量和降低費用[64]。審計部一年後亦公布一份報告，指出票價的解制會大量降低旅遊大衆的支出費用[65]。最後民航局亦做了二份支持民航解制的調查。一九七五年夏天在民航局主席羅伯森主持下，成立華夫委員會（Wolff Committee），他對民航解制的精神亦給予高度的關注[66]，其次爲普西費委員會（Pulsifer Committee）對民航解制提出辯論[67]。

　　誠如上述，此期間的研究均出現在甘迺迪聽證會前後，其研究的內容不但仔細，而且具客觀性。因爲甘迺迪之小組委員會並非直接控制民航局的機關，其公正性及客觀性無庸置疑，而經過公開辯

62. Anthony E. Brown, *The Politics of Deregulating the Civil Aviation Industry* (Ph.D. Dissertation of the University of Tennessee, Knoxville, 1982), p.207, note 18.

63. *Ibid.*, note 20.

64. *The New York Times*, February 20, 1976, p.66.

65. *The New York Times*, February 27, 1977, p.24.

66. *The New York Times*, June 22, 1975, p.23.

67. *Ibid.*

論的解制政策更能清楚與完整地展現。質言之，透過各類的研究成果使得此項民航解制政策成爲舉國皆知的熟悉議題，爲此福特總統曾去函給參議員甘迺迪對其小組委員會的貢獻加以讚揚[68]。

參、政治包裹表決策略

政治包裹表決策略是爲政策領域內的運用，係就提案與政治利益間的連帶關係提出說明，促使提案與政治利益產生關聯。此項策略之效益性是否能爲廢除政策之建議案提供助益，則端視提案者對此提案所產生之利益掌握程度而定。應如何去瞭解政治活動的內容？比方那些團體會贊成廢除或反對某項特別政策？其原因何在？則爲研究之首要任務。

政治包裹表決之主要立論基礎即在廢除政策提案，係強化政府對不同個人及利益團體之服務。這種過程包含了不同利益之遊說過程[69]，在此過程中更要說明在現有政策下（除了說明廢除政策之好處外），對各相關利益團體所帶來之政治及經濟上的成本增加。簡言之，包裹表決的原則乃建立在不同的團體既有不同的看法之基本原理上。對民航解制過程中曾有人指出「在推動民航解制的各種力量中，值得注意的是，希望民航解制的眞正原因是因團體利益之不同而異」[70]。對執行此項政策的人士來說，他們的政策必須建立不同需求之假設上[71]。因此，得透過特殊的方式才能達到效果。易言之，政治包裹表決方式所重視的不是各受影響團體間之和諧，而是個別對相關提案之同意[72]。

---

68. *Ibid.*

69. Engene Bardach, *The Skill Factor in Politics: Repealing the Mental Commitment Laws in California* (Berkeley: University of California Press, 1972), p.185.

70. Brown, *op.cit.* p.211, note 30.

71. *Ibid.*, note 31.

72. Bardach, *op.cit.*, p.185.

在甘迺迪調查期間，經濟上的及經營上的效益性爭論成為辯論的焦點。然而一旦達成某一形成的改革共識之後，則辯論在後續的改革提案中以公平性為其主軸。誠如一位內幕人士所言：

> 在甘迺迪聽證會調查期間，爭辯的焦點為如何建立效率問題之上。而在參眾議員的聽證上，公平性仍然是爭辯的焦點[73]。

在公平性與效率性間不相稱的問題，航空駕駛員協會主席（Airline Pilots Association）丹尼爾（Col.John J.O. Donnel）在一九七六年參議員肯楠的第一次聽證會中曾表示：

> 到目前為止，辯論的重心仍是就航空公司經濟性的和大眾服務性的爭議題上作討論。但對以航空業為生的大眾而言，民航解制辯論更具有個人化的意義；其結果對他們的職業產生巨大的影響....他們都認為在民航解制的環境下，一家和眾多的航空公司將遭到淘汰[74]。

在民航案例上，政治包裹策略運用上最代表性的策略，則是以民航解制為解決通貨膨脹的有力說帖以及對過渡政策的解決方案的運用。通貨膨脹與經濟管制的關聯性由當時的經濟學者及福特政府及行政官員所包裝而成的議題。在如司法部之反托拉斯小組（Justice Department's Antirust Division）、工資與物價安定委員會（Council on Wage and Price Stability）、經濟顧問委員會（Council of

---

73. Brown, *op.cit.*, p.212, note 33.
74. U.S. Congress, Senate, Committee on Commence, Science and Transportation, Regulatory Reform in Air Transportation, *Hearings Before the Subcommittee on Aviation*, 94th Congress, 2nd Session, 1976, p.87.

Economic Advisers)、交通部和民航局都同意管制政策為引通貨膨脹的主要因素之一。此外，消費者團體及民航改革委員會亦支持此項看法[75]。

　　反托拉斯小組為最早提出反對公平競爭為促成通貨膨脹之元兇。在一九七四年夏季，內幕消息指出「在各管制機關出席討論之前不斷地干預，使得受到管制的產業面臨到從事經濟競爭立法的壓力」[76]。

　　在一九七四年秋季，通貨膨脹和經濟管制相關的概念受得總統的背書（Presidential Endorsement），在承諾降低機票價格和減少對航空事業之經濟管制下，使民航解制政策贏得消費者群體和保守人士之支持。同時，兩黨的合作亦為日後此法案得以通過之主因，亦即支持消費者的民主黨議會和支持自由經濟的共和黨議會聯手共創的成功案例[77]。

肆、策略妥協

　　巴道曾指出，對執行政策者而言，有二個方式能使執行者得以順利推動其政策，一為其政策之內容規劃應和目前的環境相吻合，其次為政策必須使大眾產生共識，否則只能提出替選方案然後再建立共識[78]。但是引起較動數大的政策，通常也都是妥協後的產物。

　　在民航解制的過程中，為了要使解制法案的中止條款得以通過，策略妥協的執行就成為法案通過的要件。茲按其決策過程中所面臨之情境而大致有下列三種妥協方式，即設計的妥協，公平性的

75. *National Journal*, May 21, 1977, pp.799-802.
76. *National Journal*, June 15, 1974, p.875.
77. Brown, *op.cit.*, p.216, note 40.
78. Bardach, *op.cit.*, p.184.

妥協以及目標化的利益妥協,茲將分述如下:

一、設計的妥協

設計的妥協(design compromises),係指執行廢除政策建議案中有關時間及方法的議題。質言之,就是要在何時及如何執行廢除政策之建議案。狄里昂曾對支持廢除政策者指出它的重要性,他主張支持者應隨時準備對無效益政策之「廢除政策的計畫,也對新的政策備有新的執行方案」[79]。當然,公平性的考量和政策結果之不確定性均會影響決定。是故,設計妥協影響了廢除政策建議案的政治支持所獲得的成效。事實上,新政策的過程就如同新政策本身之內容一樣地具有重要性。廢除政策建議案的立法行動僅為一個開端。設計妥協之目的是希望藉此減少阻力,以期對日後新政策之進行有所助益。

在民航解制的案例上有二點是值得注意的,即航空公司經濟管制撤銷之時機和方法。方法的問題在一開始就存在,並在後續發展過程中產生。米尼克認為二種不同形態的解制:正式的和非正式的。其主要的區別即在於正式的解制是經過正式建構和計畫而產生的。非正式的方法則是透過立法途徑及行政途徑之較勁產生(statutory versus administrative deregulation)。這二種不同方法的原則也一直是民航解制中最主要的爭論。

如前所提,羅伯森任民航局主席期間主張減少民航局對航空公司航線及價格的管制。但在一九七六年肯楠參議員聽證會時曾大力支持以行政方法執行漸進的改革。羅伯森在比較了民航局與福特總統法案中的執行方案後,總結指出:

兩者均為強化市場競爭力量為主的公共政策產出,而非

---

79. Deleon, *op.cit.*, p.30.

政府的行政決定。兩者均不消除管制的能力，但二者仍有其
區別性。行政途徑的前提仍基於國會立法困難的前提下進
行。

　　和民航局相同的，對於管制下的航空公司對民航解制政策傾向
於支持行政的解制方式，就如一位航空公司管理者所言：「基本上
立法的解制方式是正確的，問題發生在其過程上。大部分解制的目
標如鼓勵競爭的概念以及票價的實驗性等方面不一定非要立法程序
亦可達到的」[80]。

　　在一九七六年的肯楠聽證會中，羅伯森也曾提到時機的問題：

　　　　改變的過程應如何安排？民航局以為有下列二種變更的
　　選擇，一則為對新公司進入或退出市場，價格的控制按漸進
　　的原則；其次，則在其宣告後的一段時間內即斷然取消管制
　　[81]。

　　上述的二項原則均涉及執行的時機問題。對民航局的廢除案是
應該急遽地執行或是應該分階段執行曾有不同的看法[82]。

　　就民航案例而言，是擇取分段執行解除管制的方案。一九七八
年民航解制法案完成後，成為合法地導引過渡時期之開始，包含了
將民航局主要的管制功能，以及其它的部分功能移轉到其他的單
位，以及最後將民航局本身也裁撤了。米尼克對此種現象為「解衣」
（stripping）和「功能分散」（disintegration with transfer of programs）

80. Edwin I. Colodny, *Allegheny Airlines in Competition in the Airline: What is the Public Interest?* (Washington, DC : AEI Forum American Enterprise Institute, 1979), p.4.
81. U.S. Congress, Senate, Committee on Commerce, Science and Transportation, Regulatory Reform in Air transport, *Hearing Before the Subcommittee on Aviation*, 94th Congress, 2nd Session, 1976, p.355.
82. Mitnick, *op.cit.*, p.428-429.

83。

　　在一九七八至一九八五年間之過渡時期，民航局仍具有其管制
的功能，但範圍及內容均受到限制，而民航局之干預也僅侷限於對
維持公平競爭的市場力量之上而已[84]。

　　然而，階段式的民航解制亦非全無問題，它也提供了反對者反
撲的機會，這也是主張解制者所面臨的二難問題。雖然階段式的方
法是最能整合政治性的需求，但卻也提供反對者阻撓的機會。由於
分段式所形成部分的解制效益也益發使得解制的全貌不易顯現。在
民航解制立法完成的前二個月，民航局主席坎恩曾說明其本身對解
制的經驗，他認為當時就應該加速腳步盡量縮短管制與解制間的過
度期。[85]。然而過短的緩衝期卻非一般的狀況及政治的方式。

二、公平的妥協

　　公平的妥協係指在廢除方案的設計過程中避免有某些團體無法
接受。因為在解制過程中「公平」性的問題一直是層出不窮的[86]。
究其原因主要是在現有的管制架構下，存有大量的各類不同的利益
所致。民航局主席坎恩曾指出：

　　　　人們雖然對較自由的競爭表示支持，但要求保證各偏遠
　　地區的市場都不致遭致空中運輸服務的終止影響，各航空公
　　司不致因航線的不同而遭致不公平的競爭待遇，也沒有燃油
　　浪費及過度開放新航空公司進入市場的憂慮，沒有增加傷害

---

83. *Ibid.*, pp.424-431.

84. Federal Aviation Act of 1958 (revised March 1, 1979), Section. 102 (a)(4).

85. Alfred Kahn, "Applying Economics to An Imperfect World," *Regulation* (November-December, 1978), p.27.

86. Paul Feldman, "Why Regulation Doesn't Work," *Review of Social Economy*, Vol.29, No.2, September 1971, p.31-38.

性的歧視，不會造成破產，資源制度權益的維護，沒有增加
獨占性的危險等，均是大眾思索問題的不同方向。

　　當大眾將航空事業的未來發展交與民航局時，這時解制的支持
者必須能對未來新的運作模式有完整的說明，他在這之前們是不會
同意市場開放的[87]。

　　質言之，公平性主要在解制過程中協調各方的意見以形成解制
之共識。在一九七八年的民航解制法案中有二項主要的策略性的公
平妥協原則，即「勞工保護」及「偏遠地區的空中交通服務」二項
條款。「在肯楠—甘迺迪法案」中反對最激烈的即為航空機師協會
領導下的勞工團體。在一九七七年二月二十五日美國勞工聯盟
（AFL-CIO）發表支持航空機師協會的聲明，並指出新的改革方案
「將扭曲在一九五八年聯邦民航法案對全國定期班機所提供之飛行
網路，而代之以所謂自由市場競爭為導向的公共航空運輸系統」
[88]。勞工團體所最堅持的目的即在於確保其在航空業中的地位及保
障其工作權的項目上。而此項新的法案，將提供短程航空事業更寬
廣的運作權力和擴張性。在歷史上，組織性的勞工團體並無法組織
短程航空公司的員工。部分的原因是基於短程航空公司並不受全國
勞工關係法案（National Relation Labor Act）的管制。而在管制政
策下的航空公司員工，在解制後如果產生航空公司併購或結盟的情
況也將失去民航局對其年資和福利方面的保障。此外，解制後，也
希望能確保新航空公司進入市場和現有航空公司競爭時，不致受到
太多的成本負擔。

　　然而，勞工團體對自身權益的考量，使其對法案中有關勞工保
護條款均以各種反制的力量來達到追求的目的。

---

87. Kahn, *op.cit.*
88. *National Journal,* July 30, 1977, p.1194.

　　參議員丹佛斯（Sen. John C. Danforth, D-MO）曾對原有的勞工保護條款提出修正案[89]。他指出美國環球航空公司總公司設於密蘇里州，爲全州第二大之雇主。是故，他對航線開放後所帶來的衝擊表示關切。其立法助理指出「參議員對政府過度管制亦表反對....，但他認爲在密蘇里州中，有14,000民眾替環球航空公司工作，而他希望員工之個人及家庭均應得到公平的待遇」[90]，引用了航空公司員工對改革後可能引起的裁員後果反應，丹佛斯參議員建議政府提供某些程度的經濟支援，因爲「沒有人能說明他們的不安是多餘的」[91]。經過少許的修正後，丹佛斯參議員折衷的修正案也就成爲日後新法案中的一部分[92]。

　　其次，關於偏遠地區的航空運輸公平性妥協方面亦爲政策性公平妥協的另一案例。反對航線解放者認爲，在目前管制制度下確保乘客稀少城市的空中運輸服務之主要原因，是爲民航局對民航案中主導的交差補助（Cross Subsidy）的制度所使然。易言之，即由較賺錢航線中，取其利潤來補助其它賠本的航線，倘若市場開放後，航空公司享有自由退出市場（exit from market）的權利後，將造成賠本的城市航線居民無機可乘的局面。

　　在福特總統及甘迺迪參議員期間對此項公平性的議題也著墨甚多，不但自行提出修正，並由民航局及國會議員皮爾森（Sen. James B. Person-Sen.）和貝克（Howard Baker）的修正法案以達到提供對偏遠小城市的居民提供最基本的服務[93]。雖然保有基本的空中服務，但和現有的服務相較之下仍有相當的差異。因此，此項差異性的恐慌亦爲他們反對法案中航空公司得以自由進入或退出航空

89. Congressional Quarterly Weekly Report, October 29, 1977, pp.2325-2326.
90. *National Journal,* July 30, 1977, p.1194.
91. Congressional Quarterly Weekly Report, November 5, 1977, p.2381.
92. *Federal Aviation Act of 1958* (revised march, 1979), Section 43.
93. *Ibid.*

市場的主要因素。而在一九七七年秋季，參議院商業委員會對此法案的折衝上也頗費周章。而在此委員會之18位參議員中12位來自西部的州，僅有4位來自人口集中的州，而西部的州人口分布仍以小城市獨立而居的社區形成為其特色，使用航空服務者不多，亦為停止航空服務的主要目標地區。而參議員麥徹爾（Sen. John Melcher）曾代表所有來自西部地區小鎮的國會議員發言：「我對未來可能發生的現象表示憂慮，我們目前擁有完善的服務，西北航空可以減少它的一些班次，但不能將我們棄之不顧。」因此，此項問題的解決上繼參眾兩院大會的妥協，參院同意將航空公司自由進入市場的條款納入協商。而眾議院對自由進入市場則採相對較嚴苛的看法，而使得參議員對眾議員所提的日落條款也採範圍較寬的解釋和更強烈的要求，以達成各取所需的公平妥協策略。

三、目標利益妥協

　　目標利益妥協係如巴道所認為的「特殊利益戰略」（special benefit tactic），意即解制方案中支持者所給予的利誘[94]。簡言之，即解制方案能帶給某些支持此方案者的利益，但卻又不傷害解制方案本身。其中尤以特定分類的航空公司也可以被稱為在此法案下之「搭便車者」（free riders）。在一九七七年，短程航空公司協會（Commuter Airline Association）發表了他們對管制改革的立場[95]。他們對民航局政策改變後對短程航空業的影響相當關注。其中尤其對無法取得經營補助款，購買飛機之聯邦保證貸款及經營航線之飛機大小的限制等條款內容，最為在意。

　　一九四五年民航局開放了所謂區域航空公司的（Local Service Airline）設立，對其使用飛機之大小並無限制。基於經營效益，業

---

94. Bardach, *op.cit.*, p.184.

95. *Commuter Airline Digits*, February, 1977, pp.7-9.

者使用的飛機日趨大型化以增強經濟效益，此項發展和大航空公司在管制的問題上產生衝突。一九五二年民航局訂出新法，規定短程航空公司的飛機不得超過12,500磅，其主要的目的即在避免短程航空公司和地域航空公司競爭。而後經過一九六五、一九七二及一九七六年的調整，短程航空公司的飛機機型也日漸加大，也由35人座發展到55人座，重量也達到16,000磅。而在一九七八年的法案中不但維持了55人座的空間，同時，也將重量加重到18,000磅，遠超短程航空業界的要求。

再者，在補助及保證貸款方面，也得到正面的結果，因為在一九七八年的立法過程中，將短程航空公司作為取代主要航空公司停飛偏遠城市之補位公司。因此眾議院為了加重短程航空公司在此法案過渡期間的偏遠地區域市運輸之正常運作，修正改革方案，俾使短程航空公司亦可以獲得在偏遠地區域市服務方案（small-community services program）中的補助[96]。

而在購機聯邦保證貸款上也有所斬獲。一九五七年的政府保證設備貸款法案（Government Guaranty of Equipment Loan Act of 1957）係為解決一九五〇年代民航事業經濟之抒困法案，然而僅對「授與證書」之航空公司（Certificate Carriers）適用，並於一九七七年九月把短程航空公司納入適用對象[97]。

再者，輔助航空公司（Supplemental Carriers），也是此項目標利益策略運用下的得利者。在一九七六年全國航空公司協會（National Air Carries Association）主席德瑞斯柯爾（Edward J. Drischoll）以次要航空公司代言人之身份發表其對民航改革之立場：

---

96. Commute Airline Association of America, *Time for Commuters*, 1976 Annual Report of the Commuter Airline Industry, p.3.
97. Congressional Quarterly Weekly Report, March 25, 1978, p.774.

　　我謹代表次要航空業者及消費大眾討論法案中攸關他們
權益的三項內容。1.對事前預定包機的合法權力。2.對航空
公司及包機遊程公司管理的法源條款。3.取消使次要航空公
司成為定期服務限制的第401條款（d）項（3）條的文字內容
98。

　　而在上述三項的要求中，其中「合法解除包機業務限制」及
「可以成為定期航班的運作」均於一九七八年的解制立法中通過。
於此法案中指出：「民航局不得有任何規則、管制或命令在包機證
書裡所提供各類包機旅行中之市場性、彈性及可獲得性的限制」
99。是故，次要航空公司取得了雙重的證照，此項決定推翻歷任民
航局主席長久以來的傳統政策。

伍、策略任命

　　策略任命的運用產生係指任命案之決定係按當事人對政策的態
度為主要的考量因素。對解制政策而言，偏向任命基本上不排斥
（至少不反對）廢除現存機構管制架構的人士。

　　就民航解制的案例而言，策略任命的方式不僅是選任人選的過
濾，而且更專注於某些原本對民航管制就持反對態度者的身上。尤
其民航局主席及委員之任命得由總統提名經國會通過而產生，在其
意義上尤為深遠。一位消息靈通人士指出：「在民航解制的過程中
有二件值得一提的事件。即羅伯森及坎恩之任命案....總統可能有其

---

98. U.S. Congress, Senate, Committee on Commerce, Science and Transportation,
Regulatory Reform in Air Transport, *Hearings Before the Subcommittee on Aviation*,
94th Congress, 2nd Session, 1976, p.560.

99. *Federal Aviation Act of 1958* (revised edition March, 1979), Title IV, Section
401(n)(2).

它的目的，但他用人需要適才適所並能貫徹他的理念，因爲透過這
些專家也才更能激起大眾的共識。將正確的人選放在正確的地方，
是取得正面執行觀點的重要條件」[100]。

在福特總統任內，他的行政人員由於認同其理念，對其理念之
推動有顯著的功能。民航改革之支持者分佈在行政單位的各部門，
如，工作與物價穩定委員會（Council on Wage and Price Stability）、
管理和預算局（Office of Management and Budget）、交通部經濟諮
詢委員會以及司法部之反托拉斯小組，在一九七四年夏天的經濟高
峰會議，經濟學家們成爲說明福特總統採取民航改革政策之主要力
量[101]。然就策略任命的運用觀之，卡特總統之任命坎恩爲民航局主
席遠比福特總統任命羅伯森來得更徹底及有效。

在卡特競選總統期間，卡特和公共利益及消費者團體有著密切
的往來，他承諾加強管制改革和任命政策在立法上之訴求[102]。日後
他任命柏斯卻（Michael Pertschuk）爲聯邦貿易委員會主席，克雷
布魯克（Joan Claybrook）主管全國高速公路安全委員會（National
Highway and Traffic Safety Administration），歐尼爾（Daniel O˘
Neil）爲州際商業委員會（Interstate Commerce Commission）主席
以及坎恩（Alfred Kahn）、柯漢（Marvin Cohen）和貝莉（Elizabeth
Bailey）到民航局，這些安排人事任命案均爲行政體系支持改革政
策的表彰。

在一九七七年之任命前聽證會中坎恩支持參議院版的民航解制
法案，而且在一九七五年甘迺迪的聽證會對亦表示支持民航的解
制。在民航局內，坎恩也一度大力改革局內的人事安排和組織以配
合民航解制政策之推動。在坎恩被任命出任民航局主席之初，局內

100. Brown, *op.cit.*,p.237, note 88.
101. Leonard W. Weiss and Michael J. Klauss, eds. *Case Studies in Regulation: Revolution and Reform* (Boston: little, Brown Co., 1981).
102. *National Journal, February* 19, 1977 p.291.

認同管制政策者仍眾。尤其大部分的人員均接受一九七〇年間國內旅客票價調查報告之結果，坎恩爲導正此股力量也曾費神地安排了一些主要的人員進入民航局，以順利推行其改革的政策[103]。

　　在瑞伯（Dennis Rapp）之帶領下，民航局的同仁開始有了共識。也使得坎恩把支持理念者引入局中重要的位子中。他並開闢了新的經濟分析局（Office of Economic Analysis），而由賈士堅（Darius Gaskins）主持，李維（Michael Levine）主管價格及國內民航處（Bureau of Pricing and Domestic Aviation），羅勃特生（Robert Robertson）爲民航局消費者保障小組之主席（Bureau of Consumer Protection）。最後，任命曾任職於反托拉斯小組的律師貝克斯（Philip Bakes）爲法律顧問。因此，在一九七八年，眾議院通過民航解制法案之前，民航局已領先解制以「產生更能反應市場運作的產業。因此，更能對大眾的需求負責」[104]。

陸、行政解制策略

　　行政解制係指運用機構本身的裁量權，在法案完成合法過程前，執行解制方案。在眾議院通過法案前的數月，民航局對航空業所採取的解制行動遠遠超過法案中之條款規定。民航局所採取的行政解制程序也造成許多爭論。論者以爲立法似乎以不必去眞正瞭解追求解制的眞正目的，一切已由民航局的工作中反映其眞正用心。然而，當民航局更積極地解除管制時，傳統的合法反對者變成倡導者，並非是由於民航局在現行的法律下對解制民航業改變得不夠，而是它走的太快了。

　　例如，在民航局對航空公司自由進入市場之許多政策上促使航

103. U.S. Civil Aeronautic Board, *Report to Congress, Fiscal Year 1977 and 1978.*
104. U.S. Civil Aeronautic Board, *Report to Congress, Fiscal Year 1977* , p.1.

空公司只要一旦推動某一航權，就可以按自我意識來提供和終止服務。此點和法案中規定的大不相同。按法案規定在自由進出市場的彈性上，航空公司被允許擁有航權的數目是有所限制的，並且可由競爭航空公司提出不適宜授予航權之宣告。一九七〇年代各項解制的例子，如卡車業解制、鐵路運輸解制及電訊解制等，均有其本身的管制機構率先踏出解制的行動，而使得改革順利推動。因此有人下結論謂「在現有法規下，要求管制機構在現有的自我行政裁量權下推動解制是達到欲求目的的有效途程」[105]。狄慕斯（Christopher Demuth），曾對解制運動作宏觀的解釋，他提到「行政解制改革誠為達到法律改革之必要前提」[106]。

行政的自主裁量，源於機構成員如何按機構權力，來定義法律上的條款，藉以產生的機構行動，如受到爭議，則得接受司法上的評議。在坎恩的領導下，引入許多人員對一九五八年之民航法案均採從寬的解釋。而且他管理方式也傾向鼓勵同仁突破先例，並尋求機會減低民航局的管制角色。大致上看來，行政裁量權大部分均發揮至減少管制干預的層面上較多。

事實上，行政裁量本身的運用並非是行政解制的唯一有利目的，當有賴於機構外在政治上的支持力量和時機的掌握而定[107]。是故，當機構想縮小其權力時，必然得要有政治的盟友以尋求支援與保障。蘭蒂斯（James Landis）在說明政治上對機構支持之主要特性時指出：「管制機構必須要有朋友在政治上之支持，以避開針對

105. Marvin H. Kosters and Jeffery A. Eisenach, "Is Regulatory Relief Enough?," *Regulation* , March-April 1982, p.26.
106. Christopher C. Demuth, "A Strong Beginning on Reform," *Regulation*, January-February, 1982, p.18.
107. A. Lee Fristischler, *Smoking and Politics: Policymaking and the Federal Bureaucracy* (Englewood Cliffs: NJ: Prentice-Hall, 1975).

阻疑機構方案及限制其權力的阻礙[108]。」反之，政治上的支持對機構企圖去減少自我的權力上也同樣重要。在一九七八年參議院通過民航解制法案時，大多數的參議院均對減少民航管制表示支持。卡特總統本人亦親自遊說，使得此法案能在參議院商業委員會中快速通過並同樣的轉向眾議院尋求支持。在白宮的帶領鼓勵下，許多的消費者和產業組織也共同加入，組成民航改革聯盟小組（Ad Hoc Committee on Aviation Reform），聯合航空等主要的航空公司也支持解制法案，此項支持的行動也降低了民航局激進主義者的政治成本。

　　最後，時機上選擇的亦扮演重要角色。由管制機構所推動的行政管理解制，各政黨對解制政策不同的見解可能在法庭中受到挑戰，而機構也得冒法院反制的風險。是故，法定的改革為機構已形成之政策提供保障。在這方面坎恩也作下以的說明：「立法的主要價值乃在於他對政策的合法性宣示，藉以加強我在法庭中之支持度」[109]。民航局當局在解制中從未遭受到上法院的困擾，其主要的原因在法院收集完整資料而企圖評斷民航局之行政解制是否合法時，此一完整的新法案即已完成了，使法院在時間的掌握上失去先機。

　　當然，時機的因素也使得法院的行動未能完全發揮。如果民航局推動行政解制政策之際，而民航市場如因此而遭遇到困境或景氣不佳的話，則所有的罪過均會歸咎於民航局。然而在一九七八年時期民航業的利潤提昇，且票價下跌，航空業呈現一片榮景。雖然造成此種現象的原因不明，但卻使反對解制者改變其反對的想法進而

---

108. James Landis, *The Administrative Process* (New Haven, Conn: Yale University Press, 1978), p.61.

109. *National Journal*, August 8, 1978, p.1359.

認同與支持民航解制[110]。

民航局行政解制的效益最能顯現在它對改革辯論之影響上。坎恩快速的行政解制的強勢作爲,使得航空公司及國會爲之動怒,而法案的通過部分也藉此緩和民航局的行政解制腳步。上述的這項企圖在法案的最後會議報告中也說明得相當清楚。

綜合上述,我們能看出在整個民航解制立法過程中民航解制被視爲一項「裁撤政策」(Termination Policy),但此項過程得以完成則歸因於其上述之不同政治策略方法之成功運用。提出反托拉斯的獨占方式來取代傳統的管制思維,採用替選方案爲改革爭辯,明釋解制的後果和樹立合法法案,抨擊民航的管制不當。民航解制之支持者也運用政策的評估方式作爲一項有效的工具,來說明管制政策架構並挑戰其建議。民航解制具有高度的政治吸引力,並且極容易包裝,以滿足不同團體之利益需求。它被包裝成抑止通貨膨脹的利器,終止政府支持下的壟斷現象,和改善產業財務建議之良方。策略妥協與任命也強化了解制的支持。最後民航解制在民航局管制者的行政解制引領下而完成合法的立法過程。然而上述的過程所產生解制現象,在政治研究的理論上是否合宜並應如何解釋?亦爲本書亟欲探討的內容。

卡特政府對民航解制的反應是積極介入的,而且在當時的政經環境中是適當的,由卡特總統本身大力的推動,任命享有共同理念的坎恩、柯漢、貝莉及強生等經濟學者進入民航局,以實際的行動爲民航解制作出急遽改革的解制反應,是其落實民航解制政策的不得不然作爲。由一九七七年二月就職以來至一九七八年十月法案通過爲止的二十個月中,卡特總統就曾先後爲推動民航解制,或解制

---

110. U.S. Congress, House, Committee on Public Works and Transportation, *Report on the Air Service Improvement Act of 1978* H-Rept. 95-1211, 95th Congress. 2nd Session, 1978, p.3-4.

政策發表過二十三篇書信及講詞，其間對民航解制之主張堅強信念，莫不流露於字裡行間，是故其介入的態度是相當明顯的（請參考附錄三）。然而卡特總統之上述反應，是基於社會抉選後的不得不然亦或是自我觀念的實踐？

　　但就卡特政府在促使此法案產生的決策策略而言，卻是相當出色的。卡特政府徹底整合了社會各類團體的民航利益訴求，將民航解制包裝成反通貨膨脹之最佳方案，使得解制成爲美國大衆矚目的焦點，進而藉總統任命權的行使，透過民航局組織功能的改造，進而落實民航之解制法案，其過程令人目不暇給，足堪回味。然而卡特政府民航解制決策僅爲卡特一時興起之作，亦或是其來有自的政治決策案例？是故，本書將在後續二章中藉由團體理論途徑與菁英理論暨組織決策模式來解析其策略運用之過程及評析其適用性。

第六章
以團體理論途徑之解析

　　以團體理論來分析卡特政府的民航解制決策，基本上是適合的。政府政策產出之主旨，仍在滿足社會大眾的要求與支持。而美國政府為一個多元民主化的組合體，政府的政策必是各種不同團體間利益經互動後產生平衡的結果。卡特政府民航解制決策是一項攸關大眾基於公共利益下的公共選擇，而此公共選擇之形成則是基於利益團體的理性決定。是故本章就影響決策之團體理論基礎、運用團體理論途徑等來對本書之解析加以探討。

第一節　影響決策之團體理論基礎

　　團體模型最主要的啟示是團體利益和行為乃構成政治行為中最主要的力量，而公共政策是團體利益均衡的結果。就團體理論中「多元論者」的觀點，多元化社會中政策的改變乃是由各種不同利益團體間競爭的結果。此種現象乃因團體介於個人與政府間的角色所致[1]。是故，政策之改變可視為利益團體對政策制定過程中所產生的影響能力而定[2]。而所謂公共政策則指在任何時期中，競爭達於均衡的產出項[3]。此外，在管制政治領域內，公共政策傾向是「相互衝突下的結局」（residue of interplay of conflicts）[4]。團體論者認為個人必須認同或參與一項議題和過程，認同自己所扮演的角色和參加結盟之事實，認同討價還價和妥協過程，產生團體共識進而

1. 有關進一步的解析，請參閱Robert Dahl and Charles Lindblom in Politics, *Economics and Welfare* (New York: Harper & Row, 1953), Chapter 11.
2. David B. Truman, *The Governmental Process: Political Interests and Public Opinion* (New York: Alfred Knopf, 1971), p.505.
3. Earl Latham, *The Group Basis of Politics* (New York: Cornell University Press, 1952),p.36.
4. Tehodore Lowi, "American Business, Public Policy, Case Study,Political Theory," *World Politics*, No. 4, July 1964, p.695.

產生力量,才能對團體間的得失做出合理的解釋[5]。

團體多元論者指出,團體的壓力能使得政府對團體關心的問題做出回應。社會中存有各類不同的團體,各自有不同的需求在其相互的影響之下,產生新的政治均衡[6]。政策的產出不僅是妥協的結果,更是團體中結盟力量消長的代表。而他們以認為當環境中若有極端不公平、經濟衰退和科技進步等現象出現,使得現況失衡時,則新的團體將再度形成,並提出新的訴求,經過被接受後必適時地使均衡狀況得以回復。誠如凱(Vladimir Key, Jr.)所說的:「當某一階級或團體對現存事物有所不滿時,政治過程就會及時產生出另一個新的均衡狀況」[7]。易言之,當有任何新的發展對現存均衡的體制發出挑戰,威脅到其安定時,不同團體的積極或潛在的成員就會發動活動以便恢復或另創一個新的均衡體系。

就多元論系統而言,政策制定的過程充滿空隙,但卻又獨立而自成一體系。每個人僅能就自己相關問題提出影響力。因此,除政府領導者外,沒有個人能具有同時影響橫跨各部會的政府政策制定的過程,因為每個人的能力均源於其本身的經驗。是故,道爾(Robert Dahl)就提出「專業化的影響力」的概念[8],亦即民眾對和自己相關的事情最為關注,尤其對自己能力所及的問題也比較傾向參與。反之,則會出現事不關己的冷漠。當然,一旦政府的政策涉及到他個人利益,影響到他的社會地位、物質分配和感受時,則個人也就會再度奮起[9]。道爾在其著作《誰統治?》(Who Governs?)

5. Graham Allison, *The Essence of Decision* (Boston: Little, Brown and Co., 1971), p.146.
6. William Connolly, The Bias of Pluralism (New York: Atherton Press, 1969), p.4.
7. Vladimir Key, Jr., Politics, *Parties and Pressure Groups*, 4th ed. (New York: Thomas Y. Cromwell Co., 1958), p.174.
8. Robert A. Dahl, *Who Govern? Democracy and Power in an American City* (New Haven: Yale University Press, 1961), p.100.
9. Dimitios G. Kousoulos, *On Government and Politics* (Belmont, CA: Wadsworth Publishing Co., 1975), p.102.

中有下則的說明：

> 在多元和高度政治共識的民主系統下，社會大眾對策略
> 接受的程度往往以其信念經由社會長期演進而成之法律習
> 慣、憲法及合法性來判斷。任何人的策略違反了上述的思維
> 傳統都必將註定失效[10]。

這種潛在團體的利益的存在性和他們隨時可以集結成另一團體的壓力，使得組織化的團體不得肆意作出過分利己的要求。因此，在各類團體，無論是組織化的或是有潛在功能化的團體，均有其公平合理的地位。因此，多元論者認為政府的活動就是反應各類團體之要求總和[11]。

多元社會中，民眾對不同議題均會產生為其議題而出現的結盟，沒有任何一個團體能長期控制政治的過程。無論是新出現的、既有的、現存的或潛在的各團體間的利益均呈顯著競爭的狀態，各團體間，端就其影響力的強弱來追求其對政府政策所能影響的程度。而在競爭的過程中，並沒有永遠一定的贏家，對政府法案影響的強弱則有賴其得到團體成員的認同並滿足其要求的程度而定。同時，團體對政策所能具有影響力的多寡，也就代表此團體在政府心目中的份量。這種影響的管道，團體可藉由和政府官員「培養適當關係，以便說得上話」，以及透過選區選民的直接壓力來達成[12]。因此，管道（Access）就成為政治利益團體的仲介目標[13]。

公共政策事實上就是政府回應主要利益團體所施壓力的結果。

10. Dahl, *Who Governs? op.cit.*, p.225-226.
11. Truman, *op. cit.*, p.515-516.
12. Alfred Stepan, *The State and Society* (Princeton: Princeton University Press, 1978), p.14.
13. Truman, *op. cit.*, p.264.

其回應的結果是對那一類團體有利,則就要看其團體影響力的大小而定了。但是政府在此多元利益並存的社會,亦當有其基本之原則[14],政府應當是各種不同觀念衝突下的「整合器」(regulator),並訂定衝突解決的遊戲規則。同時,對團體違反行為規範應予以恢復平衡[15]。質言之,就多元論的立場而言,政府本身應是中性的,不應具有任何的利益立場。就誠如班特來(Arthur Bentley)所指出的,政府機構本身除了政府過程之外並無既定價值,甚至在替團體們追求利益的過程中亦不能提及[16]。

然而,許多的團體理論分析家並不認為政府在執行利益分配時能成為一位無價值及意念的中立者。部分人士對政府反而持積極參與者(active participants)的看法。他們認為政府是處於合法權力架構下,受到各類團體的追逐對象。因此,要能完全中立是有困難的。當然,要能影響政府的反應,則毫無疑問地必然會向政府官員進行遊說[17]。誠然,在政府日常的工作上,官員們均身負重任,努力維持公正的超然立場[18]。諸如,總統、國會領袖、法官和行政官僚等公務人員皆然。然而,由於他們在民主政治制度下具有替選民服務之特質,他們得面對廣大民眾的利益壓力。因此,組織化的團體不是唯一能提出法案要求的源頭,政府官員也可以為了照顧廣大的選區人民福祉,而提出立法的要求[19]。如同萊得曼(Earl Latham)所說的:「政府不應僅侷限於對政策和某些規畫的制定功能而已,

14. Norman H. Kehn, "A World of Becoming: From Pluralism to Corporatism," *Policy*, Vol. 9, No. 1 (Fall 1976), p.22.
15. Connolly, *op.cit.*, p.8.
16. Arthur Bentley, *The Process of Government* (Evanston, Ill.: Principal Press, 1952), p.300.
17. Robert Dahl, *Democracy in the United States: Promise and Performance* (Chicago :Rand McNally and Co., 1972), p.387.
18. Truman, *op. cit.*, p.350.
19. Dahl, *op.cit.*, pp.391-394.

它應推廣符合民意的政策目標,作爲社會共識的監護者,並協助去完成共識下的目標以及將共同決議規則化爲政策。」[20]。不僅行政官員要維護遊戲規則,那些由民間選出來的民意代表更是政策的肇始人,他們大力推廣立法以贏得再度連任的契機[21]。

美國政府組織是分立而制衡的[22]。權力中心分散,但沒有一個中心是完全不受到制衡的[23]。因此,美國政府得在相互的配合下方能發揮其效益[24]。在國會裡,權力分散在各委員會主席、政黨領袖和若干官僚手上,總統也得出席國會以使其法案得以順利通過。沒有一個單一的機構能完全獨立完成政策制定,公共政策有賴於各種不同權力中心的結合[25]。爲了爭取自我最大的利益效能,各團體得遊走於不同的權力中心之間[26]。而政治系統間的相互競爭的特性更加強了多元論的功能。政黨政治常使得政權更替,在野黨常藉各類的議題而博取選民的再度認同。如果此議題得到民眾高度的肯定,則政黨往往將此問題列入自己的政見,並加以大力支持以贏取選民的對其政黨或個人之青睞[27]。

在團體理論者之中,有一群被稱爲「改革的多元論者」(reform pluralists),雖然同意多元論者的看法,認爲在多元民主的系統中有競爭的現象,但是並不同意所有團體均是平等的觀念。他們認爲管

20. Latham, *op.cit.*, p.14.
21. Robert Dahl, *A Preface to Democratic Theory* (Chicago: The University of Chicago Press, 1956), p.132.
22. Edward S. Greenberg, *Serving the Few* (New York: John Wiley and Sons, 1979), p.19.
23. Robert Dahl, *Pluralist Democracy in the United States* (Chicago: Rand McNally, 1976), p.105.
24. Richard E. Neustadt, *Presidential Power* (New York: John Wiley and Sons, 1976), p.105.
25. Aron Wildavsky, *Dixon-Yates: A Study in Power Politics* (New Haven: Yale University Press, 1962), p.311.
26. Truman, *op. cit.*, p.508.
27. Connolly, *op. cit.*, p.9.

制規則的設立，僅對那些受到管制的企業團體有利而已，並且剝奪了其它團體的利益。此派學者認為政府機構對商業的管制是完全忽略了在此管制外其他團體的利益。持此論調者包含羅威（Theodore Lowi）[28]、麥康納（Grant McConnell）[29]、柏恩斯坦（Marven Bernstein）[30]和卡瑞爾（Henry Kariel）[31]等人。這些政府機構既不對總統負責，又不用對選民負責，完全是以其所一意控制的利益為依歸，最終造成受管制企業和管制機構間的互依關係，也就產生了所謂「被擄獲的政府」（government captured）的出現，亦即政府只替某些企業服務而已。

羅威進一步指出，政商關係就誠如「新封建制度」（new feudalism）一般，是屬於「利益團體自由主義」（interest group liberalism）使得政商關係糾纏不清。政府對各類企業設立許多管制機構，但並沒有進一步給予機構的足夠支持以落實其管理的功能[32]。因此，羅威認為政府的擴權促使了大眾權力的危機出現，而企業界權力的增加亦源於政府之惡法所致。伯恩斯坦也提出，管制機關設立之初其用意雖在維持大眾利益，但隨著「自然演化的過程」（natural evolutionary process），而淪為替管制企業服務的工具而已[33]。麥康納指出，就全體而言，政府並未被商業利益所「擄獲」；然而，公眾權力的主要部分已為特殊利益所「俘擄」。而既得利益者已逐漸增多，因為政府每干涉一次就提昇了管制企業的權力。就政府的權威

28. Theodore Lowi, *The End of Liberalism* (New York: W. W. Norton and Co., 1969)
29. Grant McConnell, *Private Power and American Democracy* (New York: Alfred Knopf, 1966).
30. Marver Bernstein, *Regulating Business by Independent Commission* (Princeton: Princeton University Press, 1955).
31. Henry Kariel, *The Decline of American Pluralism* (Stanford CA: Stanford University Press, 1961).
32. Lowi, *op. cit.*, p.144-156.
33. Marver Bernstein, *op.cit.*, Chapter 3.

性而言，政府將權力下放給管制機構，但不幸地管制機構成爲既得利益產業者的服務工具[34]。而麥康納抨擊政府透過管制的方式對市場干預，使得受管制的團體在犧牲全社會的利益下使其地位日益強化。而卡瑞爾則指出管制機構應是超乎特殊競爭之上，更是超黨超派的，更應保持現有的競爭模式[35]。

上述由改革多元論者所提出「擄獲」的觀念，不僅能運用在管制機構上，更適用於全體的政治系統裡，他們認爲在政治體系中各種團體的地位就是不平等的，是故，在其共同結盟出現時，其同盟也是無法達到平等的地位。然而，他們也對多元論下的民主系統提出修正，主張透過回到法定的體制內給予各類團體公共參與政策制定的機會，並更應照顧弱小的團體。

主流的團體多元論者對政策之改變提供動態的空間，對在系統內改變採寬容的態度，也認爲是多元化民主體制下的常態，在社會結構中的每一群，無論其大小、強弱均能透過管道向政策制定者表達意由，任何一個利益團體必得接受到其它利益之挑戰，經妥協後再重新定位與出發。是故，在民主體制下，各方面的多元利益均能得以兼顧。因此，在民航政策由管制、改革而解制的過程中，團體多元論者認爲下列的因素爲形成政策改變的主要因素[36]：

一、新行爲者的緊急需求：如果既有的利益團體，違反了既有的行爲標準，新的行爲者，給予政策制定者將介入重新來平衡現況並推廣特定的利益。

二、政策制定者接觸管道之改變：一個團體能在政策過程中蒙利則必先要能掌控其管道，其掌控接近政策制定者管道的

---

34. McConnell, *op.cit.*, p.249-255.

35. Kariel, *op. cit.*, p.90-91.

36. Louis M. Kohlmeier, *The Regulators: Watchdog Agencies and the public Interest* (New York: Harper and Row, 1969), p.34-35.

能力愈高，則其能夠對政策影響力也就愈大。

三、潛在利益團體的活動力：當一個主要團體在民主政治過程中提出需求時，新的或潛在的利益團體，也會調整並相互結合，藉以達到恢復政治體系的平衡與安定的雙贏目的。

四、強而有力的結盟之形成能分享一般的利益：當在社會中某部分的利益爲一既有團體獨享時，則無法享有此利益之團體，則將結合一利益更廣的團體來爭取或另行創立一新的需求。

五、現行結盟的轉弱與改變：結盟的組成仍爲追求或分享共同的利益，如果結盟無法維持成員的要求時，則此結盟將出現改變或將失去動力而趨弱。

團體多元論者認爲公共政策之改變實肇因於政治妥協的過程參與其中者如行政者、立法者、官僚人員或壓力團體均無法完全控制政策改變之結果，但卻都能在政策發展的不同階段中對政策形成若干的威脅，而此種參與角色的能力則端視其在過程中所占的地位，所代表之利益，以及當時的環境情況而定。各成員對問題的看法必然不一致，則其結果則有賴參與者的誠意，爭辯的過程中，不決定或輕忽、討價還價和妥協等過程以達到共同可接受的決定。

值得注意的是，利益團體在團體動力的運動過程中，會出現一些非理性的決策現象，整體的利益可能會被忽視，或採行風險較高具有挑戰性的策略，甚至只是少數人的利益代表而已。從團體組織的動力學觀點來看，利益團體之成員集體行動的發展，可能會出現四種非理性的團體運作。

第一種是「團體成員之社會附從」（social conformity）的現象，社會附從係指團體成員會改變自己的判斷，以接近團體規範或目標的行爲要求。因此，集體行動的現象並非是一種個人理性的表現，而是個人爲迎合團體的要求，無意當個偏差怪異者，因而反映在對權威的服從上，所以這一種的集體行動結果，個人的理性與團體的目標間，存在著相當的差距。

第二種是「團體深思」（group think）的現象，傾向於團體決定的方式，認為只要大家一起來做決定，便不會有錯。通常團體深思會產生三種效果，一是「集思廣益」的效果，也就是「三個臭皮匠勝過一個諸葛亮」與「英雄所見略同」的情況。二是出現保守傳統的團體規範決策效果，特別是當團體的凝聚力相當高時，便不可能出現集思廣益的情況，因為團體成員試圖去維持團體的一致性。三是產生更高承擔風險意願的效果，就是一種風險轉移（risky shift）效果。當大家一起來做決定時，反正是大家一起來承擔後果，個人不必負成敗之責，所以個人心態上會傾向於接受更多的挑戰與風險抉擇，這些行為絕不會出現在個人理性行為的抉擇上。這是一種去個人化的作用，自我會從團體中消失，特別是在暴動團體中，會喪失責任感的意識，而去接納團體的非理性意識，做出個人單獨時不敢做的行為[37]。當組織團體的成員人數愈多時，則個人去個人化的程度也會相對地愈高；也就是在團體裡面存在著「混水摸魚」或「搭便車」的那些人，也會因團體的增大而增多。

第三種是「團體決策的現象」（group decision）。決策的過程通常可分成四個階段，一是資料的收集與交換，用以決定方針。二是分析和評估收集到的資料，並找出可能解決的辦法。三是達成決議，排除緊張氣氛之高漲。四是恢復團體成員間的和諧與平衡，強調團體團結的重要性。在決策時，除了團體深思的效果，能使一些不穩定的決策團體脫離現實，做出非理性的結果，另一效果是「團體極化的作用」（group-polarization effects），在團體討論與爭辯中，個人所做的決定往往比他們原先所持的意見更加極端。也就是說一個人單獨做決定時，會比團體成員討論後的決定，來得溫和

---

37. 李美枝，《社會心理學》。台北：大洋，民國八十年，頁七二。

些。團體極化效果出現在團體討論後,將會更強化成員傾向於贊同或反對的態度,其實這正是一種參考團體價值肯定的效果[38]。

第四種是「寡頭鐵律」(the iron law of oligarchy)的現象[39],當團體愈來愈大時,寡頭鐵律出現的可能性也會提高,也就是出現團體或組織被領導階層控制的危險現象。當團體成員人數增加時,團體決策便不可能經由全體成員的討論方式而獲得,最後決策會落在領導核心手上,代行擬定政策的權力。當團體被領導核心控制時,團體的目標也會漸漸脫離一般成員的利益與目標,甚至出現團體的領導核心會為了其本身的利益,出賣團體的目標,以及違背所有成員的利益。

一般說來,個人參與利益團體之行動的動機,不外乎有四種。第一種是理性的自利主義,也就是搭便車者。第二種是理性的公平主義者,只有當大多數人付出的時候,才會願意付出。第三種是道德的利他主義者,不考慮個人利益只為原則的付出,表現出「犧牲小我、完成大我」的態度。第四種是順從領導的合作主義者,在一個凝聚力高的團體裡,個人表現在接受領導的方式,是一種認同團體的整合行為,也可以被視為是一種「被接受領導的方式」,因為可以避免受到其他成員的排斥,免於落入偏差行為者被歧視的困境。

利益團體與公共政策間存在著相當的關聯性,利益團體的活動,對公共政策帶來相當的壓力。一般而言,利益團體對公共政策之影響程度,深受四種重要因素的影響。

首先是政策議題範圍問題,對於涉及層面較大的社會與經濟問題,政黨組織的影響力比較大,而相對於層面較小的事務上,政黨

38. Kay Deaux and L. S. Wrightsman, *Social Psychology in the 80's*. 4th ed. (Monterey, CA: Brooks/Cole, 1983), p.88.
39. Michael Robert, *Political Parties* (New York: Free press, 1968), p.208-210.

很少表明其立場，也少有興趣，在此情況下，給予利益團體有機可
乘。

　　其次是社會發展程度問題，利益團體的興起與社會經濟的發展
有關，工業化程度愈高，經濟發展層次愈高，社會分工愈複雜，利
益也愈多元化，工會也愈民主化，利益團體有大量增加之勢，利益
團體的勢力愈大，對公共政策的影響也愈大。

　　其次，是關於政黨勢力問題，利益團體的活動與政黨力量的強
弱有關，在政黨勢力薄弱的社會，利益團體對公共政策的影響力較
大，相反地，當政黨力量強大而又團結時，利益團體對公共政策的
影響力降低，唯有透過政黨的運作，才能影響公共政策[40]。

　　最後，利益團體的特徵問題，例如，團體規模大小、內部團結
程度、動員情況、成員參與集體行動意願、享有之社會資源、投票
能力等，皆會對政策有所影響。

第二節　　運用團體理論途徑之解析

　　利益團體（interest groups）通常被界定為一個組織，不同於政
府，但與政府的關係卻是十分密切的，利益團體試圖去影響公共政
策，來爭取或維護團體的利益，所以，利益團體常被視為一種壓力
團體（pressure groups）。基本上，利益團體的活動提供了政府與社
會一個制度性的連結，一方面利益團體必然挾持代表社會，利用其
集體行動的力量，來影響政府的決策，另一方面，政府也在其正當
合法性與自主性的考量下，做適度抗拒或接受的反應。總之，由於
社會的多元化，各種行業、階層、階級等組成各式各樣有形或無形

---

40. 朱志宏，《公共政策概論》。台北：三民，民國八二年，頁四二。

的組織,藉以表達各自的立場,並向政府爭取有利的政策決定。

是故,本節最主要的目的在藉團體理論途徑來剖析本書中第二章、第三章及第五章的相關內容。基本上,團體理論途徑對剖析卡特政府民航解制決策之形成是適合的,尤其對影響決策之環境及法案形成過程中及其解制策略之運用之解析上尤具功效。

首先,在美國民航萌芽及管制時期中,政府推動及管制民航發展的主要動力即源於政府透過以補助款方式,全力推動航空的發展,並成立專責管理機構,例如,郵政總局、州際商業委員會、商務部及民航局等,對市場加以調控,以達到民航市場之促進化、管制化及競爭化的經營目標。對航空公司的營運,諸如航空公司的分級、航權的頒定、自由進出入市場的限制、機票價格的管制與安全的維護等,均積極地介入與干預。其所憑藉的仍是政府對民航市場資源的分配權,亦即利益之支配,使得政府成為全國最大的利益團體,而使得航空業者及受到選區壓力的國會議員成為競租者,進而演變成上述三者各為取得所需且牢不可破的鐵三角關係。是故,在一九三八~一九七八年的民航發展過程中,每次新法案或修正案的出現,均非反應環境改變下的產物,而是各相關利益團體要求重新分配利益的結果,使得航空公司、國會及管理單位各在其本身利益訴求之下,相互的衝突經妥協後整合的過程。基於立場之互異,對民航政策的發展過程中出現了所謂「鐵三角」、「被擄獲和服務顧客的政府」(government captured and clientele oriented)等現象[41]。說明了利益團體之積極運作,形成了美國航空的發展的特質,而此種透過利益團體大力參與壓力下所形成的各種民航法案與政策,是卡特政府的民航解制行為主要的考量因素,並成為航空業以外其他團體奮起追求解制的原由。這種在航空市場中未受到平等價格及服

---

41. Murray Edelman, *The Symbolic Uses of Politics*, (Urbane, Ill.: University of Illinois Press, 1967), p.22-72.

務待遇的消費者群，對管制經濟理念無法認同的自由經濟主義者，則紛紛組成聯盟，對既得利益的航空公司挑戰而希望尋求新均衡點的出現。這種政策的過程即是團體利益理論的最佳實踐。

　　其次，福特政府民航改革之所以能吸引當時社會各方之注且成爲全國矚目的焦點，一直是個值得研究的問題。到底是當時經濟的不景氣所使然，造成福特政府之改革？亦或是福特個人企圖參與一九七六年的總統大選的私人起跑暖身的聲譽造勢？民航改革發源甚早，在尼克森政府時代即有論及，而在福特政府時期達於高峰，由於當時經濟處於相當艱困之環境，在一九七四年的蓋洛普（The Gallop）民意調查中顯示，通貨膨脹及生活成本的高昇爲政府所面臨最嚴酷的挑戰[42]。是故，福特政府於一九七四年九月召開全國經濟高峰會。與會者均認爲解決通貨膨脹及降低生活成本是政府當務之急，而與會者均主張應解除政府對相關行業的不必要管制以利國計民生[43]。但值此之際，民航管制改革仍只不過是眾多受到管制政策之一而已，亦無受到特別的偏愛。換言之，福特政府何以在今後的日子裡選上民航管制改革爲其改革經濟方案之試金石，則應和他預期在一九七六年將參與總統大選爭取票源之私利有關。福特於一九七四年九月召開全國經濟高峰會，而於一九七五年十月才提出民航管制改革方案，其間有一年之落差，如果福特熱心於民航改革爲眞，則是何種原因使其改革政策之提出竟然要一年之久？經文獻分析發現，此段空窗期間正是甘迺迪參議員以參議院司法小組委員會主席之名 （Chairman of the Senate Judiciary Subcommittee of Administrative Practice and Procedures），於一九七四年二月展開對

---

42. *The Gallup Opinion Index*, Report No.112, Oct. 1974, p.15.

43. 在此段的時間落差，福特政府的民航改革政策是否因此得以提出，則是一件值得研究的課題。

民航局調查之際[44]。

　　而當時最有機會代表民主黨成為總統候選人的參議員甘迺迪（Edward Kennedy）[45]，他為了爭取選民之認同，掌握全國民意脈動，於一九七四年夏天即著手準備對民航局的行政疏失所造成票價過高及程序不當等問題提出聽證會，其真正之目的，含有創造全國性議題，形成大選優勢的動機。甘迺迪透過他的國會助理布萊爾（Stephen Breyer）[46]之協助，收集各方學說，提出知名學術機構的文獻研究並公開發表，使得民航管制改革的問題，大量見諸於媒體，而成為社會的焦點。在此種新的環境改變壓力之下，福特正積極向總統寶座全力護盤之際，當然不願意在此項全國性的議題中缺席，而讓其潛在對手專美於前。是故，福特大力推動民航改革，以作為其因應全國經濟問題的主要方法。因此，此階段之民航管制改革和美國兩黨對一九七六年的美國總統大選之政策有關，在甘迺迪聽證會舉行其間，甘迺迪曾邀請福特政府的行政官員出席作證，以希望能瞭解福特政府對民航管制改革的政策。當然，也希望能在媒體之前對福特政府航空政策之虛無作為給予迎頭痛擊。同樣的，聽證會也提供福特政府有機會能說明其管制改革的政策，相對的也加速落實民航管制解制的形成[47]。此種不同政黨相互為了競選總統而大力較勁的原因，使得名不見經傳的民航局得以因此聽證會之舉行

44. U.S., Senate, Committee on the Judiciary, Subcommittee on Administrative Practice and Procedures, *Civil Aeronautics Board Practices, and Procedures*, 94th Cong., lst sess., (Washington, D. C. : U.S. Government Printing Office, 1975), p.37.; and Paul H. Weaver, "Unlocking the Golden Age of Regulation," Fortune, February 1977, p.180.

45. *Gallup Opinion Index*, Report No.108, June 1974, p.12.

46. 布來爾（Stephen Breyer），為華府地區之知名律師，且是一位主張經濟自由化的支持者。後投效甘迺迪參議員出任其特別助理，整個聽證會均由其幕後的策劃與安排。

47. 巴楠（John Barnum）是尼克森政府的交通部長，在1975年的聽證會中曾代表出席，並力主民航管制改革政策。

而一躍成為國矚目的政經焦點。

是故福特政府於一九七五年二月在聽證會中表示支持民航管制改革，並於一九七五年十月將民航管制改革提諸於國會。兩黨均不願意讓對方專美於前，因此也加大了兩黨在民航改革上合作的空間，以求各自贏得一九七六年總統年選民的青睞。就團體理論途徑來看，將民眾所需列為團體的目標，是團體理論的精神；而透過選票使相關利益團體之目標能達成，則是團體追求本身成長與利益之具體表現。而民航改革（後來的解制）在團體理論下，成為政治系統中各政黨為自我利益相互競爭最好的佐證。

最後，在美國的民主政治體制下，民航改革雖然受到相當的關愛，但在完成立法的過程中，亦受到社會輿論、政黨以及各相關利益團體之壓力。是故，如何在眾多利益團體之間取得共識，謀取法案之順利完成，則是一高度的政治藝術。追求合理的票價、服務便利性和安全的空中交通工具是消費者最大的願望，而謀求合理利潤及公平競爭的環境則是航空業者所堅持的。而卡特政府則希望透過民航解制達到減低通貨膨脹，提昇政府效能的政府形象。而上述三者之間如何取得共識而建立「三贏」則成為民航解制的重要課題。也就是在這種謀取三贏的過程中，展現了團體理論的精髓，即「利益→遊說→妥協→均衡」的步驟。因此，杭廷頓曾指出，美國社會是呈現「一個共識，二個政黨及無數的團體」（one Consensus, two Parties and many Groups）的多元現象[48]。

在支持民航改改革及解制的團體中，商業類團體和保育組織是重要的支持者，他們篤信市場經濟自由化的原則，而地方及州的政府組織認為解制能為地方帶來公平競爭之機會而吸引更大的商機，而消費者團體則認為民航改革能降低票價，節省開支。是故，民航

48. Samuel P. Huntington, "Paradigms of American Politics: Beyond the One, the Two and the Many," *Political Science Quarterly* No.89 March, 1974 , p.1-26.

改革（解制）爲各類團體引喻爲增加自我利基的法案。全國市鎮協
會（National Association of Countries, NAC）指出航空公司之運作
在基於合理的公平競爭下進行，而非經由民航局之管制。同時，並
指出在民航解制期間，航空公司飛行人口較少的市鎮所提供之飛行
班次及服務品質均屬偏低與粗糙[49]。此協會指出，自一九六○年以
來，仍有170個市鎮，含括了十萬居民，無法享有飛行運載的公平
待遇，自一九六五年以來仍有63個地方上之機場關閉而僅得以30人
座的小型飛機來支持其所需的空中交通服務，並置他們的空中安全
於不顧[50]。因此，全國市鎮協會要求民航改革法案中保證他們的安
全與便捷空中運輸權。

　　全國各州航空官員協會（The National Association of State
Aviation Officials, NASAO）、各州交通部門聯盟（Conference of
State Departments of Transportation, CSDT）以及全國各州立法機關
聯盟（The National Conference of State Legislatures, NCSL）之總裁
布爾克（Paul Burhet）認爲他們支持民航改革之主要原因，是因爲
此一新的法案能鼓勵航空業的競爭，並主張在新法中成立第三級的
小型航空公司並給予合法證明和適當的補助，以改善偏遠寡民的市
鎮航空交通[51]。

　　全國工業旅行同盟（The National Industrial Travel League,
NITL）指出民航解制將會提供其一千八百名成員更好的旅行服務。
此同盟有六十年的歷史，他們強調在新法中應追求一個私人經營、
高效率和高品質的航空服務。此外，民航解制將會降低其會員之旅
行及貨物運費。而在消費者團體眼中，民航局的民航管制政策僅對
航空業界做出有利的保護措施，而罔顧消費者的權益。航空消費者

---

49. Subcommittee on Aviation Hearings, p.1955.
50. *Ibid.*, p.1956.
51. *Ibid.*

行動組織（Aviation Consumer Action Project, ACAP）指出民航局四十年來所表現的功能實在乏善可陳。不但未能維持合理的票價以造福消費者，卻鼓舞了業者提昇機票價格，並促使毫無實質競爭意義的民航措施。他們主張民航局應積極開放航空公司與乘客間對機票價格與航線自主的基本權利，而要求民航解制[52]。

美國消費者聯盟（The Consumer Federation of America, CFA）[53]主張民航局應改革，在必要時可對民航業管制以保障航空公司之獨家操控市場之權力，而將市場開放給一些提供多元化服務的其它航空業者，以降低票價，則表示贊成的態度。

總之，在民航改革期間，支持改革及解制的團體紛紛表態，並採取行動組成民航改革委員會（Committee for Airline Regulatory Reform），擴大遊說的力量以促進民航解制之實現，此改革委員會主要的成員一致同意以降低票價，透過乘客數的增加而強化工作機會，藉自由市場的機制來提昇航公司的利潤，而非仰賴政府的補助。團體間可謂「眾志成城」，誠如當時交通部長亞當斯（Broch Adams）所陳述的：「當在第一次會議中，全體與會者相互握手之際，此種盛況可謂全國史上之第一遭」[54]。

其次，在航空業界以美國運輸協會（Air Transportation Association, ATA）為代表，包括了各主要航空公司之成員，代表們認為民航業在法律上之改革並不能解決航空業面臨的實際問題，尤其反對票價之調整及其他航空公司自由進出市場的改革條款[55]。

環球航空就指出：目前航空市場就已經夠競爭了，過高的競爭僅會導致市場之日形惡化。航空公司的主要問題在公司嚴重的財務

---

52. *Ibid.*, p.401.

53. *Ibid.*, p.1618.

54. Albert Karr, *The Wall Street Journal*, August 4, 1977, p.32.

55. Sub Committee on *Aviation Hearings*, p.1692.

問題，其中以添購新機所帶來的成本壓力爲最主要之原因[56]。

東方航空董事會主席鮑爾曼（Frank Borman）則認爲：民航解制是一項過於理想化的政策，對改善航空公司之財務結構及提昇效益是完全徒勞無功的[57]。

聯合航空之財務顯然不惡，促使其主席凱西（Albert Casey）也極力反對民航解制政策，並認爲這是一項危險而不智的動作。此外，他也指出民航解制將大量減少對小城鎮的空中服務[58]。

西方航空則認爲民航局應履行其本身現有的職權，維持民航業的正常運作，而非一味地修法。而解制之效益並非是可以掌握的，對此種無法掌控且充滿冒險的決策應加以深思[59]。

全國航空（National Airlines）董事也表示反對民航解制。他認爲：小型航空公司並非是披著羊皮的野狼，事實上，在現今的管制體系下，競爭就非常激烈，而面對修法後所呈現的不確定性更加深了我們營運的困難[60]。

而達美航空公司（Delta Airlines）則認爲，解制的法規已經存在於其他的相關法案之中，實在不必多此一舉而繼續立新法來解制。他認爲一九七五年的民航法案就具有此項功能，目前所需的是民航局落實法案之執行而已。

總之，就航空公司的立場而言，反對民航解制的主要原因在於對立法的不確定性感到恐懼和不安所致，因此均希望能保持他們自一九三五年以來所享有的一些有利條件。

56. Rush Loving Jr., "The Pros and Cons of Airline Deregulation," *Fortune*, August 1977, p.210.
57. *Subcommittee on Aviation Hearings*, p.882; and "Delta Flying Machine," *Burners Week*, May 9, 1977, p.85.
58. Subcommittee on *Aviation Hearings*, p.1395-1396.
59. *Ibid.*, p.613.
60. *Ibid.*, p.1221.

　　此外，航空公司的相關工會也對解制抱持反對的態度，其中諸如飛行員協會（Airlines Pilots Association）、空中運輸部門中的鐵路兄弟及航空職員協會、（Air Transport Division of the Brotherhood of Rail way and Airline Clerks）、飛機維修人員協會（Association of Machinist and Aerospace Workers）、美國運輸工人協會（Transport Workers Union of America）等組織，他們的代言人馬洪尼（William Mahoney）在民航小組委員會中表示反對民航解制。他認為民航解制政策是反消費者、反民航業和反勞工的，因此，是違反公共利益的。而民航業所急需的是政府輔導之下的合理方式，以杜絕浪費和加速經濟的成長[61]。

　　美國勞工聯盟（The American Federation of Labor and the Congress of Industrial Organization, AFL-CIO）指出，民航解制將影響運輸業的安定以及航空公司員工的工作保障。民航市場也將因過度的競爭而導致若干大航空公司可能破產，或加速其他航空公司在經濟方面急遽衰退。特別是地區性的航空公司，經營尤為困難，使他們不得不因經費的考量而忽視了飛安的問題，對機場的維護改善以及對老化的機隊革新均無法實現。是故，美國勞工聯盟認為任何的民航解制方式均足以造成政府放棄攸關公共利益的民航責任而不顧，亦無法對全國航空公司及全體業界員工交代[62]。而駕駛人工會（The International Brotherhood of Teamsters）則認為，民航解制將造成長期的失業，使得就業困難，低薪及福利減少；就算是能幸運地留在原公司工作，也將出現福利大幅下降的狀況[63]。因此，對他們來說，工作安全是最主要的考量。因此，他們挺身加入航空公司的反對陣容。

---

61. *Ibid.*, p.1321.
62. *Ibid.*, p.1921-1923.
63. *Ibid.*

　　總之，在民航解制的過程中，所有的航空公司及相關工會所受
到的影響並非一致的，有些蒙利，亦有些團體受到打擊。基本上，
受到打擊的團體必然投身反對陣營。各家航空公司也僅就自身的利
益為主要的考量，而整體的航空市場發展則為次要的議題。就聯合
航空而言，則希望透過解制能對其數量過多的飛機因限制取消後，
能產生有效益的運用；泛美航空則希望因限制後能增加基運載量，
而提高其營運並擴大其營運；而太平洋東南航空則希望藉著解制能
擴大飛航加州以外的各州。是故，有不同的各自利益考量，其對民
航解制的立場也就必然迴然而異，但雖然不同的立場上，各組織與
團體均傾向結合相同的利益團體而行成結盟來解決各自的問題。

　　而在美國的政府結構上，一項法案得以通過除了在行政部門提
出外，國會是一個最主要的戰場。就民航解制案例觀之，民航局本
身功能效益的大力提昇，固然對此法案在日後獲得通過有所影響；
新法可為民航業所帶來利益，故然也被接受；但亦有少數國會議員
因面臨選區利益的壓力而持反對的態度。因此，為了加速此法案的
通過，也促使行政單位人員的高度合作。諸如卡特總統、坎恩民航
局主席、交通部長亞當斯、等的親身參與法案的折衝就是明顯的政
府行政單位，為了貫徹其行政理念努力合作例子，而政府機關也是
團體理論中的部分，自然也能彰顯其團體決策之特性。

　　此外，此法案中進行以參議員丹佛斯（Sen. Danforth）和參議
員麥克爾為最主要的反對者，而其反對的主要原因來自其選區的壓
力，但在經過協調讓步後均達成協議[64]。誠如來德曼（Earl Lathem）
所主張的「對任何議題的立法投票結果均代表了力量的結合，例如
在投票當時，各團體間的權力平衡。而公共政策就是在投票時各種

64. Nelson Polsby, *Community Power and Political Theory*, 2nd ed. (New York: Yale University Press,), p.137.

利益達到均衡，使團體間的利益均能達到滿足」⁶⁵。

　　總之，團體理論在解釋民航解制的過程上是適當的，亦能充分說明的法案過程中支持者與反對者各自組成結盟，透過其集體行動的力量來達成各自的目標。然而法案的提出與結果卻也常操控在主要的人員與官僚手上，而團體只是他們用來彰顯其議題正當性的實證而已。此點在下一章組織模式中再加以剖析。然而，何以全力主導民航解制政策的民航局在一九七八年的法案中遭制裁撤的命運？是誠屬意外？亦或是卡特政府計畫中的一部分？因此，在下一章中將就菁英理論與組織決策理論來加以探討。

第三節　小　結

　　利益團體組織是一個有目標取向的活動系統，而集體行動則是獲取目標的方式，如何發起組織團體成員之集體行動，來影響政府的決策，就是集體行動與利益團體的主要內容。

　　對於集體行動的研究，有三個前提必須加以澄清。首先，個人的行動與集體行動有別，一個理性者的行為是理性，但是許多理性者的理性累積，就不一定呈現出數學上累積的運算結果，有可能出現非理性行為。當然，團體組織的理性行動，也不一定是個人的理性標準，兩者間有相當的差距。在民航解制的過程中，航空公司間雖同屬航空業界，但其利益並不完全一致，在結構上可以視同為一種遊戲之策略組合，也就是多人囚犯困境（n-person prisoner's dilemma）的分析，而贊同解制者聯盟中的成員雖然是同意民航空市場結構應有所改革，但如同國會議員則僅接受改革方案而已，對解制仍是抱持遲疑態度，反之，民航局則是積極落實解制的方案，

---

65. Latham, *op. cit.*, p.36.

二者立場迴然而異。但是一群人對於其團體之集體利益追求行動，不會是一致的。

　　其次，集體行動的分析應該是動態的，並非是靜態的，集體行動的問題是一直在發生與進行的，集體行動也決不是單一抉擇的問題，而是在許多抉擇中所做出的一種結果。因此，強調抉擇受到個人間，或團體間，或個人與團體間的互動關係影響。甚至出現在動態的研究裡，當理性受限時，會導致困境囚犯的合作或發生集體行動；相對地，在靜態分析架構下，當理性受限時，將排除合作的可能性。同時也有這種現象，合作的程度會隨著人數的增多而呈遞減現象，進一步而言，當團體愈大時，集體行動的邏輯愈是傾向於反對合作。

　　最後，集體行動的邏輯並不是一個利益團體組織理論，而是一種是否有利益團體組織或其他類型之集體行動的理論。通常對集體行動的解釋，往往是從個人的動機著手，個人決定了參與或不參與那一種的集體行動。所以團體的政治是由於許多人參與的動機增強，而表現出團體的行動。但是「成本」的觀念也是一個重要變項，有些集體行動試圖去影響政府的政策，其成本負擔卻相當的低廉，但是一些集體行動卻可能要付出相當的代價成本，仍不一定能影響政府的政策。基本上，在探討集體行動的重點是擺在團體的運作上，而團體裡的成員們必須假定其享有共同的利益。

第七章
以菁英理論暨組織模式
途徑之解析

　　艾里森在《決策本質》一書中，依序運用「理性行為者模式」、「組織決策者模式」與「官僚政治模式」解釋甘迺迪政府在古巴飛彈危機中的對策[1]。國內學者亦將其「組織決策者模式」與「官僚政治模式」合併為數「官僚暨組織模式」。其主要論點仍在組織本身為一抽象概念，機構間的運作均賴官僚運轉機器[2]。易言之，組織決策基礎在於個別的官僚，而官僚個人意圖影響決策仍須藉組織所付予之職位方能施展全力以達目的。此外，官僚政治中決策之過程則是充滿官僚間相互折衝的結果，而他們又各自在價值、判斷、認知、目標、既得利益以及權力上均有所差異[3]。

　　然而就本書而言，上述官僚個人意圖影響決策仍須藉組織所付予之權力才能舒展，此種職位權的概念在本章中仍具有重要的解釋力量。但是，官僚政治的相互折衝特性並不能說明卡特政府民航解制決策之特質。因為，在卡特政府民航決策之過程中，撰者尚未發現其決策官僚在面臨意見相左時產生爭議的存在事實。基本上，卡特政府是藉組織的任命權、個人的職能權聚合共同理念之經濟菁英，透過「組織再造」的過程進而完成民航解制的最終目標。此種組織再造的過程是領導菁英理性行為選擇的表現。因此，本章藉結合理性行為與菁英理論並透過組織慣性模式，整合成為「菁英理論暨組織模式途徑」以解析卡特政府民航解制之決策。

1. 戴萬欽，《甘迺迪政府對中蘇共分裂之認知與反應》。台北：正中，民國八十一年，頁三二三～三二四。
2. 同上註，頁三二五。
3. 同上註，頁三二九。

第一節　菁英理論與組織模式之理論
基礎

　　菁英理論之立論基礎是基於國家重要的政治、經濟與社會政策均是由少數人來決定[4]。拉斯威爾(Harold Lasswell)及卡普蘭(Abraham Kaplan)所合著的《權力與社會》(Power and Society)一書中指出：「社會區分爲菁英與群衆乃是普遍存在的現象。」即便在一個民主的社會中，「少數的人行使相當份量的權力，而多數人則行使較少的權力」[5]。因之，在此一理論基礎之下，公共政策遂成爲一群少數人表現他們價值偏好的結果。政策分析的目標也就是研究這群少數人的價值偏好。

　　何以少數的菁英分子能夠承擔多數人的福利呢？菁英分子本身對社會制度的規範之間存在一種共識感。社會的穩定與存在完全有賴菁英分子對此種社會制度的基本價值的共識感，而此種共識感即爲其對自我價值偏好所做出的的理性抉擇，任何公共政策祇有融合了此種基本價值的共識感之後才能獲得菁英分子的接納與考慮。

　　拉斯威爾認爲吾人不必肯定菁英治理的必然性與道德及其他優越性，只要把菁英的存在當作一項事實，即可從事菁英研究。同時，他認爲菁英影響政治的現象無論在民主制度或非民主制度的社會中均共同存在。因此，研究菁英的社會背景、事業型態對瞭解一

---

4. Thomas R. Dye and L. Harmon Zeigler, *The Irony of Democracy* (Belmont, CA: Wadsworth Publishing Company, Inc., 1970), p.1; and A. Dahl, "Power, Pluralism, and Democracy: A Modest Proposal," paper delivered at 1964 annual meeting of the American Political Science Association, p.3; and Peter Bachach, *The Theory of Democratic Elitism* (Boston: Little, Brown and Co., 1967).

5. Harold Lasswell and Abraham Kaplan, *Power and Society* (New Haven, CT.：Yale University Press, 1950), p.219.

個政治的運作與決策，具有無比的重要性[6]。

　　波特蘭（Robert Putnam）藉對菁英分子結構的觀察其整合作用之層次藉以說明菁英分子對公共政策之影響力。他主張觀察的內容包括了社會同質性、甄選型態、人際行為、價值共同標準、團體共同標準、團體責任感與制度內涵等七項[7]。

一、社會同質性

　　米爾斯（Wright Mills）提出，造成美國「權力菁英分子」結合的重要通道之一是由於社會的同質性（social homogeneity）使然。他說：「就權力菁英分子是由相似淵源與教育背景組成以及其經歷與生活風格相互類似而言，心理與社會基礎造成了他們的結合。因為他們具有類似的社會型態，易於造成相互間通融[8]。」

　　幾乎在每種政治體系中，上層社會階級提供了相當大比例的政治菁英分子。其同質性的幅度從職業與社會地位進而推延到教育、種族、宗教、地區屬性與性別。此一不成比例增加的法則促成了某一階層菁英分子整合作用的產生，誠如學者鄺達（William Quandt）所說：「某一政治系統的整合作用可以根據其政治菁英分子成員參與共同社會化經驗的程度加以觀察」[9]。是故，社會的同質性亦能促成菁英分子的整合作用。

二、甄選型態

　　無論形式或非形式上，根據職權任命常能使優秀的和有謀略的

---

6. *Ibid*., p.230.

7. Robert D. Putnam, *The Comparative Study of Political Elites* (Englewood Cliff, NJ: Prentice-Hall, Inc, 1976)

8. 王逸舟譯，米爾斯（C. Wright Mills）原著，《權力菁英》。台北：桂冠，民國八十五年，頁三五三～三八二。

9. 曹俊漢，《公共政策》。台北：三民，民國八十一年，頁一四八。

菁英分子網羅在一起。因此菁英分子均能在一個以上的組織或單位擁有重要的職位，而且能夠同時協調不同的活動。

三、人際行為

　　菁英分子的整合作用亦可以因社會人際關係而增加，易言之，菁英藉人際間的接觸促成了協調作用。強化相互行為與友誼進而使共同價值能緊密的與互惠的結合。

四、價值共同標準

　　在政治變動期間，菁英分子對價值的共同標準較之一般民眾來得一致。西方穩定的多元民主系統內的政治菁英分子對普偉特（Kenneth Prewitt）與史東（Alan Stone）所稱的「行為規則」（codes of conduct）特別地表露了高度的一致性。服膺辯論與妥協的政治，容忍政治上的反對者與願意接受議會與選舉的決定成了共同接受的規範，並且大家都同意「處理國家事務的可行方法是透過領袖間的談判」的原則[10]。

五、團體責任感

　　菁英分子成員之間的相互信任更是其間的整合要素之一。

　　「沒有任何要素能夠像相互尊敬那樣能促使菁英分子在一起，這種尊敬是來自對權力的共享」[11]。

　　無論譴責或讚美菁英分子整合作用的人士皆同意團體責任的重要性。米爾斯認為美國權力菁英分子的結合大部分的原因是其成員之間的協同感。心理上的親密感能使他們互相溝通：「當然，他是我們的一員。」在美國，再沒有階級意識像菁英分子那樣的深，也

---

10. 同上註，頁一五五。

11. 同上註，頁一六〇。

沒有像權力菁英分子之間組織那樣有效[12]。

　　事實上，某些理論家已經認為，內部菁英分子之間的衝突是歷史的發動機。因之，一個統一菁英分子的標識不是表示著沒有爭議，而是一種充分的相互信任，這樣其成員將在需要時先行考慮個人或黨的利益以保證穩定的統治。

六、制度及社會的內涵

　　假如由菁英分子主其事的機構有共同重疊的利益，執政的菁英分子將會超出個人淵源、關係與親密性的考慮，採取相互輔助的行動。在另一方面，假如機構之間有衝突的利益，就社會的背景、社會關係、團體責任等等而言，菁英分子的整合作用就很少能對領導階層的行為發生作用了。

　　菁英理論係以演繹法解釋決策，即以菁英信念的二大部分——認知與意識形態——來推理其決策過程。在認知方面，菁英理論專注於決策者的認知。認知乃是基於知識、資訊及以往之經驗而來。一般而言，人們對公共政策在維護公眾利益這一點上並沒有多大的爭議，但接下來的問題便是「究竟什麼是屬於公眾的利益？」，而「處於此種利益之下，其目標為何？」，又「如何界定目標及手段？」基於認知的不同，每一個人對以上問題的答案也不盡相同。然而，國家利益並非由一被視為有機體或理性角色的單一國家所產生，而是須依賴被任命為決策者的認知與詮釋[13]。

　　在意識形態方面，拉斯威爾認為菁英係以共同命運的「象徵」（symbols）來主張並維護其政策，而這些「象徵」是基於菁英的意

---

12. 同上註。

13. 沈若珍，《國會，總統與美國外交政策：卡特與雷根政府之比較》。淡江大學美國研究所碩士論文，民國七十六年，頁三二。

識形態[14]。倡導民航解制決策的卡特政府,就是決策菁英基於共同的自由市場經濟意識形態而結合產生的民航解制政策主張。

拉斯威爾經不斷針對菁英問題進行研究後表示:「政治領袖時常是依據決策環境而扮演不同的角色,假如忽略了決策環境,那就是過分簡化現實。」是故,在配合本書系統決策理論的運用下,菁英理論是最佳的互補作用。因此,以菁英信念理論解釋的方法在強調決策者所賴以引發對某種行動的動機、關切、認知,甚致於領導人的意志及行事技巧方面,是比較具有自發性的。並且,菁英信念理論分析則僅保持在個人層次的分析上,它的意圖在形成個人領袖的菁英中尋求政府政策的根源;它係藉由檢查特定個人的意識形態以瞭解決策過程。因此,菁英信念理論則可以用來協助解釋第四章參與決策者對民航解制決策之認知。

總之,在菁英理論的屬性中,菁英為社會成員中具有權勢者,而菁英絕大多數亦來自社會、經濟的中上階層,但是非菁英卻佔據菁英的地位,其中的過程極其緩慢,並且艱辛,再則菁英是現行體制下的受益者,非常傾向於社會現狀的維持,態度相當保守,極不願輕易改變現行政策,因此公共政策並非反映一般民眾的要求,其所反映者,實是菁英所秉持的信念、價值和偏好[15]。

是故,菁英決策理論模式的特色是:公共政策並非集合大眾的意見而形成,而是由社會上少數人所制定。但菁英仍然可能關懷一般民眾的利益,在制定政策時,仍可能考慮採納民眾的政策意見[16]。

---

14. Haroed D. Larswell, *Politics: Who Gets What, When, How* (New York: World Publishing Company, 1958), p.31.
15. 朱志宏,《公共政策》。台北:三民書局,民國八十四年,頁四三。
16. 魏鏞對此點持不同之看法,他指出菁英理論忽略民意及民眾對其相關議題的自然關注。此外菁英模型之依據漸進主義解釋政策的變遷並不能再應付瞬息萬變的時代需求。

　　此外，菁英信念的落實與推展則有賴於組織功能之發揮。因此，透過組織理論途徑來解析卡特政府民航解制之決策，能有效地說明卡特政府所推動的政府再造概念與法案之關聯性。而在此組織再造過程中，菁英則是推動此項組織變革的重要力量。而透過組織理論中的慣性概念亦能對民航局在整個民航解制中所扮演的角色、功能以及最後何以亦難免遭受到裁撤命運的成因作一完整的剖析。

　　政府再造是組織變革的功能之一，同時也是卡特振興經濟、提昇政府效能與恢復民心士氣的重要政治信念，亦為解析民航解制決策之有效途徑。所謂的政府再造乃是對公共部門運作績效所作的一種誘導性有系統的改善[17]。政府再造是為克服各種外在政治、社會、經濟和環境因素，以及內在官僚行為的阻力，以轉化行政的過程。換言之，政府再造和效能提昇必須因應政經結構的調整[18]。政府再造乃是一不斷變遷、不斷創新和不斷演變的過程。當公部門有些行政結構或程序已經不符合社會與政治環境的期望或程序時，政府便會採取某些政府再造措施，以改善這些行政結構或程序[19]。

　　此外，政府再造也稱為「文官改革」，一九九六年六月份出刊的《公共行政評論》（*Public Administration Review*）以「再造公共行政」（Reinventing Public Administration）為題，將行政革新定義為：行政體系透過具體有效的改變策略，從行政組織的四個主要面向－一、文化層面，二、任務層面，三、結構層面，四、程序層面－重新加以改造，再建治理政體的能力。

　　總之，「政府再造」即為政府為因應國內外政經環境的急遽變

17. Gerald E. Calden, *Administrative Reform Comes of Age* (Berlin: Walter de Gruyter, 1991), p.165.

18. 柯三吉，《公共政策與政治經濟論叢》。台北：時英，民國八十二年，頁七五。

19. Richard A. Chapman, "Strategies for Reducing Government Activities," in G. E. Caiden & Heinrich Siedentopf eds *Strategies for Administrative Reform* (Lexington, MA: Lexington Book, 1982), pp.59-69.

化與挑戰，計畫將整個政府再造成彈性、能夠不斷創新、有應變能
力的組織的一連串革新行動。卡特政府之民航解制及民航局的最終
遭受到裁撤之命運，其背後即源於此種政府精簡之訴求[20]。

　　然而組織的改變有其一定的阻力。組織群體生態論
（Population Ecology）中曾指出「某些組織為何能夠活存，某些組
織為何被淘汰」時，使用了自然汰存時機，來說明一個組織的存
在，是由於其自身結構能經得起生態環境考驗的結果。因此，其結
構自然得以保有而不易改變[21]。

　　對組織不易根據環境而影響其改變理論中最常為學者所引用的
是「組織慣性」理論。「慣性」（inertia）原是物理學上的一個概
念，其基本意義係指物體對改變具運動狀態的力量會予以抗拒，它
是物理上的一種恆常性質，亦即，除非有外力的作用，否則靜止的
物體恆保持其靜止的狀態，運動中的物體則恆保持其原來的運動狀
態，就其反面意義而言，這種保持物體靜止或運動的力量，也就成
為欲改變其原始狀態的抗拒力量。而「組織慣性」（Organizational
Inertia）就是社會學者借用物理學的概念來解釋人類社會現象的一
種作法，藉由物理學上慣性的概念，其主要係表示：「組織系統偏
好停留在靜止或持續保持直線運動的狀態，除非有外力的出現，否
則其不會改變運動方向」[22]。

　　吉思博（A. Ginsberg）和布克爾茲(A. Buchholtz）認為組織慣
性意指：「當環境隨時間經過產生各項改變時，組織的策略、結

20. Jimmy Carter, "Fireside Chat," Public Papers on the Presidents of United States:
　　Jimmy Carter,1977IC (Washington DC: Government Printing Office, 1978), pp.103-
　　112.
21. 鄭錫鍇，《公民意識與公共組織結構慣性的關聯性》。台灣大學政治學研究所碩士
　　論文，民國八十二年，頁十二。
22. C. A. Gresov, H. Haveman, & A. T. Olivia, "Organization Design, Inertia and
　　Dynamics of Competitive Response," *Organization Science*. Vol. 4, No. 2, 1993,
　　pp.181-208.

構、產品、技術、市場、人員知識等，均仍遵循著過去的管理行為」[23]。組織慣性的意義乃在強調：組織在面臨外部環境變化時，很少善用管理者對於外部環境變化的敏感知覺，而採取必要的因應措施，致使其組織結構、策略及內部作業程序等行為會傾向於延續過去、維持現狀[24]。

綜上，我們可以瞭解，所謂的「組織慣性」即意指組織受到以往的組織策略、組織結構、作業程序、管理行為等限制，以至於呈現出一種不易隨著環境變遷而做適時調整的現象，表現在外的是一種「保守」、「怠慢」與「遲緩」的作風，而造成民眾的需求無法適時獲得回應與解決的病態狀況。

組織慣性理論學者咸認為組織慣性普遍存在於所有組織之中。韓南(Michael Hannan）和費立曼(John Freeman）曾主張：正式的組織較其他的集體行動者（collective actors）擁有兩項重要的優勢，其一為正式組織具有可信賴的執行能力，其二為正式組織的行政行為可以理性的予以解釋與證明。亦即，正式組織擁有可信賴性（reliability）與可責性（accountability）[25]。所謂的「可信賴性」即意指組織的產品及服務，可以及時送達顧客的手中，且其品質程度是組織原先所承諾的水準[26]。組織需要不尋常的能力來生產產品或提供服務。而在一個不確定的環境中，組織的潛在成員、投資者及顧客，對組織執行能力的可信賴性的重視程度，可能高過於其對效

23. A. Ginsberg, & A. Buchholtz, "Converting to For-Profit Status: Corporate Responsiveness to Radical Change," *Academy of Management Journal.* Vol. 33, No. 3, 1990, pp.445-477.。

24. 鄭仁偉，《組織自主改變、組織慣性與改變績效的關係－台灣電子業推動ISO9000 認證活動實證研究》，台灣大學商學研究所博士論文，民國八十四年，頁三七。

25. 鄭仁偉，前引文。

26. Micheal T. Hannan & John Freeman, "Structural Inertia and Organizational Change," *American Sociological Review.* Vol. 49, No. 2, 1984, pp.149-164.

率的重視（value organizational reliability over efficiency）。「可責性」係指組織於執行時，能夠記錄及說明其特殊產出的資源使用情形，以及其決策與規則[27]。當一個組織的產品及服務涉入明顯的風險時，則其可責性的壓力就會格外地強烈。因此，在現代的組織環境中，較普遍存在的理性規範及內外在環境的需求，是組織要能夠理性的計算及說明其行動，而這樣的定義是說組織要能記錄組織的資源是如何使用，以及重塑組織決策的順序、規則及行動，以便產出特殊的結果。但這並不等於說組織必須告訴其成員及社會大眾，組織資源是如何的被使用，以及組織行動造成了那些負面的影響。重要的是，對於組織現存的規則與程序、資源的分配、組織行動的適切性等，組織內部要能形成一致的主張，所以，組織要能夠對其各項的組織活動，提出合理說明與周全的記錄文件，以取信於組織外部的不同人事，從而塑造出組織在社會中負責的的形象。

綜合而言，組織的可信賴性與可責性，係繫於組織結構內的人員角色、職權及溝通是否具有高度的可再生性（reproductbility），而且組織結構必須是穩定的。亦即，組織要有可信賴性與可責性的特質，其結構就必須是穩定的，以及具有可再生性的。而結構的再生能力也就是指使組織內部運作程序規則化、標準化以穩定結構的制度化過程。因為組織的成員多希望維持組織狀，以保護他們的既得利益。所以，在現代競爭劇烈的環境中，可信賴性與可責性愈高的組織，愈具有永續經營的潛力；但在另一方面，組織的可再生能力愈高，組織在面臨重的的環境威脅時，將會產生較高的慣性力，又造成組織成長的障礙。

韓南與費立曼於一九八四年合著的《結構慣性與組織變遷》

---

27. Dawn Kelley & Terry L. Amburgey, "Organizational Inertia and Momentum: A Dynamic Model of Strategic Change, "*Academy of Management Journal*. Vol. 34, No.3, 1991, pp.519-612.

（*Structural Inertia and Organizational Change*）一文中，曾經釐清結構慣性的意義，同時指出慣性力量的強弱，將會因組織年齡的長短（age）、組織規模的大小（size）以及組織複雜性（complexity）的程度而有所差異[28]。

壹、組織年齡

基本上，新成立的組織在其組織的可再生性上，往往比不上成立歷史較久的組織。誠如史汀柯比（Arthur Stinchcombe）所指出的，新的組織往往須依賴與其他組織之合作，彼此間信賴感的建立、工作關係與慣例的發展，這些在在都需要時間[29]。而現有既存的組織，在這些方面則比較佔便宜，因為它僅需延續現有的慣例，不須另行發展出新的慣例[30]。又環境的選擇較偏好於具結構慣性的組織，因此，各種因素皆不利於新成立的組織，史汀柯比稱此為「新組織的不利生存性」（liability of newness）[31]。此外，組織結構的再生能力也會隨著年齡而增加，換句話說，組織結構的慣性力量亦將隨組織年齡的增加而增強。但是，組織的死亡率則是隨著組織年齡的增加而降低。

總之，組織成立的時間愈久，其再生能力就愈強，二者間乃呈線性相關。然而，不管是高度的可信賴性與可責性，或者是高度的

28. Micheal T. Hannan & John Freeman ,*op. cit.*, pp.155.
29. Arthur S. Stinchcombe, "Social Structure and Organizations," *Handbook of Organizations*. (Chicago : Rand McNally, 1965).
30. 鄭錫鍇，前引文。請參閱 Nelson R. R, & S. G. Winter, *An Evolutionary Theory of Economic Change*, (MA: Harvard University Press, 1982), pp.99-107.
31. 聶文娟，《公共組織變遷理論之建構－行政院組織法修正案分析》。國立政治大學公共行政學系碩士論文，民國八十三年，並請參閱 Jitenddra V. Singh & Charles J. Lumsden, "Theory and Research in Organizational Ecology," *Annual Review of Sociology*. Vol. 16, 1990, pp.161-195.

結構再生能力，都將使組織在面對還境改變時產生抗拒。所以，組織成立的時間愈久，其結構慣性也愈強，在反應環境變遷的速度上，也就比新設立或成立時間較短的組織緩慢[32]。亦即，結構慣性是隨著組織年齡增加而增加，而組織死亡率卻隨著組織年齡而遞減。

貳、組織規模

組織生態學者認爲組織規模大小或者層級結構的複雜性（complexity），會影響組織對環境反應的速度，所以，組織規模的大小，將會有系統地影響組織結構的複雜性及組織的死亡率。從以往的研究發現，較小的組織有較高的死亡率，因爲相對於大型組織，小組織在獲取資本上的困難較大，政府的管制對小組織的衝擊也較大。

另外，規模較大的組織爲使其運作程序保持流暢或便於管理，採行標準化、規則化以穩定組織結構制度化的程度，要比小型組織普遍及深入，而任何改變組織結構的行動，都可能引發組織的不穩定，進而降低集體行動的品質與時間的準確性。因此，組織的規模愈大，組織結構變遷或重組的可能性就愈小，亦即，大型組織的結構慣性力量較強，所以其抗拒組織的力量也就隨之愈強。

參、組織的複雜性

韓南與費立曼認爲組織內部的複雜程度，也會影響其結構慣性力量的強度。複雜性通常係指組織內部次級單位數量的多寡，或組織內部次級單位的相對規模，而在組織生態學中，複雜性則意指次級單位間的連結模式。如果組織內部次級單位間的連結關係是簡單的或是鬆散的，則各內部單位可以輕易地改變其結構，而不會牽動

32. 林綺雲，《組織變遷與轉型—社會變遷中組織興衰的個案研究》。私立東海大學社會研究所博士論文，民國八十二年，頁二二。

到其他單位，因此無需其他單位的調整與配合；但是，當組織內部各單位是處於一種緊密連結的關係時，則任何一個單位結構的變動，都將牽動到其他分支單位的結構調整，造成骨牌似的連鎖效應，所以複雜性高的組織結構，其面對外在環境的反應能力，就將比不上結構簡單的組織，反應會較爲遲鈍。

所以，一旦複雜的組織開始改變其結構，其所耗費的時間，可能要比結構簡單的組織還長，而重組所需的時間愈久，則組織處於新結構尚未建立完成，舊結構逐漸崩壞的混亂之際，益增組織死亡的危險。因此，韓南與費立曼推論出：複雜性增加組織重組死亡的危險[33]。關係慣性力量愈強，組織重組就愈困難，也愈可能導製組織死亡。而組織慣性力量受到組織年齡、組織規模及組織複雜性的影響[34]。

是故，慣性力量對組織的發展與適應，有著極大的限制。組織成立的時間、規模大小及複雜性與組織慣性的關聯，不僅會影響組織對環境變遷的反應速度，也會影響其變遷或重組之後的成敗。因此，組織結構慣性大多是一種病態（Pathology）或是官僚體系所形成的負功能（dysfunction's of bureaucracy）[35]。但是，組織結構的慣性力量並不完全只有負面的功能，因爲在維持組織本身的生存與發展的前提之下，適度的慣性是必要的，甚至在追求政局穩定的環境中，組織慣性則更具有共存在的重要性。

一般而言，組織在嘗試重組的過程中，會降低組織行爲的可信賴性與可責性，因此，會增加組織重組失敗甚至解散的機率，然而在組織生態學者看來，組織成立的時間愈久或組織的規模愈大，其

33. Micheal T. Hannan & John, Freeman *op. cit.*, p.162.
34. 矗文娟，前引文，頁三三。
35. Hannan Micheal T. & John Freeman, "The Population Ecology of Organizations," *American Journal of Sociology*. Vol. 8, 1997, pp.929-964.

結構的慣性力量雖然愈強，但是其因組織重組而導致解散的可能性就愈低。由於組織慣性力量可以使組織面對環境威脅的能力提高。因此，在組織存在及穩定的面向上，適度的組織慣性力量還是必需的。

根據組織發展理論，任何一個組織從創新、成長到衰微的演化過程中，有傾向病態發展的趨勢，此乃組織的自然演進。是故，如欲避免組織產生惰性、僵化、凋零之現象，必須配合內外在環境的發展，進行計畫性的變革，以維持組織的活力。組織變革的工作，在充滿不確定的變動時代，將成為一種常態性的任務，而組織變革的適當時機為何？下列四項被稱為是組織再造的時機：

一、人事調整之時。
二、危機發生時。
三、體制外改革之刺激。
四、新政推行之際。

此外，根據行政學習者的觀點，組織變革的適當時機，亦可由下列四個徵兆加以判定：[36]。

一、決策的形成過於緩慢，以致無法把握良機，或經常發生錯誤的決策。
二、主管與部屬常因意見溝通不良，以致造成許多嚴重的後果。
三、組織的主要功能無法發揮或缺乏效率。
四、缺乏創新措施。

---

36. 謝文全，《教育行政-理論與實務》。台北：文景，民國八二年，頁三九。

　　組織變革的目的主要在打破現狀，重新調整改造，使組織在面對外在環境挑戰時，更具有彈性的應變能力。而人力乃推動變革的關鍵，因此，如何澄清員工對變革的恐懼，削弱其抗拒變革之力量，誠可謂組織變革能否成功的先決條件。有關消除組織成員抗距變革的方法，亦可透過以下六條途徑，加以改善：[37]。

　　一、教育與溝通。
　　二、參與與介入。
　　三、協助與支持。
　　四、諮商與協議。
　　五、操縱與延攬。
　　六、高壓與壟斷。

　　米德密斯特（R. D. Middlemist）及希特（M. A. Hitt）兩位學者則從變革計畫的內涵，亦提出六項減少組織變革抗拒的措施[38]：

　　一、加強解釋和諮商。
　　二、妥慎規劃變革方案內涵。
　　三、減低對員工的影響。
　　四、慎訂新績效標準。
　　五、允許員工參與變革活動。
　　六、與員工分享變革所創之利潤。
　　歐文思（R. G. Owens）根據欽恩（R. Chin）的分類法[39]，從計

37. J. H. Donnelley, J. L. Gibson, & J. Ivancevich, M., *Fundamental of Management* (Boston : Richard D. Irwin Inc, 1992), p.35.
38. R. D. Middlemist, & M. A. Hitt, *Organizational Behavior : Applied Concepts* (Chicago : Science Research Associations. Inc, 1981), pp.313-315.
39. R. G. Owens, *Organizational Behavior in Education* (Boston: Ally and Bacon, 1991), p.76.

劃、管理和控制的策略層面，提出組織變革與發展的三種策略模
式：

一、經驗－理性的策略（empirical-rational strategies）。
二、權力－強制的策略（power-coercive strategies）。
三、規範－再教育的策略（normative-reeductive strategies）。

　　一般而言，以權力－強制爲變革策略的模式，其權力的基礎，
伴隨時代的變遷，有不斷擴大的趨勢，例如早期佛蘭奇（J. French）
與雷溫（B. Raven）將權力基礎分爲強制權（coercive power）、專
家權（expert power）、法職權（legitimate power）、參照權（refer-
ent power）及酬賞權（reward power）[40]。其後，雷溫與克賴藍斯
基（W. Kruglanski）共同研究，增加資訊權（information power），
使原來五種權力基礎，擴充爲六種；迨至一九七九年，赫賽（P.
Hersey）與哥斯密斯（M. Goldsmith）提出第七種權力－連結權
（connection power）[41]。七種權力基礎之中，其強制權、連結權、
酬賞權和法職權屬於職位權力（position power），而參照權、資訊
權和專家權則屬於個人權力（personal power），透過職位權力與個
人權力的運用，以進行組織的變革，即是一種權力－強制的策略模
式。
　　是故，在卡特政府民航解制決策中，自一九三〇年代即已設立
的民航局，是否因其強烈的組織慣性原理，而無法對四十年以來美
國民航環境改變而做出調整？而在卡特政府在推行其政府再造計畫

40. J. French, & B. Raven, "The Bases of Social Power," in D.Cartwright, *Studies in Social Power*, (Ann Arbor: University of Michigan, Institute for Social Research, 1995), pp.104-106.

41. P. Hersey, & K. H. Blanchard, *Management of Organizational Behavior Utilizing Human Resources* (NJ: Prentice-Hall, Inc, 1988), pp.308-310.

時，何以挑選民航局為其改革之目標化？除了經濟因素外，和民航局的組織規模大小及低複雜性是否有關？而民航局在民航改革及民航解制的變革期間，是否因其對當時民航市場需求反應之不良而造成失去其本身成立以來的可信賴性與可責性，進而形成其在卡特政府再造中遭受到裁撤的命運？再者，卡特總統行使其任命權使坎恩入主民航局，並一連串地任命其它支持民航解制經濟學者進入民航局而成為其組織的核心，進行推動行政解制，此種由上而下、由內而外的組織改革是否屬於權力強制的策略模式？而在時機上的選用是否合宜？凡此諸項問題均為影響民航解制發展的主要因素，是故在下一節中將運用菁英暨組織決策理論途徑來加以解析。

第二節　運用菁英理論暨組織模式途徑之解析

具體而言，卡特政府對民航解制的反應可歸納如下：

一、認為民航管制是造成消費者航空費用的過高負擔，亦為導致社會通貨膨脹的主要原因之一。

二、繼承福特政府的民航解制政策，並積極擴大其改革之範圍。

三、任命坎恩為民航局的主席。

四、推薦具市場經濟理念的學者進入民航局。

五、默許民航局的率先行政解制。

六、加速國會通過民航解制的立法程序。

卡特政府之反應所以確實適合採用菁英理論暨組織決策模式加

以解釋，乃因爲卡特均透過總統任命權，任命共同享有自由市場經濟理念之學者分別擔任民航局管理委員會主席、委員及決策官僚，藉以控制民航局的人事安排，營造民航局對民航解制之共識。並以民航局爲其發動解制的組織，全力貫徹此改革的目標，符合菁英官僚透過組織達成組織目標，完成民航解制的菁英暨組織決策模式途徑。

　　卡特在就任總統後，即立即採取行動落實控制經濟的振興計畫，在其「爐邊談話」中即主張要對美國過度管制的產業解制，並同時完成「政府再造」，以提昇產業界合理的競爭和政府的績效爲其上任後的首要目標[42]。

　　在所有的管制產業中，卡特政府何以優先選中航空事業爲其實現經濟解制的第一個行業，衆說紛云，不過很重要的一個原因則是因爲民航改革自被甘迺迪參議員經過其聽證會的一連串公開辯論後，已成爲美國全民家喻戶曉的事件，在一九七六年總統大選爭取選票的壓力下，也成爲二黨相互競爭以擴張自我票源的重要議題。是故，卡特就任後，仍繼續福特政府的既定民航改革。因此，在競選之初，卡特所爲的確是因應民意，順勢操作而已。然而在其當選後其應透過何種方式，方能使民航解制得以迅速完成立法，而有效地改善當時卡特政府所面臨的經濟危機則是一嚴肅的課題。美國是一個講求自由、民主及多元主義的社會，民航解制法案的通過有其必要的程序，而各在過程中面臨的利益協商亦非爲短期間內所能化解。總之，卡特政府必須快速提出有效的政策以解除國內經濟衰退的普遍現象。卡特認爲解制政策的有效執行，能改善公平競爭的市場環境，但解制法令之立法曠日費時，在當時常有緩不濟急之嘆，是故卡特選定規模複雜性少的民航局爲試金石，推動民航行政率先

---

42. 請參閱魏萼等，〈卡特總統經濟政策的動向〉《台北市銀行月刊》，民國六十六年一月二十日，頁十五～十七。

解制。因此，卡特政府選擇透過民航局的「組織變革」，由內而外改變其現有的民航政策方針應是最能快速提昇民航市場經濟效益之有效決策。此點，由卡特在其一連串的民航局的人事政策的主導上，均足以顯現其以組織力量來落實其決策的企圖，也實際地符合其就任以來所宣示的政府再造決心。

其次，民航局自一九三八年成立以來，到民航解制時期已有四十年的歷史，就當時的組織來說也算是具有相當的「組織年齡」，可以算是一九三〇年代新政府時期以來管制政治的代表。而處於長期管制下的組織官僚，在其行為上均呈現所為被管制產業「俘擄」（captured）的現象，即官僚或組織傾向為企業界服務的趨式，而明顯地忽視大眾的利益。此點，由民航局成立四十年來未曾再發出過新的航空公司經營許可證，即為一明顯的例子[43]。此外，歷史久的組織根本上對急遽的改革是持反抗的態度。在過去的四十年裡，無論外在的環境的改革如何，民航局均以推廣和管制的二種基本方式來因應，一路走來始終如一。然而此種方式，在一九七〇年代社會經濟急遽變革的環境中已無法滿足社會求變的需求。

而就民航局本身的組織而言，卻相對的精簡，決策均由五位委員會負責，而其主席則由總統提名並經參議院通過後任命，是屬於總統的任命權範圍，就組織慣性理論觀之，年齡大的組織雖有高度的可責性，但其組織改變傾向漸進方式發展，而規模小的組織卻呈現出彈性高的現象。是故，民航局的此二項組織特性，基本上是互斥的[44]。但就卡特政府當時所面臨的政治經濟環境而言，民航局卻是最適合的改革對象。民航局四十年來的無為正是民意所韃伐的對

---

43. 請參閱本書第二章內容。
44. 民航局自1938年成立以來，至1978年民航解法案制定期間已有四十年的歷史，並長期負責美國國內民航的管理，具有高級的組織慣性，但其組織規模小，成員並不複雜卻是具有高度的可塑性。是故，民航局具有二種互斥之組織因子於一身。

象,其精簡的組織和管理特性又完全能在卡特政府的操控之下。因此,民航局也就成為卡特政府滿足民眾、塑造廉能政府形象和解決通貨膨脹等多元效益的策略改造目標。

一九七七年六月,卡特總統任命坎恩為民航局之主席,也是首位主張市場經濟論者出任該職位,並主張解除航空公司在競爭上的限制,在其領導之下,民航局逐漸改變前任主席羅伯森的謹慎改革態度,進而對票價和航權提出解制,使民航解制向前邁出主要的一大步[45]。

坎恩就任後最主要的任務仍在民航局的組織和用人上作出大幅度的改變。大幅度的人事更替,使其民航解制的政策獲得全民航局更高的共識和完全的支持,他在民航局內成立了新的經濟分析局(Office of Economic Analysis)由賈士堅(Darius Gaskins)出任,他是一位經濟教授且是聯邦商業經濟局的局長(Director of the Federal Trade Commission's Bureau of Economics);他成立新的國內航空和定價管理局(Bureau of Pricing and Domestic Aviation),並聘任長期鼓吹民航解制,立場鮮明的李維(Michael Levine)為局長,並延攬曾服務於「全美那達消費者航空行動計畫聯盟」(Nader's Congress Aviation Action Project)的羅伯特生(Rueben Robertson)為民航局內消費者保護小組(Bureau of Consumer Protection)的負責人,最後禮聘了曾任職於反托辣斯部門的貝克斯(Philip Bakes)為民航局的法律顧問,進而達成由內部改造民航局的目的[46]。透過內部工作的重新分工,將分航線與價格管制工作從那些對解制持反對看法的員工中轉到支持者的同仁手中,從而降低

---

45. 坎恩就任民航局主席後,即以主席之行政命令放寬並授予航空司對票價調整之自主權限。

46. 坎恩則是在其民航局執行長瑞柏(Dennis A. Rapp)的協助下,完成民航局內部的革新計劃。

解制的阻力[47]。此外，並建立新的組織共識，民航局開始以普西費特別研究報告（Roy Pulsifer Study）所提出的改革建議內容爲架構重整內部意見[48]。而卡特也再度運用其任命權於一九七七年七月任命貝莉（Elizabeth Bailey）爲民航局委員，貝莉也是一位支持民航解制的市場經濟學家，和坎恩的理念完全一致，對其推動以恢復市場經濟爲主的民航改革有極大的助益[49]。

　　總之，透過總統任命權的行使，使得民航局的組織變革呈現發展趨勢，成爲一九七七年民航改革期間的急先鋒。爲了追求時效及滿足市場的效益，在坎恩的主導下，民航局採取了更積極的行政解制的途徑，即以民航局行政仲裁來率先解除以往自一九三八年以來對航公司的相關約束，並授予高度的自主空間，使得航空業在民航解制法案未通過前即已達到實質解制的狀況。易言之，民航局在坎恩的主導下已實際採取解制的行動迫使法案的加速通過[50]。

　　然而就組織理論的角度，民航解制的產生，是民航局組織內部變革而呈現的外顯現象，但是民航解制是否影響或造成民航局最後在法案中遭受到裁撤（Termination）的命運，二者是否相關，是組織發展理論中另一個值得研究的問題。

　　首先，民航局於一九三〇年代成立的時空背景和一九七〇年代的現況存在著相當顯著的環境差異性，在一九三〇年代下民航局成立當出的民航管制功能和在一九七〇年代市場經濟追求公平合理競爭的理念是完全不相符合的[51]。換言之，民航局在成立四十年後，

---

47. 此項工作則由李維大力的推動票價的彈性化，在坎恩新成立的國內民航及票價管理局中提升了效益。

48. 特別小組調查報告是由普西佛提出，根據民航局的調查，局內同仁皆主張透過民航改革（解制）的方式來回應民航市場的需求。

49. 請參閱Civil Aeronautics Board, *Reports to Congress, Fiscal year 1977*, ;and1978.

50. Civil Aeronautics Board, *Reports to Congress, Fiscal year 1977*, p.1.

51. 1930年代的美國正處於所謂經濟大恐慌時期，政府所採用的是凱恩斯主張的計畫經濟觀，而1970年代的美國社會則出現以追求自由市場經濟觀念的發展。

其組織的目標和功能已呈現出和現況無法配合的現況，而組織的慣性使其對環境的回應呈現落後的現象，「人心思變，不耐久候」是組織發展中的最大致命的環境影響因素。而當民航解制的產生更使得民航局賴以生存的管制理由不復存在時，其結果則是民航局所管理的項目和責任也在精簡組織的理念下合併到政府的其他單位中。因此，環境的改變和菁英信念的變革是導致解制產生的主要原因，而民航局組織慣性的拒變性而產生的組織功能不彰，是成為其組織裁撤的第一個主要因素[52]。

　　其次，組織領導中心的更迭是另一個使得民航解制後民航局消失的另一主要原因。「總統任命坎恩為民航局主席，無疑的是為民航解制注入了一劑強而有力的催化劑。坎恩是一位異於其他的行政官僚，他傾向裁撤其本身任職的組織」[53]。坎恩的就任民航局主席展開了一連串新的人事任命，引進了一些和其共同享有自由市場經濟的經濟學者，為民航局的中堅領導幹部，改變了整個組織氣候，使得坎恩時代的民航局完全在主張解制的官僚所掌握之下，而成了民航解制推動的大本營，也使得以自由市場經濟為導向的民航解制政策得以出現。

　　在整個的組織領導更替的過程中，卡特應居相當的領導中心，至少在透過總統任命權的運用發揮得相當得體，在時機的掌握上也是極為有利。而坎恩純熟圓融的行政技巧亦為推動民航局率先行政解制的主要動力。此外，貝莉的全心投入，李維對航空管制理論的熟悉亦功不可沒。當然，一九七六年的大選卡特當選的結果，使得福特政府時代所主張的民航改革政策演變成卡特的民航解制。在這方面，卡特雖然難免有「掠人之美」之嫌，但「蕭規曹隨」的作法也卻有其難言之隱，改革是漸進式的，而解制雖也是改革的一種方

---

52. 在民航管制的環境已不復存在時，民航局當初在1930年代所賴以成立的條件對1970年代來說，如無法調整組織，則其組織的生存必然遭到威脅。

53. *The New York Times*, November 7, 1978, p.79, Column 1.

式，但方式卻是急遽的，亦並非當時國會所樂見的，因此，卡特的當選總統，民航局領導人的更換，新任民航局委員的聘任均加速民航局解制政策之出現。

此外，民航局的功能不彰，無法適時對環境之改革作出調整，也是導致其最終被裁撤的另一原因。也許民航局被裁撤源於提姆事件（Tim scandal），它使得民航局的無能大量曝光而公諸於世，成為全國性的政治議題，誠是造成民航局遭到裁撤命運的始作俑者[54]。

「當時民航局所最為人詬病的乃是對少數大型航空公司的偏祖，使他們成為獲得最高的利益」，此種論調使得人們對民航局存在的實質意義感到懷疑[55]。因此，民航局功能不彰，引起國會大眾的廣泛討論，適時提供給主張解制者的絕佳時機。

再者，自一九三八年成立四十年以來的民航局，對一九七〇年代經濟改變中的民航發展需求所做出的因應顯然是不足的。藉由溫和的方案，漸進的改變方式已無法因應，組織在經過四十年長期對民航管制的發展使其產生組織慣性而對環境產生排斥。而美國大選後，政治領導者的更替，卡特上任後，以其自由經濟理念任命了新的民航局主席坎恩，不但和其理念相通且以圓熟的技巧完成組織變革，並引進多位主要幹部以解制為目標，利用組織的力量推動行政的率先解制。因此，就以權力之組織策略看來是非常合適的。

總之，在發動組織變革時機和策略上，民航局的組織變動既是卡特新就任之初，在評估其政府再造理念下，所推出的組織改革方案，亦為組織論者認為最佳的時機選擇點之一，而透過中央的任命坎恩，及坎恩的民航局結構的再造以完全落實民航解制政策已完全

54. 請參閱本書第二章。

55. 見華盛頓郵報社論對民航局抨擊之社論，*The Washington Post*, July20, 1974, Sec. A. p.14, Column 1.

印證了權力組織策略的原理。而擁有相同自由經濟市場理念之菁英，透過總統任命權的行使而改造了民航局傳統的僵化政策，則是菁英信念影響公共政策輸出的例證。因此，菁英暨組織理論途徑模式對民航解制決策上的解析應屬於非常恰當的。

第三節 小結

民航局在民航解制的立法完成後，勢必在一九八五年底結束其長達四十七年來對美國民航市場的管制角色而走入歷史。回顧民航解制的奮鬥過程中，其衝鋒陷陣的改革熱忱，在美國民航的發展歷史上自然有其應有的歷史地位。

就卡特政府而言，先大量延請自由經濟市場理念之經濟菁英進入民航局以達到內造的教化，提倡合理公平的競爭哲學，以回應環境變革下外來的需求。然而這種遲來的改變並未能給民航局開創另一個春天，相反的，卻是在其剩餘價值耗盡之後不復存在。

然而就組織理論的特質而言，組織變革的最大壓力應源於科技進步的帶來工作環境的變化，經濟高度波動下的組織生存威脅，社會價值、觀念改變以及國際政治的變遷的四項因素。而環顧一九七〇年代的美國社會上述這四種迫使組織變革的力量正沛然匯集。航空科技的精進，改革了航空市場經營的成本結構。一九三〇年代以來的陳舊管理方法儼然無法滿足對環境的需求，通貨膨脹上的經濟震撼（economic shocks）又豈是民航局所能力挽狂瀾？自由經濟市場思維的再興，對政府管制政治的排斥又豈有讓民航局管制單位存在的空間？加以卡特政府正積極尋求樹立廉能政府的機會，是故，在此眾多因素的匯集之下，民航局就真的成為眾矢之的了。因此，就民航局的組織文化及環境壓力而言，它的裁撤應是可以預期的，更遑論在卡特總統處心積慮的苦心經營之下呢？

　　總之，民航局替卡特政府完成了民航解制的歷史任務，實踐了卡特個人對自由經濟市場崇信的理念，展現卡特總統藉民航解制包裝成「提昇廉能政府、打擊通貨膨脹」的成功案例，同時也彰顯政府對保障攸關大眾利益的空中運輸等多元化的政治目標。

　　而菁英暨組織理論途徑模式對卡特政府民航解制決策的過程的解析做了最適宜的註解。

第八章
結　論

本書研討之目的共有五項：

一、探討影響卡特政府民航解制決策變項及其互動關係。

二、分析卡特政府民航解制之幕後的真正推動者及其動機。

三、評論卡特政府民航決策之過程、策略及其適法性。

四、解析認知理論、團體理論途徑及菁英暨組織決策模式途徑對本書解析上之適用性。

五、提出研究之主要發現。其中關於決策變數部分，已藉由歷史文獻、認知理論及系統理論決策模式中尋繹探討，並在第二章至第五章中分別討論其互動關係，而且客觀周延地分析其決策過程。此外，民航解制決策後真正的推動者應為卡特總統本人，其主要的動機除了自我理念之實現外，亦為順乎民情，藉政府再造以提昇政府的績效並解決經濟上之通貨膨脹和實踐其競選總統期間之諾言。

關於本書對於卡特政府民航解制決策之主要論證，撰者在結論中，分別就理論之運用、決策分析結果之主要發現，析論卡特政府對民航決策過程與其適法性，以及後續研究方向建議等四大項予以總結論述。

壹、理論之運用

卡特政府民航解制的決策雖然是對當時社會經濟不景氣下擬以降低政府管制，提昇業界之生產力，進而落實經濟振興方案。但此種方案之推動仍應屬於一般「議程性」問題之處理，而非危機處理，且全國經濟的衰退亦非一突發事件，而係出於國內外環境及決策者個人因素相互牽引激盪所演化而成，其中所牽涉之變項太多，非單一理論所能完全加以解析，故本書之主要論點乃以體系理論爲主要分析架構，說明政治系統與環境之互動，並透過認知與決策之關係藉團體理論與集體行動途徑及菁英理論暨組織決策模式，相互整合，以作爲解釋卡特政府民航解制決策形成之主要工具。

在本書中，伊斯頓的系統理論已可充分解釋卡特政府民航解制決策所受到環境投入及民航管制政府法案產出的影響，引起體系結構產生變化，而造成卡特決策之壓力，其決策者在秉持解決團體壓力的原則下，處理民航問題以謀求符合社會大眾的利益。同時，亦期望獲得選民在一九七六年中總統大選中投下支持的一票，並實踐其改善國內經濟衰退現象之諾言，則爲卡特政府民航解制決策的主要背後眞正涵意。而整個民航政策中，由民航改革而演變爲民航之解制，則係透過一群享有共同理念的經濟學家、律師、行政官僚等菁英群所主導開創而成。無論在中央行政單位、國會及民航局中均發展成一股以自由經濟理念爲基石的聯盟，大力推動市場機制的功能而反對政府之過度干預。這一群少數人對民航解制決策的影響相當深遠，菁英理論途徑在這方面適時給予最恰當的詮譯。支持民航解制之理論雖然澎湃如湧泉，但在政策之形成上亦僅爲一開端而已，要能落實成爲法案，則必須要透過組織及人員逐步完成，而菁英暨組織決策模式對民航局在其主席坎恩之主導下，透過職位權的行使，聘任理念相同的人員駐進民航局使民航解制得以在民航局中迅速開展，以其職權透過行政解制的方式率先揭開了民航解制的序幕，而菁英暨組織決策模式對這一連串活動做了最有力的剖析。而在立法的過程中，各種以自我利益爲中心的組織，將此民航問題發展成大眾的議題，進而成爲政府的施政則爲團體理論和集體行動下的結果。而在法案內容上各種組織各爲追求其利益，藉折衝和妥協的過程而完成立法，也展現了集體行動的效益。這種以權力爲發展核心的理論群，不但能和系統理論結合並適時彌補了體系理論過於

遷就環境變項爲主的理論缺失，同時，也使得決策的黑箱過程也得
到完整的透明化，使得影響卡特政府民航解制的因子及互動關係在
轉換的過程中更清晰地顯現。

貳、決策分析結果之主要發現

對決策過程進行剖析，不僅能瞭解卡特政府民航解制發生之始
末及詳細歷程，而且還有下列各項主要發現：

一、民航解制決策之真正主導者

卡特本人應爲民航解制決策之幕後眞正之主導者。卡特總統欲
將其理念付諸行動，不一定須藉由直接之命令爲之，以暗示或建議
方式亦可達到其目的。然而事實上，卡特總統對民航解制之推動上
卻毫無忌諱，可算是個「總指揮」了，他不但在國會中大力說服國
會議員對法案之支持，亦在華府之各種重要演講場合中，大力宣
揚，其這種大力介入的行徑在歷任美國總統就法案之參與推動之成
效上是不可多見的。當然，最重要的動力來自於他個人對自由主義
之篤信，這種信念反映在經濟事務，即主張「政府不應過於干預市
場」的態度上。他任用坎恩爲民航局長，安排多位享有共同經濟理
念之經濟學者分任民航局擔任要職，透過坎恩推動局內的率先自由
化，均使得民航解制決策的演進過程無處不在其影響力所籠罩之
下。不過，民航局「身先士卒」地改革推動民航解制，但最後卻出
現該機構也遭到一併裁撤的現象卻是極爲罕見的案例。學者過去之
研究均判定民航局之裁撤是屬於「意外事件」。不過，撰者就組織
理論上之慣性理論觀之，自一九三八年至一九七八年的四十年間，
在民航局政策僵化，以致無法徹底回應市場在民航發展各階段的合
理需求，加以民航局組織規模不大，複雜性不高，是組織再造的良
好「標的」。而在時機上正巧遇上卡特就任後，大力推行的「政府
再造」政策以精簡組織、提昇競爭力，希望能爲抑止通貨膨脹略盡

棉薄之際。是故，民航局之遭受到裁撤，非但不是「意外事件」而誠屬「劫數難逃」，是註定中的結果。但就行政的權力結構而言，民航局主席坎恩充其量只能說是一位出色的「白手套」而已。當然，卡特總統的解制理念之實踐，則有賴於民航局主席之在其組織中以領導者的地位，強力貫徹推動的結果。就菁英暨組織決策理論而言，此種以信念與權力為決策的方式上，卡特總統才是民航解制幕後真正的「推手」則應屬適當的推論。

二、觀念之轉變形成解制

在本書之研究中，選擇了「觀念」(idea)，來做為民航解制的最重要的因素，這不僅是因為觀念促使了政策的實行者們嘗試去改變現狀，事實上觀念也是在當時環境變革下最主要的推動力量。是故，觀念與其它變項之間的交互作用，對於解制者的崛起以及最後的成功，也是極為重要的；如果缺少了這些變項中任何一者的改變，或是在交互作用中出現的是另一種不同的先後順序，都有可能產生一種全然不同的結果，且這些群集的觀念也是在卡特上任後，才使其轉化成具體政策。

第二個最具深遠意義的改變領域，則出現在管制環境的政治環境改變上，諸如經濟衰退下的通貨膨脹等因素上。水門事件後，民間對政府之政策失去信心，社會上的自由市場經濟的呼聲高漲等因素。而一九七六年的總統大選也適時地在此環境中登場，是故，上述的種種的環境變革現象培育出「民心思變，換人做做看」的改革思維，且蔚然成風，使得觀念的力量適機轉化為具體之政策。

第三個最具深遠意義的改變領域，則是出現在航空業的經濟狀況中，由於航空業的經濟每下愈況，才促使民航局以一種讓航空公司管制既高度透明化但又否定其經營特色化的方式，來回應這些航空業者們，使得民航的政策充滿了治標不治本的苟且特質。然而，解除管制聯盟所以能獲致最後的成功，民航局所扮演的火車頭角色功不可沒。而民航局的改變則歸因於其委員們對民航解制之強烈認同理念所致。此外，坎恩個人處事圓融，性格篤實與行政技巧上的純熟，均使得民航解制的決策過程順利完成之重要因素。反之，如果是換做另一個較爲嚴肅、表達能力較差、而且缺乏政治技巧的人來擔任民航解制之發言人，或許就無法使民航解制聯盟能成功地超越福特政府時期之改革的界線。總而言之，全國政治與經濟狀況中所出現的變革，是呈相互正相關的發展，其乘數效應助長了解除管制這項主張的盛行。

三、利益團體同盟之產生

　　各類利益團體會因追求共同的較大利益而捐棄成見。在民航解制的過程中，利益團體的遊說力量可謂一重要的影響因子。在研究中發現在各利益團體間產生一共同的模式，即放棄其團體間眼前較次要的衝突而成就更重要的利益。如美國各主要航空公司和勞工團體之間一反其過去相互對立之立場，共同結合以反對民航的解制，這種情況之產生乃因航空公司基於不願失去既得的航權利益考量，而勞工組織如勞工聯盟及蒸汽機工人協會均因恐失去就業機會而得和雇主站在同一立場而形成的結盟現象。再者，議員肯楠突然改變其一貫支持民航業的立場而投向民航改革，則係其源於其選區上政治壓力的考量。尤有甚者，民航政策之所以能成爲全國性的議題，和民主與共和兩黨爲了一九七六年總統大選年之競選政策有關，在爭取選票的高度考量下，二黨均不願意放棄此議題而單獨成就對方。是故，經過對現實的考量而妥協，成爲二黨共同的議題，一致合作全力推動民航改革政策，進而製造順應「民之所欲，常在吾心」的政治效益。

四、經濟菁英之影響

　　主張自由市場經濟的經濟學者雖然爲卡特政府之民航決策之主

要推動者，但並無如「群體深思」（Groupthink）理論所述之決策偏悖現象。雖然，這些經濟學者們背景相同，享有共同的理念並在政府各階層中有一定的地位，是菁英決策的模式。然而，民航解制政策自一九七五年以來即已成為全國主要的政經議題，並經由甘迺迪聽證會中答辯，其政策過程有一定程度的透明化與廣大各界人士之參與，應為全國各界及社會輿論所形成的解制氣候所使然。而民航解制法案中，民航局落日條款的通過，使得民航局遭受到裁撤命運的結局，是卡特就任總統後所擬出政府再造的具體成果，是故，「群體謬思」的現象在的過程中應不成立，但菁英暨組織決策的傾向，尤其是經濟菁英之影響則至為明確。

參、總結評論卡特政府之民航解制決策之過程及其適法性

政策的改變，基本上會遭受到各方的阻力，有來自舊有的保守勢力，如既得利益者對新法之反對而產生排斥，或對新政策的不確定性而猶疑不前。然而卡特政府在民航解制決策的策略上，將民航解制包裝成政府抑止通貨膨脹和振興經濟政策的主要部分，則是民航解制法案得到龐大群眾支持的重要因素。在當時之經濟環境中，只要對振興經濟及改善通貨膨脹有利的政策就能贏得民意而受到青睞。因此，在訴求目標之定位及包裝方式上深具政治創意和政治敏感度。

卡特總統任免權之發揮誠為達成民航局組織精簡的最佳效益工具。坎恩在其任命下，出任民航局主席，在其領導下，就民航政策作出完全解制的行為，諸如，大幅度降低票價的管制，降低航空公司進入市場的門檻，達成率先行政解制等策略，大力活絡了民航市場。由於一九七八年，國內經濟的短期復甦，使得解制的效益提昇，也使得原本反對解制之航空公司，如，聯合航空，開始改變態度。但民航局這種不按牌理出牌的方式，引起了國會的高度不滿，

認為民航局違背現有既定的民航法規，並要求法院來加以調查。然而，法院並未能及時給予民航局任何的懲治。民航局的率先以行政解制的方式，雖並不適法，但在文獻中，撰者尚未能發現法院曾試圖對民航局藉行政解制率先開跑的解制動作，採取任何積極加以制止之作為。其最可能的解釋原因則係法院之訴訟往來曠日費時，在尚未能及時採取行動之前，一九七八年的民航法案業已先一步完成立法；此外，另一較合理的可能解釋則是法院默許民航局以行政解制方式率先開跑，是因為在當時之環境下，民航解制已是大勢所趨，完成立法只不過是早晚之事而已，於是法院也樂觀其成。當然卡特政府是否涉及「關說」或「干預」，則似無充分的證據足以顯現，但隱含「心照不宣」之意，則是昭然若揭。

肆、後續研究方向

　　美國民航解制法案於一九七八年十月二十四日通過，開啟了美國民航自由化的新頁，然而本書在研究中亦發現若干之現象，茲提作為後續研究之方向：

一、美國民航管制政策之改變，基本上分為二個主要的階段，即自一九七四年至一九七六年美國大選時期，以福特政府在全國經濟環境改變下，舉行高峰會議，並提出管制改革的概念，以提振經濟。這段時期，行政單位與國會之互動關係頻繁，主要在尋求新的民航法案之產生，以滿足環境的需求。這段民航改革發展時期中。所涉及之福特政府時期並非是本書之直接探討內容，撰者僅將福特政府之民航改革視為卡特政府民航解制的環境投入壓力來加以剖析，但撰者以為其間應可以有更高的研究空間，例如如果福特總統競選連任成功，則民航解制是否能實現？而福特政府之民航改革對卡特民航解制是否有負面的作用？

二、一九七八年美國民航法案通過後至今已二十四年，其政策
　　對美國民航市場所帶來的競爭與合併現象已然產生，其影
　　響如何？而在提昇消費服務品質上是否如民航解制政策目
　　標所預期的達到大力提昇的境界？並降低費用而達到解制
　　當初的預期？本書在附錄一中僅分析了解制五年後的相關
　　市場現象，但就短短五年的期間，並無法有效落實政策後
　　效的評估。是故，到目前為此，就一九七八年之民航解制
　　法案而言，仍未有一完整性之政策後效評估。

三、自一九八〇年代來，電腦科技突飛猛進，其運用在航空業
　　之發展尤為可觀，如航空訂位系統（Computer Reservation
　　System, CRS），衛星開票系統（Satellite Ticket Printer, STP）
　　和自動機票傳遞系統（Airline Ticket Delivery Machine,
　　ADM）等科技的運用透過全球網際網路（Internet）的配
　　銷系統（Global Distribution System, GDS）的發展，使得
　　民航市場的競爭大步邁向另一個新的紀元。而此項科技環
　　境的變革正方興未艾，必將延綿持續。因此，民航公共政
　　策之制定者似應適時提出研究，在科技變革的環境下作出
　　合理的市場均衡發展，以維持體系的平衡。

四、美國民航解制在一九七〇年代為一重要的改革，但研究者
　　多以美國國內的民航市場為探討對象，事實上航空運輸是
　　一項具有高度國際化特質的事業，與國際間之互動性頻
　　繁。因此，如何以國際化的角度對美國民航解制決策加以
　　深層的研究，應是一項深具意義的後續研究方向。

五、我國台灣地區自民國七十六年推動天空開放政策，美國民
　　航解制的發展經驗是否能提供「他山之石，可以攻錯」的
　　借鏡，亦值得研究，以作為國內民航政策的擬定參考。

附錄

附錄一　卡特政府民航解制市場效益 (1978-1982)

　　民航解制方案在卡特總統簽署之後，終於完成其立法的程序。而民航局也在法案的條款規定下，逐漸減少其對市場管制的功能，並將在一九八五年「功成身退」。加以坎恩也在法案簽署完畢後的次日，即一九七八年十月二十五日被聘任爲卡特總統之經濟顧問，成爲卡特政府反通貨膨脹計劃的掌舵手。民航局主席也易主，由原副主席柯漢接任。而一九七三年以來的民航改革與解制的政策推動似乎已告一段落，民航局的主要幹部分別榮調，似乎也透露出曲終人散的意味。

　　然而在公共政策的剖析上，此案的後效如何，是否如當初解制法案所揭櫫的目標一般？本文將以航空公司之「機票價格」、「生產力與效率」、「服務品質」、「進入市場之開放程度」和「飛行安全」爲評析指標，進一步說明卡特政府一九七八年簽署法案後至一九八二年之間民航市場經營現況加以分析，以爲後續研究參考。

　　民航解制之目標旨在降低民航市場中之票價，開放自由進出市場之管制，提昇民航收益，強化民航服務及落實飛安等爲其主要考量。茲將一九七八年後的市場狀況剖析如下，藉以分析民航解制決策之市場效益。

壹、機票價格方面

　　民航解制之後，機票價格就誠如解制前所預期的，並未能大幅下降。主要航空公司每哩平均價格由一九七八年的8.44分美元提昇至一九八二年的11.98分美元，其變化過程可參見表附-1。當然石油漲價和通貨膨脹的持續是構成票價無法降低的另一主要原因。但在一些主要的航空市場中，解制後的競爭，也帶來各航空公司折扣票的大量出現，藉此提高競爭和地區的航線票價以作為收益平衡的來源。而在圖附-1中，我們也看到解制後地區性航空公司的每哩平均價由一九七八年的11.99美分盤升到一九八二年的16.07美分，成長了百分之二十四，為歷年來最高的票價，大有後來居上的經營優勢，是故地區性航空公司是民航解制後各類航空公司中之大贏家，也形成美國國內民航市場未來發展之主流，這在解制效益的評估上應是屬於期待預料中和的。

表附-1 1972-1982年間航空公司票價之每哩均價一覽表

類別\年份	1972	1973	1974	1975	1976	1977	1978	1979	1980	1981	1982
主要	6.16	6.25	6.73	7.44	7.44	8.16	8.44	NA	12.03	13.07	11.98
地區	8.87	9.02	9.58	10.52	11.59	11.81	11.99	NA	16.83	17.95	16.07
其他	11.54	9.74	10.68	11.48	12.1	12.68	13.18	NA	14.13	14.95	13.91

資料來源：撰者參考Origin-Destination Survey of Airline Passenger Traffic相關資料整理

*表中每哩均價採美分為計價單位。

*主要＝主要航空公司，地區＝地區航空公司，其他＝其他航空公司

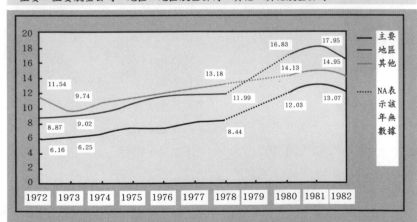

圖附-1 1972-1982年間航空公司票價之每哩均價趨勢圖

資料來源：同表附-1

*圖中每哩均價採美分為計價單位。

*主要＝主要航空公司，地區＝地區航空公同，其他＝其他航空公司

貳、生產力與效率提昇方面

　　要能提昇旅客的便捷性和安全性，航空公司必先要能謀取合理的利潤。解制後，航空公司自我經營的獨立空間大幅提昇。以訂定合理的票價而言，航空公司可以就「延人哩」（Revenue Passengers Miles, RPN）和「座位每哩數」（Seat Available Mile, SAM）來作為指標。就一九七一年到一九八二年間的發展，以比較民航解制通過前後的差異性，其結果如表附-2及圖附-2所示。在解制後之承載率達61.5%，而一九七九年更高達63%，一九七八至一九八二年間的平均比值也大於解制之前的比例，而其解制後的延人哩和座位每哩數之比率五年平均數也維持在0.6的高檔，顯示航空業的生產力和營運效益在解制後呈升揚的局面。

表附-2　特許國內航線座位每哩數及延人哩數比率表

年份	座位每哩數	延人哩	比例
1971	279,823,351	135,657,702	0.48
1972	287,418,092	152,406,702	0.53
1973	310,597,107	161,987,307	0.52
1974	297,004,332	162,917,241	0.55
1975	303,006,243	162,810,057	0.56
1976	322,820,561	178,987,543	0.55
1977	345,566,005	193,218,837	0.56
1978	368,750,530	226,781,368	0.61
1979	416,126,429	262,023,375	0.63
1980	431,166,439	254,179,944	0.59
1981	424,897,230	248,887,801	0.58
1982	438,956,310	259,037,643	0.59

資料來源：撰者依美國民航局航空公司運輸統計資料整理

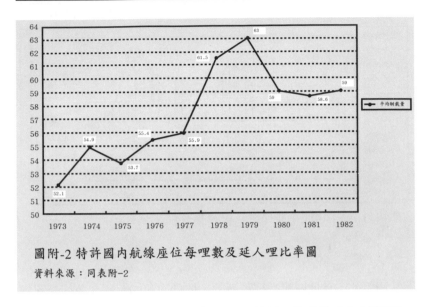

圖附-2 特許國內航線座位每哩數及延人哩比率圖

資料來源：同表附-2

　　此外，在謀利率上，亦可由圖附-2所顯示的曲線中加以說明。圖附-3的資料取一九七八年為分界點，以便剖析航空公司的盈虧是否存在週期性的現象，或是由於一九七八年解制所導致。

　　大致說來，一九七一～一九七四對航空業來說是屬於具有利潤的年代，一九七五年則是程現衰退現象，而在一九八二年到達於高點之後即產生虧損。一九八七年國內航線經營達到谷底。根據過去統計，民航業解制前的四十年期間，幾乎未曾遭遇過如自解制後的這般巨大虧損。是故，就預期性和期望性觀之，延人哩和承載率在解制後雖均有所成長，且對航空公司的生產力與效率均也有正面影響，但卻無法改善其謀利的提昇，對主要航空公司而言更是如此。由圖附-3可看出民航業之獲利率呈M字型走勢，最高點落在一九七四年和一九七八年，中間點在一九七五年，各呈二波段上揚，但一九七四至一九七五年及一九七八以後的急速下降，均受到石油危機價格遽漲的影響。因此，石油價格與航空業的獲利率有直接的關係，亦是不可抗拒的環境變項。

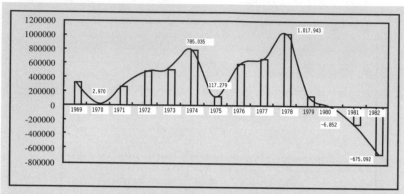

圖 附-3 1969-1982年間國內航線經營盈虧趨勢圖

資料來源：撰者自行整理

＊圖中盈虧採美元千元爲計價單位

　　相對的，就地區航空公司而言，他們出色的經營積效卻是解制前沒能預期到，但卻是可樂觀其成的。然而，在改制後所帶來的競爭，使主要航空面臨了巨大財務上之負債，而這個現象卻是解制之初所未能預料到，也不願見到的結果。

參、對小城鎮的運輸服務方面

　　雖然某些小城鎮的空中運輸因民航解制而得到方便的交通，但卻得負擔較高的費用、班次不便、服務不穩定和經常改換服務航空公司的諸多缺點。自一九七八年以來，無論在旅客登機人數，飛行起飛次數和座位量大量減少。這種現象是解制之前就預料到但卻是不願見到的。在解制之初，曾透過立法將某些城市劃爲「基本服務對象」（Essential Service Community）來防範這種解制後小鎮居民無機可乘的狀況，但事實證明是效果不彰的。

肆、石油消耗方面

　　自解制後，雖然出現航空公司在石油能源上之耗用上的浪費現象，但藉航空科技的發展，均能有助於新航機種的引進，將能改善此種不經濟的經營浪費現象。這種透過航空科技的改善及運用來改善能源使用效益卻是民航解制中預期和樂見的影響。自一九七七年後航空能源浪費的現象

　　上述情況雖是當初所預見但卻非樂見。最主要是因為解制後競爭激烈，航空公司班次增加，乘載量超過市場需求而造成效率下降。是故，航空公司應以引進新的省油航機以提昇競爭能力，不過在主要航空公司和地區航空公司之間，對石油燃料的成本相去不遠，**如圖附-4**。是故，何者能先引進新型而省油的航機則將提高其市場的競爭力的最佳動力。但是由於各航空公司對解制後的市場仍保持警戒之心，均不敢輕易更換新的機隊，仍以原有的機型提供服務，所以對石油之消耗逐年無顯著的差異性。

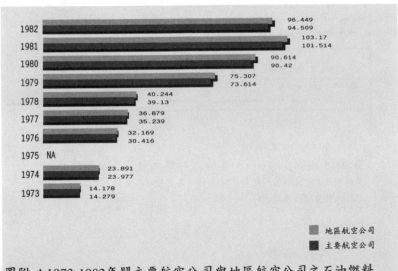

年份	地區航空公司	主要航空公司
1982	96.449	94.509
1981	103.17	101.514
1980	90.614	90.42
1979	75.307	73.614
1978	40.244	39.13
1977	36.879	35.239
1976	32.169	30.416
1975	NA	
1974	23.891	23.977
1973	14.178	14.279

地區航空公司
主要航空公司

圖附-4 1973-1982年間主要航空公司與地區航空公司之石油燃料成本比較圖
資料來源：撰者自行整理

伍、自由進入市場限制方面

　　自民航解制以來，民航公司經營航線、飛機之使用量和飛機總數上均呈現反比，即航線增加，飛機使用次數提昇，因此降低了機隊的總數，如圖附-5，這種現象是解制之初所預期和樂見的，但問題是民航市場是否能容納如此迅速急增新航線的小型航空公司，則是另一種必需面對的難題。當時反對民航解制者認為新成立的小航空公司必然會被既有大型航空公司所吞噬，但是，解制後原有的主要航空公司卻反而率先出現無法調適市場的競爭現象而產生經營虧損，甚至面臨倒閉的命運。其經營盈虧的急變化可自圖附-6明確觀察得證。這卻是民航解制之初未能預見和解制後所不願意見到的結果。

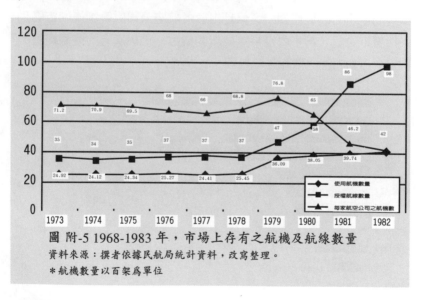

圖 附-5 1968-1983 年，市場上存有之航機及航線數量
資料來源：撰者依據民航局統計資料，改寫整理。
＊航機數量以百架為單位

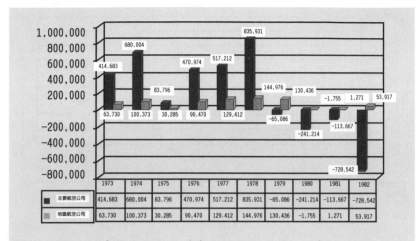

圖 附-6 國內航線主要航空公司與地區航空公司之盈虧比較圖
資料來源：撰者依據民航局統計資料，改寫整理。＊圖中盈虧採美元千元爲計價單位。

陸、消費權益與安全方面

　　消費者效益與安全爲民航解制之主要目標之一，在民航解制之後消費者如果旅行於高密度的航線，則可享受到較優惠的價格和安全的飛行運輸工具。如由主要航空公司所營運的航線，其票價較低，如圖附-1。但反之，在低密度航線時，則因票價過度競爭影響了消費者的權益，這也是民航解制中事先均能預見和不願見到的影響。然而在民航解制後的第一年，消費者向民航局投訴的案例亦增達40,646件，到解制後航空業者與消費者間均未能有適當的調適所致。此種對服務品質不良，影響消費者權益的情況則在一九八二年達到最低，詳見表附-3圖附-7。

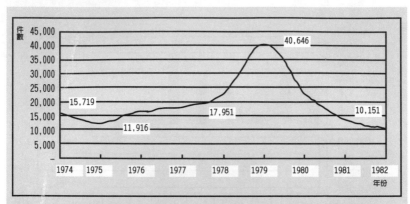

圖附-7 1974-1982年間消費者向民航局投訴案件數量趨勢圖
資料來源:CAB News, 1974-1982.

表附-3　1974-1982 年間消費者向民航局投訴案件一覽表

年份 ＼ 類別	1974	1975	1976	1977	1978	1979	1980	1981	1982
班機方面									
取消	890	516	577	636	1350	2889			
延誤	1550	880	1228	1748	2183	2945	4169	2644	2010
不規則	496	346	385	446	624	837			
訂位方面									
超賣	1881	794	1192	1047	1323	2718	1947	1296	1396
問題	1296	917	1122	1222	2170	3218	1113	597	459
票務	227	167	190	210	607	508	3106		
票價、退費	1876	1585	2394	2172	3376	5620	3106	1499	1409
行李方面									
遺失	1100	667	906	1041	1416	3316			
損壞	479	349	415	498	579	897			
延誤	470	294	441	502	839	1315	3423	2376	1525
比率	75	94	118	200	121	123			
其他	337	224	113	127	149	206			
不安	886	859	1054	1198	1621	4099			
歧視方面									
種族	9	9	8	6	18	13			
乘客	42	56	58	75	86	100			
殘疾	—	—	28	—	—	—	206	123	113
機航服務	349	316	384	523	647	700			
一般服務	102	82	61	121	170	205			
航班資訊	673	677	583	668	1010	1514			
其他	2761	2314	4133	4288	4098	6992			
貨運	920	768	711	707	783	1121	1585	606	542
抽煙	—	—	—	516	731	1310	587	313	256
海外	1461	1502	1965	2125	2642	3353	2852	1653	1052
總數	15719	11916	16121	17951	23609	40646	22988	13278	10151

資料來源：同圖附-7

　　此外，在安全方面，由於過度的競爭，安全的重要性程度受到忽視。諸如任用飛行經驗不足的機師駕駛新型飛機，空服人員工作時數加長，旅客對相關的飛行程序也呈現資訊不足的現象。而轉運站（hub-and-spoke system）系統的使用，使得大量飛機短時間內起飛，安全性亮起紅燈。雖然解制後就意外事件發生率而言比一九七〇至一九七五年期間為低，但一九七六年至一九八一的五年間似乎是並無特別的改善，這段期間飛行安全的狀況詳見表附-4及圖附-8。此外，旅客則須面對每哩上千次多種飛機時刻的更改，和機票價格變動的無形壓力。而民航事業相關工會的集體罷工事件，也讓解制後的民航市場帶來安全上的隱憂。

表附-4　1961-1981年間美國特許航線飛行意外事件統計一覽表

年 代	1970	1971	1972	1973	1974	1975	1976	1977	1978	1979	1980	1981
飛行意外事件	49	47	48	41	45	36	25	21	22	29	19	24
死亡飛行意外事件	5	8	8	8	8	2	3	4	5	5	1	4
死亡人數	85	203	190	221	463	122	42	653	160	354	1	4

資料來源：撰者按Federal Aviation Administration 資料整理。

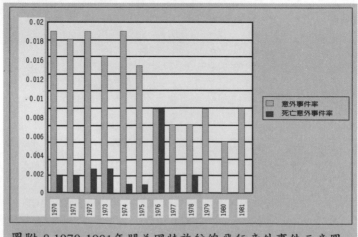

圖附-8 1970-1981年間美國特許航線飛行意外事件示意圖
資料來源：同表6-4

　　總之，一九七八至一九七九的民航解制後的二年裡，整個市場對未來民航的發展充滿樂觀和令人期待氣氛。就誠如卡特總統在簽署法案時以充滿自信的口吻提到民航解制將會給消費者，民航業和管制單位開創三贏的局面。而這項成果的獲致誠屬不易。而此項成果之所以達成，撰者認為卡特政府在決策之策略運用上適切應是主要的原因。

附錄二　卡特政府民航解制決策參與者人物簡介

一、亞當斯（Broch Adams）

為卡特政府之首任交通部長，在所有的參與決策階層中對民航解制態度最為曖昧者。在其任職於國會眾議員期間，曾有反對民航解制之紀綠，雖然在新職發表後之參議院同意聽證會中承諾並表示支持，但在積極開拓之主動性上仍稍嫌不足，此點和其背景有關，他出身律師，且深信空中運輸是源於大眾利益的特殊訴求，政府應加以管制，以免產生過度的競爭。

二、貝克斯（Philip Bakes）

他是民航局坎恩任內的一位法律顧問，曾任職於聯邦反托拉斯部門，有豐富的管制法律實務經驗。

三、貝莉（Elizabeta Bailey）

卡特總統於一九七五年七月任命為民航局主任委員之一，藉以協助坎恩在民航局業務的推動，並藉此取得委員會中絕對多數之主導力量，貝莉是一位經濟學家，極力支持市場開放與公平之競爭的自由市場經濟理論。

四、布魯門索（Michael Bermanthal）

為卡特政府的財政部長，是一位實用主義信徒，具有豐富的行政經驗，除舉國知名的財政素養外，亦是一位談判與協商的高手，並曾擔任卡特總統於一九七七年五月倫敦任經濟高峰會議的顧問，對通貨膨脹之處理有獨到的見解。

五、柯漢（Marvins Cohen）

為卡特任命為民航局的另一位委員，並安排為民航局的副主席。參與規劃民航解制中的諸多發展方案，一九七八年十月二十五日在坎恩高升後任爲民航局主席。

六、艾生斯塔（Stuart Eizenstat）

他是卡特政府時期的國內間事務特別顧問，是一位精於分析具有完善經濟能力的行政官員，爲卡特的國內改革的主要諮商的對象，目前仍爲美國駐歐盟經濟事務的負責人。

七、賈士堅（Darius Gaskins）

爲民航局的經濟分析主任，大力推動民航後，主掌民航局的行政解制中的相關計畫，在解制之後被卡特總統推選州際貿易委員會主席（Chairman of Interstate Commerce Commission）是繼坎恩高升後，民航局中出任卡特政府主要職務的另一人。

八、坎恩（Alfred Kahn）

他是民航局主席，也是一位知名的經濟學者。是自由市場經濟忠實信仰者，擅長言詞及處事誠正篤實，爲卡特所重用，成爲卡特民航解制之實際推動者。一九七八年時月二十五日民航解制法案完成後成爲卡特的經濟特別顧問。負責反通貨膨脹工作之推動。

九、李維（Michael Levine）

他是一位經濟學家，自由市場經濟的支持者，長期鼓吹解制法案。立場鮮明，爲民航局價格和國內航空室的主任，對推動民航局的行政解制貢獻良多。

十、羅勃特生（Roburn Robertson）

爲民航局消費者保護小組主任，曾任職於「全美那達消費者航空行動計畫」委員會（Nader's Congress Avisation Action Project），爲民航局與消費者團發展之溝通橋樑。

十一、瑞伯（Dennis Rapp）

爲坎恩在民航局之幕僚長，負責坎恩的一切行事及局內的政策計畫，爲一承上啓下的靈魂人物，民航局行政解制的幕後功臣。

十二、舒爾茲（Charles Schutlz）

在一九七七至一九八一年間爲卡特總統的經濟顧問委員之主席（Chairmam of Council of Economic Advisor to the President），是一位行政經濟專家，亦主張民航市場之自由開放和公平競爭，對卡特的經濟政策有很大的影響力。

十三、柯史密（Neil Goldschmidt）

爲繼亞當斯之後的卡特政府交通部長，他的立場鮮明，完全贊同卡特政府的解制政策。在就任前的參議院聽證會上，指出「提高生產，打擊通貨膨脹和改善能源使用是主要的議題」和卡特的理論是完全一致的，不過他個人的加入成爲卡特決策核心，已是一九七九年以後的事，因此對民航解制決策著墨不多。

資料來源：作者自行整理

附錄三 卡特總統對民航解制議題重要講詞一覽表

（一九七七年一月二十二日～一九七八年十月二十六日）

一九七七年一月二十二日

卡特總統就職演說（Inaugural Address of President Jimmy Carter）強調美國追求公平合理競爭力的美國傳統精神價值

資料來源:Jimmy Carter, "Inaugural Address," *Public Papers of the Presidents of the United States: Jimmy Carter, 1977 I.-II* (Washington DC: Government Printing Office ,1977) ,pp.1-4.

一九七七年二月二日

卡特之「爐邊談話」（Carter's "fireside chat"）提出政府再造的計畫，強調零基預算和解除不必要的政策管制，以提昇競爭力。

資料來源:Jimmy Carter, " Fireside Chat," *Public Papers of the Presidents of the United States: Jimmy Carter, 1977 I.-II.* (Washington DC: Government Printing Office, 1977), pp.103-112.

一九七七年三月四日

航空業管制（Airline Industry Regulation）要求國會減少聯邦政府對國內民航的管制。

資料來源:Jimmy Carter, "Airline Industry Regulation," *Public Papers of the Presidents of the United States: Jimmy Carter, 1977 I.-II.*(Washington DC: Government Printing Office, 1977),pp.277-278.

一九七七年四月十五日

反通貨膨脹計畫（Anti-Inflation Program）宣布政府採取行政行動之綱領，解除對民航及其它行業不必要的管制，是其競選中的主要政見，並承諾以此提昇政府能力。

資料來源:Jimmy Carter, " Anti-Inflation Program," *Public Papers of the Presidents of the United States: Jimmy Carter, 1977 I.-II.*(Washington DC: Government Printing Office, 1977), pp.622-629.

一九七七年四月三十日

出席全國廣播記者聯誼會之演講中曾提到指示籃斯（Bert Lance）來推行解除管制政策。如何推動？卡特主張減少管制的條文，合併政府的機構，提昇能源管理單位，將約50個單位重新合併而形成單一機構，並透過籃斯來執行。

資料來源:Jimmy Carter, "Remarks on Broadcast Journalists" *Meeting, Public Papers of the Presidents of the United States: Jimmy Carter, 1977 I.-II.*(Washington DC: Government Printing Office ,1977), pp.752-753.

一九七七年五月十九日

民航局（Civil Aeronautics Board）提名坎恩成爲民航局之委員，計劃性地安排坎恩成爲民航局之主席。

資料來源:Jimmy Carter, "Civil Aeronautics Board," *Public Papers of the Presidents of the United States: Jimmy Carter, 1977 I.-II.*(Washington DC: Government Printing Office, 1977), pp.933-934.

一九七七年六月十四日

廉價機票之推動（Skytrain Service）通過由雷克航空公司（Laker Airways）所提英美航線的廉價機票申請案，主張廉價的機票政策亦應在美國國內施行，並要求民航局積極處理。

資料來源:Jimmy Carter, " Skytrain Service," *Public Papers of the Presidents of the United States: Jimmy Carter, 1977 I.-II.*(Washington DC: Government Printing Office, 1977), p.1112.

一九七七年六月十六日

民航局（Civil Aeronautics Board）提名涂克爾（Donald L. Tucker）爲民航局委員，安排其出任民航局之副局長，他於一九七四年擔任佛羅里達州議會之議長，並於一九七六至七七年擔任南部地區州政府議會聯合會之副主席。

資料來源:Jimmy Carter, " Civil Aeronautics Board," *Public Papers of the Presidents of the United States: Jimmy Carter, 1977 I.-II.*(Washington DC: Government Printing Office ,1977),p. 1124.

一九七七年六月二十日

民航業改革（Airline Industry Reform）對公共利益團體和航空業代表致詞，主張完成民航改革立法，並指出更合理的競爭、較低的票價、較高的航機使用率，市場更開放，讓新的航空公司進入市場以及保障小城鎮民眾的交通運輸權益，是值得追求的。值得注意的是在卡特參與發表致詞時，曾事先和坎恩及亞當斯密商後再發布上述講詞。

資料來源:Jimmy Carter, " Airline Industry Reform," *Public Papers of the Presidents of the United States: Jimmy Carter, 1977 I.-II.*(Washington DC: Government Printing Office ,1977), pp.1133-1134.

一九七七年七月二十八日

航空業管制（Airline Industry Regulation）給國會商業、科學和交通小組委員會關於航空管制看法的公開信，信中提到民航管制改革是他任內最優先要完成的工作，並要求眾議員極力配合以期能即時完成立法程序。並強調主張航線權之取得，應透過合於大眾利益的競爭方式，航線的遞補權力和票價的彈性原則，並希望能在立法的過程中協助落實。

資料來源:Jimmy Carter, " Airline Industry Regulation," *Public Papers of the Presidents of the United States: Jimmy Carter, 1977 I.-II.*(Washington DC: Government Printing Office ,1977), pp.1379-1380.

一九七七年十一月十七日

管制改革（Regulatory Reform）藉行政命令改革政府管制的程序公告，提出政府簡化管制的程序，並提出行政命令落實，並傳令公布周知。

資料來源:Jimmy Carter, " Regulatory Reform," *Public Papers of the Presidents of the United States: Jimmy Carter, 1977 I.-II.*(Washington DC: Government Printing Office ,1977), pp.2034-2035.

一九七八年二月十七日

對商業管制的看法他認為維持美國自由企業制度的最佳方式有二，一為反托拉斯法，另一即為解除不必要的管制，他亦指出在過去一年裡在解除管制上最大進步的即是對民航解制的成效上。

資料來源:Jimmy Carter, " Regulatory Reform," *Public Papers of the Presidents of the United States: Jimmy Carter, 1978 I.-II.* (Washington DC: Government Printing Office ,1978), p.346.

一九七八年四月十一日

反通貨膨脹計劃(Anti-Inflation Policy）對全美新聞報紙編輯人協會的講詞中，指出政府將結合民航局已經大力降低某些機票價格，雖然有私人利益既得者的反對，但民航改革立法必得在年底前完成。

資料來源:Jimmy Carter, " Anti-Inflation Policy," *Public Papers of the Presidents of the United States: Jimmy Carter, 1978 I.-II.*(Washington DC: Government Printing Office ,1978),pp.721-722.

一九七八年四月十九日

民航解制立法（Airline Deregulation Legislation）總統對民航解制立法的文告中，對參議員以83對9票通過民航改革法案表示歡迎，並認為此是抵制通貨膨脹的重要一步。

資料來源:Jimmy Carter, " Airline Deregulation Legislation"*Public Papers of the Presidents of the United States: Jimmy Carter, 1978 I.-II.*(Washington DC: Government Printing Office, 1978), p.762.

一九七八年五月四日

洛杉磯律師公會百年社慶午宴講詞（Remarks at 100th Anniversary Luncheon of the L. A. County Bar Association）

在致詞中表示只要自由市場要比管制來得更有效，就如同於航空價格一樣，應就將全力解除該行業的管制並鼓勵自由和有效益的競爭。

資料來源:Jimmy Carter, " Remarks at 100th Anniversary Luncheon of the L. A. County Bar Association," *Public Papers of the Presidents of the United States: Jimmy Carter, 1978 I.-II.*(Washington DC: Government Printing Office ,1978),p. 840..

一九七八年八月十四日

中部地區農民協會（Columbia, Missouri Remakes to members of Mid-continent Farmers Association.） 在密蘇里州哥倫比亞市對全美農民協會講詞中，再指出民航解制是抵抗通貨膨脹的有效方法，透過任命到民航局的人員使票價得到控制。是故民航解制是一項有效控制價格的主要法案。

資料來源:Jimmy Carter, " Columbia, Missouri Remakes to Members of Mid-continent Farmers Association," *Public Papers of the Presidents of the United States: Jimmy Carter, 1978 I.-II.*(Washington DC: Government Printing Office ,1978),p.1424.

一九七八年九月二十一日

國會眾議院通民航解制立法程序，指出此法案之通過有二項重要的意義，及達到控制通貨膨脹，同時又能完成精簡政府組織，落實政府再造之精神。同時指出，在他剛上任提出民航解制政策時，國會中支持者並不多，但現在反對者卻似乎不存在。

在對眾議員Glenn Anderson和Allen Ertel的全力支持表示感謝。將航空業由民航局5位管理委員和800位管理人員中解放出來，而交付到市場中，透過自由市場的機制達到最佳的運作。

資料來源:Jimmy Carter, " Airline Deregulation Legislation," *Public Papers of the Presidents of the United States: Jimmy Carter, 1978 I.-II*(Washington DC: Government Printing Office, 1978), p.1021.

一九七八年十月二十一日

　　民主勞工黨聚會（Remarks at Demarcates -Labor Party Victory Rally）在米明蘇達州之米明波里士市參加獨立民主勞工黨聚合的講詞中提到：「我深信自由企業系統，尤其是企業中的自由與競爭精神。而政府的管制不當使得保護消費者的美意盡失，而使受到管制的行業獨自蒙利。政府正在改變這種不合理的現象，我相信我們能辦到。而民航解制就是其中的一個例子，在過去幾個月中，機票價格下降，乘客提昇，利潤出現，而我們預估幾年之後民航局實在沒有必要存在，就民航解制案例而言誠是一件消費者、業界與政府三贏的案例。」

　　資料來源:Jimmy Carter, " Remarks at Demarcates -Labor party Victory Rally," *Public Papers of the Presidents of the United States: Jimmy Carter, 1978 I.-II.*(Washington DC: Government Printing Office ,1978),p.1381.

一九七八年十月二十四日

　　民航解制法案簽署（Airline Deregulation Act of 1978）卡特總統在民航解制法案簽署當天的講詞表達了他和委員及民航局同仁們之親密程度，提名Marvin Cohen為繼任主席。

　　資料來源:Jimmy Carter, " Airline Deregulation Act of 1978," *Public Papers of the Presidents of the United States: Jimmy Carter, 1978 I.-II.*(Washington DC: Government Printing Office, 1978), pp.1837-1839.

一九七八年十月二十四日

　　反通貨膨脹解制（Anti-Inflation Program）指出藉由自由市場的精神、合理競爭、精簡組織，解除不必要的管制，提昇競爭力是對抗通貨膨脹的最有效方法。

　　資料來源:Jimmy Carter, " Anti-Inflation Program," *Public Papers of the Presidents of the United States: Jimmy Carter, 1978 I.-II.*(Washington DC: Government Printing Office ,1978), pp.1839-1845.

一九七八年十月二十五日

民航局（Civil Aeronautics Board）給坎恩辭去CAB主席一職的公開信中，對坎恩完成近十年來美國第一件完成立法的民航解制給與高度肯定，並借重其長才來共同向通貨膨脹挑戰。

資料來源:Jimmy Carter, " Civil Aeronautics Board",*Public Papers of the Presidents of the United States: Jimmy Carter, 1978 I.-II.*(Washington DC: Government Printing Office, 1978), p. 1850.

一九七八年十月二十五日

坎恩新職任命案（Advisor to the President on Inflation and Chairman of the Council on Wage and Price Stability）坎恩新任總統顧問一職，負責反通貨膨脹並兼任工資與物價穩定委員會之主席。

資料來源:Jimmy Carter, " Advisor to the President on Inflation and Chairman of the Council on Wage and Price Stability," *Public Papers of the Presidents of the United States: Jimmy Carter, 1978 I.-II.*(Washington DC: Government Printing Office ,1977),p. 1849.

一九七八年十月二十六日

佛羅里達州民主黨成員聚會（Miami Beach, Florida Remarks at a state Demerits Party Rally）在佛羅里達州邁阿密市對該民主黨成員聚會之講詞中提到：「當我就任總統時我就承諾將落實民航解制，消除航空票價的人為控制，同時我將於解制的經驗發展到其他的行業上，使得我們的自由企業信念能有機會落實善性的競爭概念，這也是自己未來的工作目標。」

資料來源:Jimmy Carter, " Remarks at a state Demerits Party Rally," *Public Papers of the Presidents of the United States: Jimmy Carter, 1978 I.-II.*(Washington DC: Government Printing Office, 1978), p.1867.

附錄四　民航局組織及主張民航解制主管位職單任一覽表

（＊表卡特總統任命；＃表民航局長坎恩任命）　＊資料來源：撰者自行整理

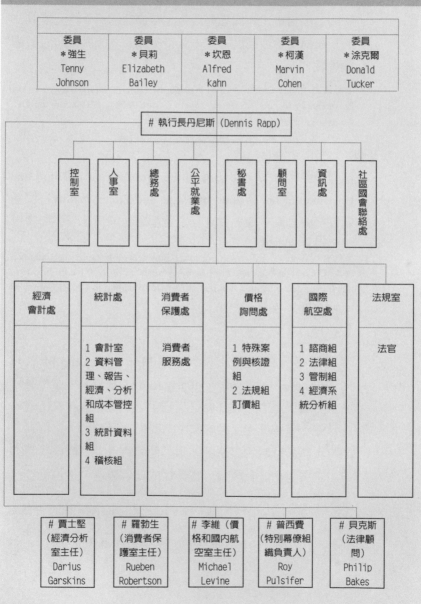

委員	委員	委員	委員	委員
＊強生	＊貝莉	＊坎恩	＊柯漢	＊涂克爾
Tenny Johnson	Elizabeth Bailey	Alfred kahn	Marvin Cohen	Donald Tucker

＃ 執行長丹尼斯（Dennis Rapp）

控制室｜人事室｜總務處｜公平就業處｜秘書處｜顧問室｜資訊處｜社區國會聯絡處

經濟會計處	統計處	消費者保護處	價格詢問處	國際航空處	法規室
	1 會計室 2 資料管理、報告、經濟、分析和成本管控組 3 統計資料組 4 稽核組	消費者服務處	1 特殊案例與核證組 2 法規組訂價組	1 諮商組 2 法律組 3 管制組 4 經濟系統分析組	法官

＃ 賈士堅 （經濟分析室主任） Darius Garskins	＃ 羅勃生 （消費者保護室主任） Rueben Robertson	＃ 李維（價格和國內航空室主任） Michael Levine	＃ 普西費 （特別幕僚組織負責人） Roy Pulsifer	＃ 貝克斯 （法律顧問） Philip Bakes

附錄五 航空公司及其相關產業組織對民航解制態度一覽表

一、航空公司（1977年）

贊成	反對
泛美（Pan Am）	美國（American Airlines）
聯合（United Airlines）	大陸（Continental）
威斯康辛（Wisconsion）	西方（Western）
太平洋西南（Pacific Southwest Airlines）	環球（Trans World Airlines）
飛虎（Flying Tiger）	達美（Delta Airlines）
聯邦貨運（Federal Express）	西北（North West）
	布蘭尼夫（Braniff）
	東方（Eastern）
	全國（National）
	中西（Air Midwest）
	阿拉斯加（Alaskan Airlines）
	夏威夷（Hawaiian Airlines）

二、航空公司內部工會國會（1977年）

贊成	反對
無	駕駛員協會（Airline Pilot Association）
	機械員工協會（Association of Machinists and Aerospace Workers）
	全國與航空職員兄弟會（Brotherhood of Railway and Airline Clerks）
	國際飛行工程師協會（Flight Engineers International Association）
	美國運輸界員工聯盟（Transport Workers Union of America）

三、州際及地區性組織之解除管制之態度（1977年）

贊 成	反 對
紐約蘇利文（Sullvian）郡	美國機場管理協會（American
佛羅里達檀罷市（Tempa）	Association of Airport Executives）
大石福機場委員會	西雅圖港（Port of Seattle）
（Greater Rockford Airport Authority）	
奧克蘭港	

資料來源：Roger G. Noll and Bruce M. Owen. *The Political Economy of Deregulation*
(Washington, DC: American Enterprise Institute for Rosearch, 1983), pp.137-139.

附錄六 美國1971-1982年有關解除管制之紀事年表

年代	有關解除管制之提議
1971	運輸解除管制構想之提出
1872	FCC：國內衛星通訊開放政策
1975	SET：廢除固定紀經費佣金
	卡車運輸解除管制之提議
	銀行解除管制之提議
	航空公司解除管制之提議
1976	鐵路復興與重建法案
	（Railroad Revitalization and Reform Act）
1977	航空貨運解除管制法案
	（Air Cargo Deregulation Act）
1978	航空公司解除管制法案（Airline Dergulation Act）
	天然瓦斯政策法案（Natural Gas Policy Act）
1979	衛星地面站解除管制
1980	汽車運輸改革法案（Motor Carrier Reform Act）
	國際空運競爭法案
	（International Air Transportation Competition Act）
	FCC：有線電視解除管制
1981	原油及精煉石油產品解除管制（行政命令）
	NHTSA：汽車工業規則放鬆
	FCC：無線電解除管制
1982	巴士規章改革法案（Bus Regulatory Reform Act）

FCC＝Federal Communications Commission；

SEC＝Securities and Exchange Commission；

NHTSA＝National Highway Traffic Safety Administration

資料來源：Roger G. Noll and Bruce M. Owen, *The Political Economy of Dergulation* (Washington, D.C.：American Enterprise Institute for Public Policy Research, 1983).p.3

附錄七　美國航空公司分類標準說明

　　根據美國民航發展之特質，航空公司之分類有下列各種方式，
茲分別說明如下：

一、一九六〇以及一九七〇時期有下列各類型：

　　（一）大航空公司（Trunks）：將服務大城市，遠航程的幾家最
　　　　　大的航空公司稱之爲「大航空公司」。例如美國航空以及
　　　　　聯合航空公司等。

　　（二）地方性航空公司（Locals）：飛航範圍僅限於某一地理區
　　　　　內，航程較短，公司本身的規模也只能稱是中等的航空
　　　　　公司則被歸類爲「地方性航空公司」。

　　（三）通勤航空公司（Commuters）：爲操作小航站的小公司。

　　（四）州內航空公司（Intrastates）：飛航服務範圍僅局限在某
　　　　　一州的疆界內。

　　（五）輔助型航空公司（Supplementals）或是不定期大型航空
　　　　　公司（Large Irregular）：指那些沒有定期班機服務，專
　　　　　營包機業務的公司。

　　（六）其他類型（Others）：是接受聯邦補助的公司或受到特別
　　　　　限制的公司。

二、一九七七年至一九八一時期有下列各類型：

　　（一）區域性（Regional）：一九七七年開始以「區域性」的名
　　　　　稱來稱呼那些較小的航空公司。

　　（二）州內航空公司與通勤性航空公司（Intrastates and
　　　　　Commuters）：一九七九年起，原先的「州內航空公司」
　　　　　與「通勤性航空公司」紛紛擴大其營運範圍。因此，原
　　　　　先的「其它類型」項目現在專指這些州內，通勤公司。

（三）其它類（Others）：原來屬於「其它類」名下的公司則又被區分爲「阿拉斯加」（Alaskan），專指在阿拉斯加州內的航空公司，以及另一個新的「其它類」。

三、一九八一年以後：

航空公司解除管制法案實施後的第三年，這些名詞又經重整，各個航空公司所屬的階級也紛紛變動。有下列各種類型：

（一）主要航空公司（Major）：美國的航空公司每年營運收益超過十億美元的被歸納爲「主要航空公司」。至一九八四年止共有十二家屬於這一個類型，而其中大部分是屬於原來的「地方航空公司」（Locals）。由於其紛紛成長，較大的便被歸類到「主要航空公司」。例如，聯合航空、美國航空、東方航空、達美航空公司、泛美航空公司、環球航空公司、西北航空公司，以及大陸航空等等大規模的公司。

（二）全國性航空公司（Nationals）：次於主要航空公司，因其規模稍小則另成一新類，稱之爲「全國性航空公司」。同時，在這「全國性航空公司」的項目之下還包括有以往的「其它類」（Others）以及「州內航空公司」（Intrastates）的成員。這種航空公司每年營運收在一億至十億之間。此種公司類型包含了許多以前的州內公司，阿拉斯加州境內的公司以及夏威夷境內的公司等。

（三）大型區域性航公司（Large Regionals）：一九七七年採用的「區域性航空公司」（Regionals）更名爲「大型區域性航空公司」。此類公司，每年營運收益在美元一千萬至一億元之間

（四）中型區域性公司（Medium Regionals）：其規模更小的公司則歸類成「中型區域性公司」。此類公司，每年營運收

入則在美元一千萬元之下。

（五）區域性公司（Regionals）：在「通勤性航空公司」（Commuters）方面，若規模發展得較大則升級至「區域性公司」。而新加入競爭的航空公司通常依其實力而被歸納入「大型區域性航空公司」或「中型區域性航空公司」。

在此要特別提出來的一點是，這些公司所用的飛機型式可能都是大型的噴射客機，但其營運收益的數字不高，故被歸於此類中。不應與營運數字小，且使用小型螺旋槳飛機的空中計程車（Air Taxi）或是通勤公司（Commuters）相混淆。

當然，以上只是依年度營運收入的多少來區分，而並不侷限在其字面上的意義。因此，很有可能一家名列在「全國性」的航空公司並不具有遍及全國的航線網路，而一家歸類為「區域性」的航空公司也可能飛航的範圍並不限定在某一特定區域之內。這樣的區分方法，乃是純粹依照航空公司解除管制法案實施之後，各家航空公司的營運收入與規模作為區分的標準。

資料來源:撰者自行整理

附錄八 本書出現之航空公司名稱中英對照表

航 空 公 司 名 稱

英　　　文	中　　文
Air California	加州航空
Air Florida	佛羅里達航空公司
Air Midwest	中西航空
Air New England	新英格蘭航空
Air North	北部航空
Air West	西部航空
Alaskan Airlines	阿拉斯加航空
American Airlines	美國航空
American West	美國西方航空
Braniff	布蘭尼夫航空
Capitol International	國際首都航空
Chicago & Southern	芝加哥和南方航空
Colonial Airline	柯隆尼爾航空
Continental	大陸航空
Delta Airlines	達美航空
Eastern	東方航空
Frontier	前疆航空
Gold West	金色西方
Hawaiian Airlines	夏威夷航空
Hughes Airwest	休斯西空
Imperial	帝皇航空
Metro	都會航空
Mid South	中南航空
Midway	中途航空
Mid continent	中陸航空
Muse	繆思航空
National	全國航空
Nartheart	東北航空
North West	西北航空
Pacific Southwest Airlines (PSA)	太平洋西南航空
Pan Am	泛美航空
People Express	大眾捷航

本書出現之航空公司名稱中英對照表（續）

航 空 公 司 名 稱

英　　文	中　　文
Piedmont	彼德蒙航空
Republic	共和航空
Southern	南方航空
Southwest	西南航空
Texas Air	德州航空集團
Texas International	德州國際航空
Trans World Airlines (TWA)	環球航空
United Airlines	聯合航空
US Air	全美航空
Western	西方航空
World	世界航空

資料來源：撰者自行整理

參考文獻

壹、中文部分

一、書籍

王逸舟譯，米爾斯（C. Wright Mills）原著，《權力菁英》（*Power Elite*）。台北：桂冠書公司，民國八十五年。

丘昌泰譯，Martin Staniland原著，《公共政治》（*What is Political Economy?*）。台北：巨流圖書出版社，民國八十四年。

伍啓元，《美國世紀1941-1990》。台北：商務印書館，民國八十一年。

朱雲漢、黃德福，《建立台灣政治經濟新秩序》。台北：國策中心，民國七十八年。

朱志宏，《公共政策概論》。台北：三民書局，民國八十二年。

朱志宏，《公共行政》。台北：三民書局，民國八十四年。

朱堅章譯，Alan C. Isaah原著，《政治學的範圍與方法》（*Scope and Methods of Political Science*）。台北：幼獅文化事業公司，民國八十年。

呂亞力，《政治學》。台北：三民書局，民國八十年。

呂亞力，《政治學方法論》。台北：三民書局，民國八十年。

宋鎮照，《發展政治經濟學—理論與實踐》。台北：五南圖書公司，民國八十四年。

李美枝，《社會心理學》。台北：大洋出版社，民國八十年。

周育仁，《政治與經濟之關係》。台北：五南圖書出版，民國八十二年。

吳權明譯，Eva Etzioni - Halevy 原著，《官僚政治與民主》。台北：桂冠圖書公司，八十七年。

林水波、張世賢,《公共政策》。台北:五南圖書公司,民國七十六年。

周育仁,《政治與經濟之關係》。台北:五南圖書出版公司,民國八十四年。

周煦,《冷戰後美國的東亞政策》。台北:生智文化事業股份有限公司,民國八十八年。

黃紀等譯,《政治學名著精選》。台北:唐山出版社,民國七十五年。

吳惠林、謝宗林,《自由經濟的本質》。台北:中華徵信所,民國八十六年。

吳惠林,《自由經濟的坎坷路》。台北:卓越出版社,民國七十八年。

洪丁福,《國際政治的理論與實際》。台北:啓英文化公司,民國八十五年。

柯三吉,《公共政策與政治經濟論叢》。台北:時英出版社,民國八十二年。

姜占魁,《組織行爲與行政管理》。台北:于總玲發行,民國八十年。

胡佛,《方法與理論》。台北:三民書局,民國八十七年。

高安邦,《政治經濟學》。台北:五南出版公司,民國八十四年。

高湘澤、高全余譯,Dennis H. Whong原著,《權力:它的形式,基礎和作用》。台北:桂冠圖書公司,八十三年。

陳正文等譯,Duame Schulty and Sydney Ellen Sheelty 原著,《人格理論》。台北:揚智文化事業股份有限公司,民國八十四年。

陳一新,《斷交後的中美關係》。台北:五南圖書出版有限公司,民國八十四年。

孫同勛主編，《美國總統制之運作》。台北：中央研究院美國文化
　　研究所，民國七十八年。

曹俊漢，《公共政策》。台北：三民書局，民國八十一年。

張炳九譯，David B. Truman原著，《政治過程：政治利益與輿論》
　　（*The Governmental Process: Political Interests and Public
　　Opinion*）。台北：桂冠出版社，民國八十七年。

詹中原主編，David C. Kozak and John D. Macairney 原著，《權力
　　遊戲規則——國會與公共政策》。台北：五南圖書公司，
　　民國八十三年。

詹中原著，《民營化政策：公共政策理論與實務之分析》。台北：
　　五南圖書出版公司，民國八十三年。

劉明德譯，Charles E. Lindblom原著，《政策制定過程》。台北：
　　桂冠圖書，八十七年。

劉北成，許虹，《菁英的興衰》。台北：桂冠圖書公司，八十六
　　年。

鄭樂平譯，David Beetham 原者，《科層制》。台北：桂冠出版社，
　　民國八十六年。

樊綱，《市場機制與經濟效率》。台北：遠流出版社，民國八十二
　　年。

戴萬欽，《甘迺迪政對中蘇共分列之認知與反應》。台北：正中書
　　局，民國八十年。

謝文全，《教育行政—理論與實務》。台北：文景出版社，民國八
　　十二年。

二、 期刊

文峰，〈卡特新政策下美國經濟發展的現況〉，《今日經濟》，第一

六〇卷，民國六十九年十二月，頁十～十八。

吳永叔，〈卡特（Jimmy Carter）總統主政以來的美國經濟情勢〉。《臺灣經濟金融月刊》，第十四卷第一期，民國六十七年一月，頁三十八～四十四。

吳永叔譯，〈卡特總統主政以來的美國經濟情勢〉。《國際經濟月刊》。台北：國際經濟月刊，民國六十六年。

呂亞力，〈民主社會學政治倫理〉。《文星》，第一〇四卷，民國七十六年二月，頁五十二～五十五。

呂亞力譯，〈基本權力與社會層級系統的建構〉。《憲政思潮》，第七十五卷，民國七十五年九月，頁一一二～一二五。

呂亞力譯，Weiner，Myron原著，〈政治整合與政治發展〉。《憲政思潮》，第四十七卷，民國六十八年九月，頁一～八。

呂亞力，〈美國民主的精神基礎〉。《中國論壇》，第三卷第七期，民國六十五年七月，頁七～八。

呂亞力，〈論政治發展的研究：理論建構〉。《社會科學論叢》，第二十五卷，民國六十五年九月，頁二五七～二七四。

呂亞力譯，Huntingtan, Samuel P.原著，〈政黨與政治安定〉。《憲政思潮》，第二十八卷，民國六十三年十月，頁六十四～七十一。

呂亞力譯，Huntington, Samuel P.原著，〈改革與政治變遷〉。《憲政思潮》，第二十六卷，民國六十三年四月，頁四十二～五十六。

李本京，〈美國亞洲政策之制定：兼論保守主義與自由主義之歷史因素〉。《國際關係學報》，第六卷，民國七十七年十二月，頁七～十五。

李本京，〈研究美國外交政策的重要性〉。《東方雜誌》，第二十卷第二期，民國七十五年八月，頁四十九～五十。

李本京，〈美國公眾參與政策制定的步驟〉。《東方雜誌》，第一五卷第一期，民國七十年七月，頁三十七～四十。

李本京，〈越戰對美國社會的影響〉。《問題與研究》，第十二卷第六期，民國六十二年三月，頁七十六～七十九。

周煦，〈美國總統初選初探〉。《美國月刊》，第七卷第三期，民國八十一月三月，頁四十一～四十七。

周煦譯，Beer, Samuel H.原著，〈美國的聯邦制度、民族主義及民主政治〉。《憲政思潮》，第四十五卷，民國六十八年三月，頁七十三～八十一。

林鐘雄，〈初評卡特政府的新經齊政策〉。《財政經濟月刊》，第三十卷第四期，民國六十九四月，頁十六。

孫德湘，〈展望美國大選〉。《問題與研究》，第十六卷第七期，民國六六年四月，頁一～二十六。

紐約時報，〈卡特新內閣新經濟政策〉。《國際現勢》，第一二二四卷，民國六十八年八月，頁十～十二。

國際現勢，〈卡特政府的新經濟政策〉。《國際現勢》，第一二二五卷，民國六十九年三月，頁十二～十四。

陳一新，〈從美國國力衰退看國際危機處理〉。《美歐月刊》，第九卷第六期，民國八十三年六月，頁四～十二。

陳一新，〈政黨在美大選的角色演變與展望（下）〉。《美國月刊》，第七卷第七期，民國八十一年七月，頁九十六～一〇四。

陳一新，〈政黨在美大選的角色演變與展望（上）〉。《美國月刊》，第七卷第六期，民國八十一年六月，頁十七～二十九。

陳一新，〈從國際政經體系理論看全球新秩序〉。《美國月刊》，第五卷第九期，民國八十年一月，頁五十六～六十五。

陳元，〈能源危機與經濟問題對卡特的考驗〉。《問題與研究》，第十八卷第十一期，民國六十八年八月，頁二十四～三十二。

陳明，〈美國問題與國際問題的關聯〉。《問題與研究》，第十四卷第八期，民國六十四年五月，頁一～六。

陳明，〈尼克森(Richard Nixon)的新權力均衡政策〉。《問題與研究》，第十三卷第三期，民國六十二年十二月，頁四～六。

陳明譯，白魯旬（Pye, Lucian W.）原著，〈政治文化與政治發展〉。《憲政思潮》，第十八卷，民國六十一年四月，頁三十五～三十七。

陳明，〈美國外交政策的擬定過程〉。《問題與研究》，第九卷第十一期，民國五十九年八月，頁九～十一。

楊日旭，〈介論美國參眾兩院議會倫理暨議員行為規範〉。《中山社會科學譯粹》，第二卷第四期，民國七十六年十月，頁三十五～五十。

楊日旭，〈論美國國會對違規議員之制裁〉。《實踐》，第七百七十一卷，民國七十六年九月，頁三十三～三十八。

楊日旭，〈為權力學進一解〉。《中山社會科學譯粹》，第一卷第三期民國七十五年六月，頁一二六～一二七。

楊日旭譯，Merkl, Peter H.著，〈政策決定過程〉。《憲政思潮》，第二十七卷，民國六十三年七月，頁二十四～三十九。

陳淑愼，〈卡特[Jimmy Carter]經濟政策所面臨的困境〉。《國際金融簡訊》，第八卷第一期，民國六十六年一月，頁五十～五十四。

樂和，〈評雷根與卡特經濟政策之異同〉。《臺電月刊》，第二一八卷，民國七十年二月，頁三～四。

鄭竹園，〈卡特新財經措施與美國經濟前景〉。《財政經濟月刊》，
　　　第三十卷第五期，民國六十九年五月，頁二～三。

鄭竹園，〈雷根與卡特經濟政策的比較〉。《財政經濟月刊》，第三
　　　十卷第十一期，民國六十九年十一月，頁九～十一。

魏萼，〈卡特〔Jimmy Carter〕總統經濟政策的動向〉。《臺北市銀
　　　月刊》，第八卷第二期，民國六十六年二月，頁十五～十
　　　七。

魏萼評、郭志文譯，Hartley, Keith原著，〈政治學的經濟理論〉。
　　　《中山社會科學譯粹》，第三卷第一期，民國七十七年一
　　　月，頁四十九～五十五。

魏萼評、王蒂玲譯，Hartley, Keith原著，〈政府為何要介入經濟〉。
　　　《中山社會科學譯粹》，第三卷第一期，民國七十七年一
　　　月，頁五十六～六十四。

魏萼，〈卡特（Jimmy Carter）總統經濟政策的動向〉。《臺北市銀
　　　月刊》，第八卷第二期，民國六十六年二月，頁十五～十
　　　七，

魏萼，〈對海耶克（F. A. von Hayek）經濟理論的評斷〉。《輔仁學
　　　誌-法商學院之部》，第八卷，民國六十五年，頁一～八。

魏萼，〈對新古典經濟成長理論的再探討。《臺北市銀月刊》，第
　　　五卷第九期，民國六十三年九月，頁二十八～三十。

三、論文

白苓，〈卡特總統的國際政治思想：相互依存論之研究〉。淡江大
　　　學美國研究所碩士論文，民國七十七年六月。

沈若珍，〈國會，總統與美國外交政策：卡特與雷根政府之比
　　　較〉。淡江大學美國研究所碩士論文，民國七十六年六

月,頁三二。

林綺雲,〈組織變遷與轉型－社會變遷中組織興衰的個案研究〉。私立東海大學社會研究所博士論文,民國八十二年,頁二十二。

陳希林,〈一九七六年美國航空公司解除管制法案之衝素與影響〉。淡江大學美國研究所碩士論文,民國八十年。

陳順義,〈利益團體與關稅政策形成之研究〉,國立政治大學財稅研究所碩士論文,民國七十八年。

鄭錫鍇,〈公民意識與公共組織結構慣性的關聯性〉。台灣大學政治學研究所碩士論文,民國八十二年,頁十二。

鄭仁偉,〈組織自主改變、組織慣性與改變績效的關係－台灣電子業推動ISO9000認證活動實證研究〉。台灣大學商學研究所博士論文,民國八十四年,頁三十七。

聶文娟,〈公共組織變遷理論之建構－行政院組織法修正案分析〉。國立政治大學公共行政學系碩士論文,民國八十三年。

貳、英文部分

Books

Alfred, Robert R. and Roger Friedland, *Powers of Theory: Capitalism, the State, and Democracy. Cambridge*: Cambridge University Press, 1985.

Allison, Graham T., *The Essence of Decision: Explaining the Cuban*

Missile Crisis. Boston, MA: Little, Brown, and Company, 1971.

Almond, Gabriel and Sidney Verbal, *The Civic Culture. Princeton:* Princeton University Press, 1963.

Almond, Gabriel A. and G.,Bungham Jr., *Comparative Politics Today.* 6th ed. New York: Harper Collins, 1996.

Anderson, James E., *Public Policy-Making.* New York: Praeger, 1975.

Anderson, James E., ed. *Economic Regulatory Policies.* Lexington, MA: Lexington Books, 1976.

Anderson. James P., *Cases in Public Policy-making.* New York: Praeger, 1976.

Arrow, Kenneth, *Social Choice and Individual Values.* New Heaven: Yale University Press, 1951.

Bailey, Elizabeth E., David R. Graham and David P. Kaplan. *Deregulating the Airlines.* Cambridge, MA: MIT Press, 1985.

Baker, James Thomas, A Southern Baptist In the White House. Philadelphia: Wastminster Press, 1977.

Bardach, Eugene, *The Skill Factor in Politics: Repealing the Mental Commitment Law in California.* Berkeley: University of California Press, 1972.

Bardach, Eugene, *The Implementation Game: What Happens After a Bill Becomes a Law.* Cambridge: The MIT Press, 1979.

Barry, Brian. Sociologists, Economists and Democracy. London: Collier-Macmillan, 1970.

Barry, Brian. ed. *Power and Political Theory:* Some European Perspectives. New York: Wiley, 1976.

Barry, Brian., *Sociologists, Economists and Democracy.* Chicago: University of Chicago Press, 1978.

Barry, Brian and Russell Hardin. *Rational Man and Irrational Society.* Beverly Hills, CA: Sage, 1982.

Bates, Robert. ed. *Toward a Political Economy of Development: A Rational Choice Perspective.* Berkeley: University of California Press, 1988.

Bauer, Raymond. et al. *American Business and Public Policy.* New York: Atherton, 1963.

Baumol, W. J. and A. S. Blinder. *Economics, Principles and Policy.* Second Edition. Harcourt Brace, Jovanoich Inc, 1982.

Beckman, Jules. ed. *Regulation and Deregulation.* Indianapolis: Bob Merlin Educational Publishing, 1981.

Bernstein, Marven. *Regulating Business by Independent Commission. Princeton:* Princeton University Press, 1955.

Bentley, Author. *The Process of Government* Boston MA: Harvard University Press, 1967.

Bill Adler. Secaucus. ed.. *The Wit and Wisdom of Jimmy Carter.* NJ: Citadel Press, 1977.

Black, Duncan. *The Theory of Committees and Elections.* Canbridge, MA: Cambridge University Press, Cambridge, 1958.

Bock, E. O. ed. *Government Regulation of Business: A Casebook.* Englewood Cliffs, NJ: Prentice-Hall, 1965.

Bozeman, Barry L. *Public Management and Policy Analysis.* New York: St. Martins, 1979.

Bradley Behrman, *Civil Aeronautic Board* in James Q. Wilson, ed. The Political of Regulation. New York: Basic Books, 1980.

Braybrooke, David. and Charles E. Lindblom. *A Strategy of Decision: Policy Evaluation as a Social Process.* London: Free Press of Glence, 1963.

Brenner, Melvin A. James O. Leet and Elihu Schott. *Airline Deregulation*, Westport: Eno Foundation for Transportation, 1985.

Breyer, Stephen. *Regulation and Its Reform.* Cambridge, Harvard University Press, 1982.

Brown, A. E. *The Politics of Airline Deregulation*, Knoxville: University of Tennessee Press, 1987.

Buchanan J. M. and G. Tullock. *The Calculus of Consent.* Ann Arbor. University of Michigan Press, 1962.

Buchanan, James M. *The Demand and Supply of Public Goods.* Chicago: Rand McNally, 1968.

Buchanan, James M. *What Should Economists Do?* Indianapolis: Liberty Press, 1979.

Burkardt, Robert. *CAB: The Civil Aeronautic Board: Dulles International Airport .* Va: Green Hills, 1974.

Button. K, ed. *Airline Deregulation.* New York: New York University Press, 1991.

Calden Gerald E. *Administrative Reform Comes of Age.* Berlin: Walter de Gruyter, 1991.

Caporaso, James A. and David P. Levine. *Theories of Political Economy.* New York: Cambridge University Press, 1992.

Cardoso, F. H. and Enzo Faletto. *Dependency and Development in Latin America.* Berkerley. CA: University of California Press, 1979.

Carter, Jimmy. *Keeping Faith: Memoirs of A President.* New York: Bantam Books, 1984.

Carter, Jimmy. Public Papers of The Presidents of the United States, Jimmy Carter, 1977-1981. 8 Vols. Washington, DC: Government Printing Office, 1977-82.

Carter, Jimmy. Why Not the Best? New York: Bantam Books, 1976.

Caves, Richard E. *Air Transport and Its Regulators: An Industry Study.* Cambridge, Harvard University Press, 1962.

Cawson, A. *Corporatism and Political Theory.* Oxford: Basil Blackwell Ltd, 1986.

Chamberlin, Edward H. *The Theory of Monopolistic Competition.* Cambridge, Harvard University Press, 1933.

Connolly, William. *The Bias of Pluralism.* New York: Atherton Press, 1969.

Crew, M. A., ed. *Problems in Public Utility Economics and Regulation.* Lexington, Mass.: D. C. Health, 1979.

Cronnin, Thomas. *The State of the Presidency.* Boston: Little, Brown, and Company, 1975.

Cushman, Robert. *Independent Regulatory Commissions.* New York: Oxford University Press, 1941.

Dahl, Robert A. A *Preface to Democratic Theory.* Chicago: The University of Chicago Press, 1956.

Dahl, Robert A. *Democracy in the United States: Promise and Performance.* Chicago: Rand McNally 1972.

Dahl, Robert A. Pluralist *Democracy in the United States.* Chicago: Rand McNally, 1976.

Dahl, Robrt. A., *Who Govern?* Democracy and Power in an American

City. New Haven: Yale University Press, 1961.

Dahl, Robert. A., and C.E. Lindblom. *Politics, Economics, and Welfare*. New York: Harper & Row, 1953.

David, Paul. T. *The Economics of Air Mail Transportation*. Washington DC: Brookings Institution, 1934.

DeLeon, Peter. *A Theory of Termination in the Policy Process: Roles, Rhymes, and Reasons*. Santa Monica, Calif. The Rand Corporation, 1977.

Derthick, Martha and Paul J. Quirk. *The Politics of Deregulation*. Washington DC: The Brookings Institution, 1985.

Diesing, Paul. *Science and Ideology in the Policy Science*. New York: Adline Publishing Co., 1982.

Dobb, Maurice. *Theories of Value and Distribution Since Adam Smith*. Cambridge: Cambridge University Press, 1973.

Dolbeare, Kenneth. *Power and Change in the United States*. New York: John Wiley and Sons, 1969.

Douglas, George W., and James C. Miller III. Economic Regulation and Domestic Air Transportation: Theory and Policy. Washington, D. C.: Brookings Institution, 1974.

Douglas, G.W. and J.C. Miller. *Economic Regulation of Domestic Air Transportation Theory and Policy*. Washington DC: Brooking Institution, 1974.

Downs, Anthony. *An Economic Theory of Democracy*. New York: Harper & Row, 1957.

Dunn, William A. *Public Policy Analysis: An Introduction*. Englewood Cliffs. NJ: Prentice-Hill, 1981.

Dwight, Waldo. *The Administrative State: A Study of the*

Political Theory of American Public Administration. New York: Holmes and Meier, 1984.

Dye, Thomas R. *Understanding Public Policy.* Englewood Cliffs, NJ: Prentice-Hall, 1978.

Dye, Thomas R. and L. Harmon Zeigler. *The Irony of Democracy.* Belmont, CA：Wadsworth Publishing Company, Inc., 1970.

Eads, George C. *The Local Service Airline Experiment.* Washington, DC: Brookings Institution, 1972.

Easton, David. *A Framework of Political Analysis.* Englewood Cliffs, NJ: Prentice Hall, 1965.

Easton, David. *A Political System.* New York: Knife, 1953.

Easton, David. *A System Analysis of Political Life.* Chicago: University of Chicago Press, 1965.

Eckstein, Ctto. *The Great Recession.* New York. North Holland Publishing Co., 1979.

Edelman, Murray. *The Symbolic Uses of Politics*, Urbane, IL: University of Illinois Press, 1967.

.Edelman, Murray. *The Symbolic Uses of Politics.* Chicago: University of Illinois, 1980.

Edwards, George C. *Implementing Public Policy.* Washington, DC: Congressional Quarterly Inc, 1980.

Eggertson, Thrain. *Economic Behavior and Institutions.* Cambridge University Press, 1990.

Elster, John. *The Cement of Society: A Study of Social Order.* Cambridge: Cambridge University Press, 1989.

Evan, W. M. *Organization Theory: Structure, Systems, and*

Environments. New York: John Wiley and Sons , 1976.

Fainsod, Merle and Enicoln Gordon, *Government and the American Economy.* New York: Norton, 1948.

Fischer, F. *Politics, Values and Public Policy: The Problem of Methodology.* Boulder, CO: West view Press, 1980.

Fisher, Louis. The *Constitution Among Friends: Congress, The President and the Law.* New York: St. Martin's, 1978.

Frey, B. S. *Modern Political Economy.* New York: John Wiley and Sons, 1978.

Friedman, Milton. *Essays in. Positive Economics.* Chicago: University of Chicago Press, 1953.

Fritschler, A. Lee. and Bernard H. Ross. *Business Regulation and Government Decision-Marking.* Cambridge, MA: Winthrop, 1980.

Fruham, William E. *The Fight for Competitive Advantage: A Study of the United States Domestic Trunk Air Carriers.* Boston: Harvard University Press, 1972.

Fulau, Heinz. *The Behavioral Persuasion in Politics.* New York: Random House, 1963.

Gallup, George. *The Gallup Pull: Public Opinion 1972-1977.* Washington, DC: Scholarly Resource Inc., 1978.

Garson, G. David. P*ower and Politics in the United States.* Lexington, MA: D. C. Heath and Co., 1977.

Gerston, Larry N., Cynthia Fraleigh, and Robert Schwab. *The*

    Deregulated Society. Pacific Grove, CA: Brooks/Cole Publishing Company, 1988.

Gilpin, Rober. *The Political Economy of International Relations.* Princeton: Princeton University Press, 1987.

Goodman, Gilbert. *Government Policy toward Commercial Aviation.* New York: Kings Crown Press, 1977.

Graymer, Le Roy. and Frederick Thompson, eds. *Reforming Social Regulation: Alternative Public Policy Strategies.* Beverly Hills, CA: Sage, 1982.

Greenberg, Edward. *Serving the Few: Corporate Bias of Government Policy.* New York: John Wiley and Sons, 1979.

Greenwald, Carol S. *Group Power:Lobbying and Public Policy. New* York: Praeger, 1977.

Guess, George M. and P.G. Farnham. *Cases in Public Policy Analysis.* New York: Pitman Publishing Inc., 1989.

Haper, Donald. *Transportation in America: Users. Carriers, Government.* Englewood Cliffs, NJ: Prentice Hall, 1978.

Hardin, Russell. *Collective Action.* Baltimore: Johns Hopkins University Press, 1982.

Harris, R.F. *Three Perspectives on Airline Regulation and Deregulation: Historical, Analytical and National Interest.* Department of Economics, University of Manitoba, Canada, 1986.

Herring, E. Pendleton. *Public Administration and the Public Interest.* New York: McGraw-Hill, 1967.

Heresy, P. & K. H. Blanchard. *Management of Organizational Behavior Utilizing Human Resources.* NJ: Prentice-Hall, Inc, 1988.

Hodgson, Geoffrey M. *Economics and Institutions.* Philadelphia: University of Pennyslvania Press, 1988.

Hudson, K. *Air Travel: A Social History.* Totowa, NJ: Rowrnan and Littlefield, 1972.

Hyneman, Charles S. *The Study of Politics.* Urbana, IZ: University of Illinois Press, 1959.

Jacobs, Donald. ed. *Regulating Business: The Search for an Optimum.* San Francisco: Institute of Contemporary, 1978.

Jones, Charles O. *An Introduction to the Study of Public Policy.* MA: Duxbury Press, 1977.

Jones, R. J. Berry. ed. *Perspectives on Political Economy.* New York: St. Martin's Press, 1983.

Jordan, William A. *Airline Regulation in America: Effects and Imperfections.* Baltimore: Johns Hopkins Press, 1970.

Kariel, Henry. *The Decline of American Pluralism.* Stanford, CA: Stanford University Press, 1961.

Kasper, D. M. *Deregulation and Globalization.* Cambridge: Ballinger, 1988.

Key, Vladimir, Jr. *Politics, Parties and Pressure Groups.* 4th ed. New York: Thomas Y. Cromwell Co., 1958.

Keyes, Lucille S. *Federal Control of Entry into Air Transportation.* Cambridge, Harvard University Press, 1951.

Keyes, Lucille S. *Regulatory Reform in Air Cargo Transportation.* Washington, DC: American Enterprise Institute, 1980.

Kindleberger, Charles P., *Power and Money: The Economics, of International Politics and Polities of International Economics.* New York: Basic Books, 1970.

Knight, Jack. *Institutions and Social Conflict.* Cambridge: Cambridge University Press, 1992.

Knoke, David. *Organizing for Collective Action: the Political Economy of Associations.* New York: Aldine de Gruyter, 1990.

Koford, Kenneth B., and Jeffrey B. Miller,eds. *Social Norms and Economic Institutions.* Ann Arbor: University of Michigan Press, 1991.

Kohlmeier, Louis M. Jr. *The Regulators: Watchdog Agencies and the Public Interest.* New York: Harper and Row, 1969.

Krugman, Pual. *Geography and Trade.* Cambridge, MIT Press, 1991.

Kucharsky, David. The Man From Plains: The Mind And Spirit of Jimmy Capter. New York: Harper and Row, 1976.

Kwon, K.S. *Airline Deregulation in the United States: 1978-1990.* Unpublished master's thesis, University of Texas at Arlington, 1991.

Landis, James. *The Administrative Process.* New Haven, CT: Yale University Press, 1978.

Lasswell, Harold. and Abraham Kaplan, *Power and Society.* New Haven, CT:Yale University Press, 1950.

Lasswell, Harold D. *The Decision Process: Seven Categories of Functional Analysis.* MD: College Park, 1956.

Larswell, Harold D., *Politics: Who Gets What, When, How.* New York: World Publishing Company, 1958.

Latham, Earl, *The Group Basis of Politics,* New York: Cornell University Press, 1952.

Lauderdale, P. ed. *A Political Analysis of Deviance.* Minneapolis:

University of Minnesota Press, 1980.

Leib, R. C. Transportation: *The Domestic System* Reston. VA: Reston, 1978.

Levine, David P. *Economic Studies*. London: Routledge, 1977.

Lineberry, Robert L. *Government in America: People, Politics, and Policy*. Second edition. Boston: Little, Brown, and Company, 1983.

Lindblom, Charles E. and Robert Dahl A.. *Politics, Economics and Welfare*. New York: Harper and Row, 1953.

Lindblom, Charles .E. *Politics and Markets: The World's Political - Economic Systems*. New York: Basic Books, 1977.

Lindblom, Charles E. *The Policy-Making Process,* second edition. NJ: Prentice-Hall, 1980.

Lowi, Theodore, *The End of Liberalism.* New York: Norton, 1979.

Mayhew, David. *Congress: The Electoral Connection.* New Haven: Yale University Press, 1974.

Martin, D.L., and W.F. Schwartz, eds. *Deregulating* American Industry. Lexington, MA: Lexington Books, 1977.

McConnell, Grant, *Private Power and American Democracy.* New York: Alfred Knopf, 1966.

McLean, Iain. *Public Choice: An Introduction.* New York: Basil Blackwell, 1978.

Meyer, J.R. and C.V. Oster. *Deregulation and the Future of Intercity Passenger Travel.* Cambridge: MIT Press, 1978.

Meyer, J.R. and C.V. Oster eds. *Airline Deregulation: The Early Experience.* Boston: Auburn House, 1981.

Meyer, J.R., C.V. Oster., I.P. Morgan., B.A.Berman., and D.L.

Strassmann. *Airline Deregulation.* Boston: Auburn House, 1981.

Meyer, J.R., and C.V. Oster. *Deregulation and the New Airline Entrepreneurs.* Cambridge: MIT Press, 1984.

Miller, Gary J. *The Political Economy of Hierarchy.* Cambridge. MA: Cambridge University Press, 1992.

Mitnick, Barry, *The Political Economy of Regulation.* New York: Columbia University Press, 1980.

Molly, James F., *The U. S. Commuter Airline Industry: Policy Alternatives.* Lexington, MA: D. C. Heath 1985.

Moritz, Charles. ed. *Current Biography.* New York: The H. W. Wilson Company, 1977.

Nathan, Richard P., *The Plot that Failed: Nixon and the Administrative Presidency.* New York: John Wiley and Sons, 1983.

Neustadt, Richard E. *Presidential Power.* New York: John Wiley and Sons, 1976.

Noll Roger, *Reforming Regulation.* Washington DC: Brookings Institution, 1971.

Noll, Roger, and Bruce M Owen. eds. *The Political Economy of Deregulation: Interest Groups in the Regulatory process.* Washington, D.C.: American Enterprise Institute, 1983.

North, Douglass C. I*nstitutions, Institutional Change, and Economic Performance.* Cambridge, Cambridge University Press, 1990.

Olson, Mancur. *Logic of Collective Action: Public Good and the Theory of Groups.* Cambridge. Harvard University Press, 1965.

Owens, R. G. *Organizational Behavior in Education.* Boston: Ally and Bacon, 1991.

Polsby, Nelson. *Community Power and Political Theory,Second* ed. New York: Yale University Press.

Putnam, Robert D. *The Comparative Study of Political Elites.* NJ: Prentice-Hall, Inc, 1976.

Pynn, Ronald, ed. *Watergate and the American Political Process.* New York: Praeger, 1975.

Quirk, Paul J. *Industry Influence in the Federal Regulatory Agencies.* Princeton, NJ: Princeton University Press, 1981.

Quirk, Paul. and Derthick Martha. *The Politics of Deregulation.* Manuscript, Brookings Institution, 1984.

Rasper, M. *Deregulation and Globalization.* Cambridge Ballinger, 1988.

Reagan, Michael D. *Regulation: The Politics of Policy.* Boston, Massachusetts: Little, Brown and Company, 1987.

Reisman, David. *Theories of Collective Action: Downs, Olson and Hirsch.* London: The Macmillan Press, 1990.

Richmond, S. B. *Regulation and Competition Air Transportation.* New York: Columbia University Press, 1961.

Robert Michael. *Political Parties.* New York: Free Press, 1968.

Schultze, Charles. *The Public Use of Private Interest.* Washington, DC: Brookings Institution, 1977.

Seidman, Harold. *Politics, Position, and Power: The Dynamics of Federal Organization. Third edition.* New York: Oxford University Press, 1981.

Simon, Herbert. *Models of Man: Social and National.* New York:

John Wiley Sons, 1957.

Simon, Herbert. *Administrative Behavior: A Study in Decision-Making Processes in Administrative Organization.* Third edition. New York: Free Press, 1976.

Snyder, Richard C. and Glenn D. Paige, *The United States Decision To Resist Aggression in Korea: The Application of An Analytical Scheme* Evanston. Ill.: North-western University Press, 1958.

Sorensen, Theodore C. *Decision Making in The White House.* New York: Columbia University Press, 1963.

Starling, Grover. *Strategies for Policy-Making.* Chicago, IL: The Dorsey Press, 1988.

Staniland, Martin. *What Is Political Economy? A Study of Social Theory and Underdevelopment.* New Haven, CT: Yale University Press, 1985.

Stone, Alan. *Regulation and Its Alternatives.* Washington, DC: Congressional Quarterly Inc., 1982.

Stroud, Kandy. *How Jimmy Won: the Victory Campaign From Plains to the White House.* New York: Morrow, 1977.

Taneja, Nawal K. *The Commercial Airline Industry: Managerial Practices and Regulatory Policies.* Lexington, MA: Lexington Books, 1976.

Taneja, Nawal K. *Introduction to Civic Aviation.* Lexington, MA: D.C. Heath 1987.

Thayer Frederick C. Jr., *Air Transport Policy and National Security.* Chapel Hill, North Carolina: The University of North Carolina Press, 1965.

Thayer Frederick C. Jr., Rebuilding *America: The Case for Economic Regulation.* New York: Praeger Publishers, 1984.

Lowi, The *End of The End of Liberalism: Ideology, Policy and the Crisis of Public Authority.* New York: Norton, 1969.

Thompson, Frederick and L.R. Jones, *Regulatory Policy and Practices.* New York: Praeger, 1982.

Truman, David B. *The Governmental Process.* New York: Alfred A. Knop, 1971.

Truman, David B. *The Governmental Process: Political Interests and Public Opinion.* New York: Alfred Knopf, 1971.

Hans, Van Den Doel and Ben Van Vellthoven, *Democracy and Welfare Economies,* 2nd ed. New York: Cambridge University Press, 1993.

Van Scyoc, Louis E. *Effects of the Airline Deregulation Act on Market Performance: Price Capacity and Profits.* Dissertation abstracts International.

Waterman, Richard W. *Presidential Influence the Administrating State.* Knoxville: The University of Tennessee Press, 1989.

Weiss, Leonard W. and Michael J. Klauss, eds. *Case Studies in Regulation: Revolution and Reform.* Boston: Little, Brown, and Co., 1981.

Weiwer, David L. and Aidan R. Vining, *Policy Analysis: Concepts and Practice.* Englewood Cliffs, NJ: Prentice -Hall, Inc., 1995.

Wildavsky, Aron. *Dixon-Yates: A Study in Power Politics.* New Haven: Yale University Press, 1962.

Wildavsky, Aron. T*he Politics of the Budgetary Process.* Third edition. Boston: Little, Brown, and Company,1979.

Williamson, Peter J., *Corporatism in Perspective: An Introductory Guide to Corporatist Theory.* London: Sage, 1989.

Wilson, Graham K. *Interest Groups.* Cambridge, MA: Blackwell, 1990.

Witcover, Jules. Marathon: The Pursuit of The Presidency, 1972-1976. New York: Viking Press, 1977.

Wolfers, Arnold. *Discord and Collaboration* Baltimore: Johns Hopkins University Ures, 1962.

Dissertations

Brown, Anthony Edward, "The Politics of Deregulating the Civil Aviation Industry" Ph. D. dissertation, the University of Tennessee, 1982 (xerograghed by University Microfilms International.)

Cross, David Scott, "A Historical Analysis of the Regulation of United States Airline." Ed. D. dissertation, Oklahoma State University, 1993 (xerograghed by University Microfilms International.)

Fistek, Michelle Anne, "Airline Deregulation: An Evaluation" Ph.D. dissertation, Miami University, 1985 (xerograghed by University Microfilms International.)

Gesell, Laurence Ellis, "Airline Re-regulation." Ph.D. dissertation, Arizona State University, 1990 (xerograghed by University Microfilms International.)

Katz, Jonathan Louis, " The Politics of Deregulation: The Case of the Civil Aeronautics Board." 1985 (xerograghed by University Microfilms International.)

Kucinski, Nancy Ruth Elli, "The Airline Deregulation Act of 1978: Safety, the Public Interest, and Policy Analysis." 1990 (xerograghed by University Microfilms International.)

Kwon, Kwang Ski, "Airline Deregulation in the United States: 1978-1990" Master thesis, University of Texas at Arlington, 1991 (xerograghed by University Microfilms International.)

Ogu, Charles Chima, "Regulatory Politics and Policy Changed: The Case of the Airline Industry" Ph. D. dissertation, Fordham University, 1985 (xerograghed by University Microfilms International.)

Pulsifer, Roy. *Airline Service And Competition.* Washington, DC :Civil Aeronautics Board Working Paper, September 2, 1982. (xerograghed by University Microfilms International.)

Periodicals

Anderson, Charles W. "The Place of Principles in Policy Analysis," *American Political Science Review,* Vol.73, No.3, September 1979, pp.711-723.

Bailey, Elizabeth. "Reform From Within: Civil Aeronautics Board Policy, 1977-78," In Micheal A. *Problems in Public Utility Economics.* MA: Lexington Books, D.C. Heath, 1979.

--------------------. "Deregulation of Contestable Markets: Application of Theory to Public Policy," In Thomas Gies and Warner

Sichel. Eds. *Deregulation: Appraisal Before the Fact. Ann Arbor:* Division of Research, Graduate School of Business Administration, University of Michigan Press, pp.1-11.

Bandura, Albert and Robert Wood. "Social Congintive Theory of Organizational Management," Academy of Management Review, 1989, Vol. 14. No.3, p.362.

Bardach, Peter. "Policy Termination as a Political Process," *Policy Science*, Vol. 7, No. 2, June 1976, pp.55-63.

Bauer, Raymond A. "Accuracy of Perception in International Relations," *Teachers College Record*, Vol.64, 1963, p.294.

Bauman, Martin H. "Shifting Personal Needs Under Deregulation," *Wall Street Journal*, April 19,1982, pp.26.

Behrman, Bradley, "Civil Aeronautic Board," in James Q. Wilson, ed. *The Politic of Regulation,* New York: Basic Books, 1980.

Bibby, Hohn. "Committee Characteristics and Legislative Oversight of Administration," *Midwest Journal of Political Science*, No.10, 1966, pp.78-98.

Brenner, M. A. "Airline Deregulation-A Case Study in Pubic Policy Failure," *Transportation Law Journal*, No.16, 1988.

Breyer, Stephen. "Analyzing Regulatory Failure: Mismatches, Less Restrictive Alternatives and Reform," *Harvard law Review*, Vol.92, No.4, January 1979, pp.549-609.

Breyer, Stephen. "Regulation and Its reform," Cambridge, MA: Harvard University Press, 1982.

Brigman, William E. "The Executive Branch and the Independent Regulatory Agencies," *Presidential Studies Quarterly,* Vol.11, No.2, Spring, 1981, pp.244-261.

Brimkley, Douglas. "Jimmy Carter: American Moralist," *The Journal of American Hirtory,* Vol.84. No.2. Sep.1997.

Brindley, John F. "Deregulation of the United States Air Transport Industry Cheered By some, Condemned by Others," *Interavia,* No.34, April 1979, pp.303-306.

Brown, Anthony. "The Regulatory Policy Cycle and the Airline Deregulation Movement," *Social Science Quarterly,* Vol. 66, No. 3, Sept. 1985,

Callison, James W. "Airline Deregulation -Only Partially a Hoax: The Current Status of the Airline Deregulation Movement," *Journal of Air Law and Commerce,* No.44, 1980, pp.961-1000.

Carter, Jmmy. "Airline Industry Regulation," *Administration of Jimmy Carter,* 1977, pp.277-278.

Carter, Jmmy. "Fireside Chat," *Public Papers on the presidents of United States: Jimmy Carter-1977 I,* Washington DC: Government Printing Office, 1978, pp.103-112.

Caves, Douglas W. et. al. "Airline Productivity Under Deregulation," *Regulation,* November-December 1982, pp.25-28.

Chalmers, D. A., 1988. "Corporatism and Comparative Politics," in L. Cantori and A. Ziegler, Jr. eds. *Comparative Politics in the Post-behavioral Era.* Boulder, Co: Lynne Rienner, 1988.

Cohen, Marvin S. "New Air Service and Deregulation: A Study in Transition," *Journal of Air Law and Commerce,* No.44, 1979, pp.695-703.

Cooper, Ann. "Senator Cannon Undecided on How Far to Deregulate the Nation's Airline Industry," in *Congressional Quarterly*

Weekly Report, Vol. 35, No.15, p. 656.

Costain, W. Douglas and Costain, Anne N. "Interest Groups as Policy Aggregators," *Policy,* winter, 1981, pp.249-272.

Crewdson, Prudene. "Ford Presses Deregulation as Alternative to Proposed consumer Advocacy Agency," *Congressional Quarterly,* Vol.38, No.19, May 10, 1975, pp.988-989.

Dahl, A, "Power, Pluralism, and Democracy ：A Modest Proposal," paper delivered at 1964 annual meeting of the American Political Science Association, p.3.

Daly, George and David Brady, "Federal Regulation of Economic Activity: Failures and Reforms," in James E. Anderson. ed., *Economic Regulatory Policies* Lexington MA: Lexington Books, 1976.

Daly, John Charles, et al. "Competition on The Airlines: What Is The Public Interest?" *Forum*, No. 9, 1977.

Demkovich, Linda E. "The Pros and Cans of Airline Deregulation," *National Journal,* No.10, August 26, 1978, pp.1356-1361.

Demuth, Christopher C., "A Strong Beginning on Reform," *Regulation,* Jan-February, 1982.

Eckstein, Harry. "CASse Study and Theory in Political Science," Handbook *of Political Science:* Strategies of Inquiry, Vol.7. Fred Greestein and Nelson Polsby, eds. Boston, Massachusetts: Addison-Wesley Publishing Company, 1975.

Elkin, Stephen. "Markets and Politics in Liberal Democracy," *Ethics,* Vol.92, No.4, July 1982, pp.720-732.

Elliott, John E. "The Institutionalist School of Political Economy," in

What Is Political Economy? ed. David Whynes Oxford: Basil Blachwell, 1984.

Feldman, Paul. "Why Regulation Doesn't Work," *Review of Social Economy,* Vol. 29, No.2, September 1971.

Ginsberg, A. & A. Buchholtz. "Converting to For-Profit Status: Corporate Responsiveness to Radical Change," *Academy of Management Journal.* Vol. 33, No. 3,1990, pp.445-477. 。

Gollich, V. L. "Airline Deregulation: Economic Boom or Safety Bust?" *Transportation Quarterly,* vol.42, no.2, April, 1988.

Gorrel, Edgar. "Rationalization of Air Transportation." *The Journal of Air Law* IX, 1838, pp.41-47.

Gresov, C. A., H. Haveman, & A. T. Oliva, "Organization Design, Inertia and Dynamics of Competitive Response," *Organization Science.* Vol. 4, No. 2, 1993.

Hannan, Micheal T. & John Freeman, "Structural Inertia and Organizational Change," *American Sociological Review.*Vol. 49, No. 2, 1984.

Hannan, Micheal T. & John Freeman, "The Population Ecology of Organizations," *American Journal of Sociology.* Vol. 8, 1997, pp. 929-964.

Hardin, Reuuesll, "Collective Action as an agreeable n-Prisoner's Dilemma," in *Rational Man and Irrational Society?* Brian Barry and R. Hardin, eds. Beverly Hills, CA: Sage Publications, 1982.

Havic, John J., and Heffron, Florence. "The Iowa Caucuses: Carter's Early Compaign for the Presidential Nomination," Midwest Quarterly 20 (Autumn 1978): 32-48

Hays, Samuel P. "Political Choice In Regulatory Administration," in *Regulation In Perspective: Historical Essays,* Thomas McGraw ed. Boston, Harvard University Press, 1981.

Herman, William R., "Deregulation: Now or never! (Or Maybe Someday?)" *Public Administration Review,* Vol.36, No.2, March-April, 1976.

Huntington, Samuel P. "Paradigms of American Politics: Beyond the One, the Two and the Many," *Political Science Quarterly* No.89 March, 1974.

Jervis, Robert. "Hypotheses on Misperception," *World Politics* , Vol. 20 April, 1968.

Kacher, Fred. "Jimmy Carter: American Moralist," *United States Naval Institute Proceedings* Vol. 124, No. 1, 1998.

Kahn, Alfred. "The Political Feasibility of Regulatory Reform," in Le Ray Graymer and Federick Thompson, eds., *Reforming Social Regulation Beverly Hills,* California: Sage 1982.

Kahn, Alfred. "Deregulation and Vested Interest: The Case of the Airlines," in Roger Noll and Bruce Owen, eds *The Political Economy of Deregulation* Washington, DC: American Enterprise Institute, 1983.

Kahn, Alfred. "Applying Economics to an Imperfect World," *Regulation,* November-December, 1978, pp.17-27.

Kahn, Alfred. "Surprises of Airline Deregulation," *The American Economic Review,* vol.78, no.2, May, 1988.

Khan, Alfred. "The Political Feasibility of Regulatory Reform: How Did We Do It?" in Le Roy Graymer and Frederick Thompson, eds. *Reforming Social Regulation,* Washington

DC: American Enterprise Institute, 1983.

Kaldahl, W. G. "Let The Process of Deregulation Continue," *Journal of Air Law and Commerce*, no.50, 1985.

Karlins, Marvin, Hiomas L.Coffman and Gary Watters, "On The Fading of Social Stereotypes: Studies in Three Generations of College Students," *Journal of Personality and Social Psychology* September,1967.

Keehn, Norman H. "A World of Becoming: From Pluralism to Corporatism," *Polity,* vol.9, No.1, Fall, 1976, pp.19-39.

Keeler, Theodore. "Airline Deregulation and Market Performance," *Bell Journal of Economics and Management Science,* Autumn 1972, pp.399-424.

Keeler, Theodore. "The Revolution in Airline Regulation," *Case Studies in Regulation and Reform,* eds. Leonard W. Weiss and Michael W. Klass Boston: Little, Brown, and Company, 1981.

Kelley, Dawn & Terry L. Amburgey , "Organizational Inertia and Momentum: A Dynamic Model of change," *Academy of Management Journal.* Vol. 34, No.3, 1991.

Lee, David D. "The South and the American Mainstream: The Election of Jimmy Carter," Georgia Historical Quarterly 61 (Spring 1977): 7-12.

Levine, Michael E., "Is Regulation Necessary: California Air Transportation and National Regulatory Policy," *Yale Law Journal*, Vol. 75, July 1965.

Lijphart, Arend, "Comparative Political and Comparative Method," American Political Science Review, Vol.65, No.3, 1971, p.691.

Lilley, William, III, and James c. Miller, III. "The New Social Regulation," *The Public Interest,* Spring 1977, No.47, pp.49-61.

Lindblom, Charles. E., "The Science of Meddling Through," in W. J. Gore and J.W. Dyson eds, *The Making of Decisions New York,* 1964.

Lowi, Tehodore, "American Business, Public Policy, Case Study, Political Theory," *World Politics,* No.4, July 1964.

Lowi, Theodore J. "American Business," Public Policy, Case Studies, and Political Theory. *World Politics,* No.16, 1964, pp.677-715.

Loving, Rush, Jr. "How the Airlines will Cope With Deregulation," *Fortune,* 98, November 20, 1978,No.98, pp.38-41.

Macavor, Paul and John Snow, eds, "Regulation of Passenger Fares and Competition Among the Airlines," *Ford Administration Papers on Regulation Reform* Washington, DC: American Enterprise Institute, 1977.

Marks, Gary W., "State-Economy Linkages in Advanced Industrialized Societies," In N. Vig and S. Schier, eds. *Political Economy in Western Democracies* New York: Holmes & Meier,1988.

McKenna, J. T. "Effect on competition, Safety Are Key Tests for Takeovers," *Aviation Week and Space Technology,* August 14, 1989.

Melton, L. J., "Transport Regulation: An Effective Tool of Public Policy," *Transportation Journal*, vol.17, no.3, Spring, 1978.

Mitnick, Barry M. "Deregulation as a Process of Organizational

Reduction," *Public Administration Review*, vol. 38, No.4, July-August 1978, pp.350-357.

Nathann, Richard P., "Political Administration Is Legitimate," in the *Reagan Presidency and the Governing of America,* ed. Lester M. Salamon and Michael S. Land Washington, DC: Urban Institute, 1984.

Noll, Roger G. "The Behavior of Regulatory Agencies," *Review of Social Economy,* no.29, March 1971, pp.15-19.

Oster, C. V. Jr. and C.K. Zorn, "Deregulation's Impact On Airline Safety," *Journal of Transportation Research Forum,* November 1987.

Peltzman, Samuel. "Toward A More General Theory of Regulation," *Journal of Law and Economics,* 1976, Vol.19, No.2, pp. 221-222.

Posner, Richard. "Theories of Economic Regulation," *Bell Journal of Economics and Management Science*, vol.5, no.2, pp, 335-358.

Posner, Richard. "Taxation by Regulation," *Bell Journal of Economic and Management Science,* Vol. 2, No. 1, 1971, pp. 22-50.

Posner, Richard. "Theories of Economic Regulation," *Bell Journal of Economic and Management Science*, 1974, Vol.5, No2, pp.336-342.

Publsifer, Roy, "Introduction" *Journal of Air Law and Commerce,* Vol. 41, No. 4, Autumn 1975.

Rakowski, James P. and Johnson, James C. "Airline Regulation: Problems and Prospects," *Quarterly Review of Economics and Business.* Vol.19, No.4, Winter 1979, pp.64-78.

Redford, Emmette S. "The General Passenger Fare Investigation," in Edward A. Bock ed. *Government Regulation of Business: A Case Book* Englewood Cliffs, NJ: Prentice Hall, 1965.

Ris, William K., Jr., "Government Protection of Transportation Employees: Sound Policy or Costly Precedent?" *Journal of Air Law and Commerce*, Vol.44, No.2, 1978.

Robinson, James A. and R. Roger Majak, "The Theory of Decision-making," in J.C. Charleswork ed., *Comparative Political Analysis*. New York: Basic Books,1967.

Salisbury, Robert H. "The Analysis of Public Policy: A Search for Theories and Roles," In Austin Ranney, ed. *Political Science and Public Policy* Chicago: Markham 1968.

Sandell, Dorothy, "Comment: Deregulation--Has It Finally Arrived? The ADA of 1978," *Journal of Air Law and Commerce*. Vol. 44, No.2, 1978.

Schelling, Thomas C. "Economic Reasoning and the Ethics of Policy," In Thomas Schelling, *Choice and Consequence*. Cambridge, MA: Harvard University Press.

Schmitter, Philippe. "Still the Century of Corporatism," *Review of Politics,* No.36, 1974, pp.85-131.

Shepsie, Kenneth, and Weigast, Barry. "Political Solutions to Market Problems," *American Political Science Review,* Vol.78, No.2, June 1984, pp.417-434.

Singh, Jitenddra V., & Charles J. Lumsden, "Theory and Research in Organizational Ecology," *Annual Review of Sociology*. Vol. 16, 1990.

Stigler, George. "The Theory of Economic Regulation," *Bell Journal of*

Economics and Management Science, Vol.2, No.1, Spring 1970, pp.3-21.

Stigler, George. "The Theory of Economic Regulation," *Bell Journal of Economic and Management Science,* 1971,Vol.2, No.1,pp.5-7.

Stinchcombe, Arthur S., "Social Structure and Organizations," *Handbook of Organizations.* .Chicago : Rand McNally, 1965.

Stone, Clarence. "Systemic Power in Community Decision Making," *American Politics Science Review*, No.73, December 1980, pp.979-989.

Taneja, Nawal. *Airlines in Transition* Lexington, MA: Lexington Books, 1981.

Teal, Roger and Altshuler Alan. "Economic Regulation: The Case of Aviation," *Policy Journal Studies*, Autumn 1977, pp.50-62.

Thayer Frederick "And Know the Deregulators? When Will They Learn?" *Journal of Air Law and Commerce.* 1977, pp. 661-689.

Thornton, Robert. "Deregulation: The CAB and Its Critics," *Journal of Air law and Commerce*, Vol. 43, No.4, 1977, pp.641-659.

Vig, Norman J., "Introduction: Political Science and Political Economy," in N. Vig and S. Shier, eds. *Political Economy in Western Democracy*. New York: Holmes & Meies, 1985.

Weaver, Paul. "Regulation, Social Policy and Class Conflict," *Public Interest* 5, vol.5, no.50, Winter 1978, pp.45-63.

Weintraub, Roy E., "On the Existence of a Competitive Equilibrium: 1930-1954," *Journal of Economic Literature.* Vol.21, No1, pp.1-39.

Willian, D. Pederson: "Jimmy Carter: A Comprehensive Biography from Plains to Post-Presidency," *Library Journal,* Vol. 122, No.2, Feb.1, 1997.

Government Publication

Federal Aviation Act of 1958 (revised March 1, 1979), Section. 102(a)(4).

General Accounting Office. Report to Congress: Lower Airline Costs Per Passenger are Possible in the United States and Could Result in Lower Fares, February 18,1977.

U.S. Bureau of the Census. *Statistical Abstract of the United States:* 1992, 112th ed. Washington, D.C., 1992.

U.S. Civil Aeronautics Board. *Report of the CAB's Advisory Committees on Procedural Reform.* Washington, D.C., January, 1976.

U.S. Civil Aeronautics Board. *Report Reform: Report of the CAB Special Staff.* Washington DC: Civil Aeronautics Board, July, 1975.

U.S. Civil Aeronautics Board. *Report to Congress.* Washington,DC.: Civil Aeronautics Board. Annual.

U.S. Civil Aeronautics Board. Air Carrier Financial Statistics.

Washington, D.C. 1950-1982.

U.S. Civil Aeronautics Board. *CAB News*. Washington, D.C. various issue, 1975-1982.

U.S. Civil Aeronautics Board. "Regulatory Reform: Report of the CAB Special Staff on Regulatory Reform," Washington, D.C.1975.

U.S. Civil Aeronautics Board. *Subsidy for U.S. certificates air carriers*. Washington , DC: Civil Aeronautics Board, 1943-1978.

U.S. Civil Aeronautics Board. *Domestic Passenger Fare Investigation* March 1974. Washington , DC: Civil Aeronautics Board, 1974.

U.S. Civil Aeronautics Board Reports to Congress, *Fiscal year 1977*, p.1.

U.S, Civil Aeronautics Board Reports to Congress, *Fiscal year 1977, and 1978*, describe the reorganization.

U.S. Congress. House. *Air Service Impovement Act of 1978*. Report of the House Committee on Public Works and Transportation, H. Report 95-1211, 95th Cong., 2nd Sess., 1978.

U.S. Congress. House. *Airline Act of 1977, Message from the President*. H. Doc. 95-92, Public Works and Transportation Committee, 95th Cong., 1st sess., 1977.

U.S. Congress. House. Committee *Aviation Act of 1977, Message from the President*. H. Doc.95-45, Public Works and Transportation, 95th Cong., 1st Sess., 1977.

U.S. Congress. House. Committee on the budget. *Economic Aspects of Federal Regulation of The Transportation Industry*.

Hearings Before the Task Force on Tax Expenditures, Government Organization and Regulation, House of Representatives, 95th Cong., 1st Sess., 1977

U.S. Congress. House. Committee on Public Works and Transportation. *Aviation Economics. Hearings* Before the Subcommittee on Aviation, House of Representatives, 94th Cong., 2nd Sess., 1976.

U.S. Congress. House. Committee on Public Works and Transportation. *Aviation Regulatory Reform. Hearings* Before the Subcommittee on Aviation, House of Representatives, 95th Cong., 1st Sess., 1977.

U.S. Congress. House. Committee on Public Works and Transportation. *Aviation Regulatory Reform. Hearings* Before the Subcommittee on Aviation, House of Representatives, 95th Cong., 2nd Sess., 1978.

U.S. Congress. House. Committee on Public Works and Transportation. *Legislative History of the Airline Deregulation Act of 1978.* House of Representatives, 96th Cong., 1st Sess., 1979.

U.S. Congress. House. Committee on Public Works and Transportation. *Reform of Economic Regulation of Air Carriers. Hearings* Before the Subcommittee on Aviation, House of Representatives, 94th Cong., 2nd Sess., 1976.

U.S. Congress. House. *Conference Report on the Airline Deregulation Act of 1978.* H. Report 95-1179 Cong., 2nd Sess 1978.

U.S. Congress. Senate. *Amending the Federal Aviation Act of 1958.* Report of the Senate Committee of Commerce, Science and Transportation of S.2493, 95th Cong., 2nd Sess., S. Report,

95-631, 1978.

U.S. Congress. Senate. *Civil Aeronautics Board Practices and Procedures.* Report of the Senate Judiciary Committee on Administrative Practice and Procedure of the Senate Judiciary Committee, 94th Cong., 1st Sess., 1975.

U.S. Congress. Senate. Committee on Commerce, Science and Transportation. *Impact of Airline Deregulation. Hearing* Before the Subcommittee on Aviation, 96th Cong., 1st Sess., 1979.

U.S. Congress. Senate. Committee on Commerce, Science and Transportation. *Regulatory Reform in Air Transportation. Hearings* Before the Subcommittee on Aviation, Senate, 94th Cong., 2nd Sess., 1976.

U.S. Congress. Senate. Committee on Commerce, Science and Transportation. *Regulatory Reform in Air Transportation. Hearings* Before the Subcommittee on Aviation, Aviation, Senate, 95th Cong., 1st Sess., 1977.

U.S. Congress. Senate. Committee on the Judiciary. *Oversight of Civil Aeronautics Board Practices and Procedures. Hearings* Before the Subcommittee on Administrative Practice and Procedures, Senate, 94th Cong., 1st Sess., 1975.

U.S. Congress. Senate Select Committee on Small Business. *The Decline of the Supplemental Air Carriers in the United States. Hearings* Before the Subcommittee on Monopoly, Senate, 94th Cong., 2nd Sess., 1976.

U.S. Congress. Senate *Report on Regulatory Agencies to the President Elect (Landis Report).* Report to Subcommittee on

Administrative Practice and Procedure 86th Cong., 2nd Sess., 1960.

U.S. Congress. Senate. *Amending the Federal Aviation Act of 1958* Report of the Senate Committee on Commerce, Science and Transportation of S.2493, 95th Cong., 2nd Sess., S. Report, 95-631,1978.

U.S. General Accounting Office. Comments on the Study, *"Conse- quences of Deregulation of the Scheduled Air Transportation Industry,"* Washington, D.C., 1977.

U.S. General Accounting Office. *Lower Airline Costs Per Passenger Are Possible in the United States and Could Result in Lower Fares.* Washington, D.C., 1977.

U. S. Government Printing Office, *Air Mail Act of 1925,* Ch. 128, 43 Stat. 805.

U. S. Government Printing Office, *Air Mail Act Amended,* 1934 Ch 223, 46 Stat. 259.

U. S. Government Printing Office, *Air mails Act Amended,* 1934 Ch 446, 48 Stat. 933.

U. S. Government Printing Office, *Civil Aeronautic Act of 1938,* Ch 601, 52 Stat. 973.

U.S Government Printing Office. (1938). *Air Safety Board.* Ch 601, 52 Stat. 1012.

U.S. Government Printing Office. (1938). *Civil Aeronautics Act of 1938.* Ch 601, 52 Stat.973.

U.S. Government Printing Office. (1957). *Airways Modernization Act of 1957.* Pub. L. 85-133, 71 Stat. 349.

U.S. Government Printing Office (1957) Government *Guaranty of*

Equipment Loans Act of 1957. Pub. L. 85-307,71 Stat.629.

U.S. Government Printing Office (1976a),*Federal Aviation Act Amendments of 1976* 89 Stat. 707.

U. S. Government Printing *Office, Federal Aviation Act of 1958,* Pub. L. 85-726, 72 Stat. 731.

U.S. Government Printing Office (1958). *Federal Aviation Act of 1958.* Pub. L 85-726, 72 Stat.731

U.S. Government Printing Office (1966). *Department of Transportation Act of 1966.* 80 Stat. 931

U.S. Government Printing Office, *Department of Transportation Act of 1966,* 80. Stat. 931.

U.S. Government Printing Office. (1975). *Federal Aviation Act Amendments of 1975.* 89 Stat. 698.

U.S. Government Printing Office (1976b) Regulatory *reform in air Transportation,* Hearings before the subcommittee on aviation. Committee on Commerce, U.S. Senate, 94th Congress, Second Session. Pp.370-421.

U.S. Government Printing Office. (1978). *Airline Deregulation Act of 1978.* Pub. L. 95-504, 92 Stat.1705.

V. Magazines

"Airlines Are Carrying More, Earning Less," *The Baltimore Sun,* April 12, 1983, pp. D4, 5, Columns 3-6.

"Airlines Weighing Effects of American's New Fare Plan," The

Cincinnati Enquirer. March 16, 1983 pp.8-9. Columns 1-5.

Burners Week, May 9, 1977, p.85.

Commuter Airline Digits, February 1977, pp. 7-9

"*Complication of Presidential Documents.*" *Weekly*, Vol.11, April 28, 1975．

Drew Elizabeth, *American Journal : The Events of 1976* .New York: Random House, 1977．

Gallup Opinion Index, Report No.108, June 1974, p.12.

Loving Rush Jr., "The Pros and Cons of Airline Deregulation," *Fortune*, August 1977, p.210.

"Odds look good for less airline regulation," *Business Week,* 1977, March 21, p. 156.

Pagano, Penny. (October 9, 1983) "Re-regulate Airlines? 'Disastrous'," The News American. Pp.13E. Columns 3-5.

Samway, Patrick H. reviews of "Jimmy Carter: America Moralist /Living Faith," America, Vol.176, No.9, Mar.22, 1997．

"Secretary of Transportation Says Deregulation' Success," The *Cincinnati Enquirer*, pp.57, Column 3-6.

Sriver, George H. "Jimmy Carter: American Moralist," *The Christian Century.* Vol.114, No.10 Mar.19-Mar.26,1997．

Staten, Michael E. and John R. Umbeck. "Close Encounters in the Skies: A Paradox of Regulatory Incentives," *Regulation.* March/April 19, 1983, pp. 25-31.

Stuttaford, Genevieve. "Jimmy Carter A Comprehensive Biography from Plains to Post-Presidency," *Publishers Weekly*, Vol. 244, No.1, Jan.6, 1997．

The Gallup Opinion Index, Report No. 112, Oct. 1974, p.1.

Zwicker, Charles H. "Jimmy Carter: American Moralist," *Presidential Studies Queitily*, Vol.27 No.2 （Spring） 1997, P.387-389.

VI. Newspapers

Karr Albert, The Wall Street Journal, August 4, 1977, p.32.

National Journal, May 21, 1977, pp. 799-802.

National Journal, June 15, 1974, p.875.

National Journal, July 30, 1977, p.1194.

National Journal February 19, 1977 p. 291.

National Journal, 8 August 1978, p.1359.

New York Times, June 29, 1974, p. 12, Column 3.

New York Times, December 21, 1974, p. 52, Column 1.

Ratten, Sammuel. "United Airline took million overbooking in year," , *The New York Times*, 1976, Sept. 8, p. 52.

Rowen,Hobart. "Airline Deregulation Doesn't Work," The Washington Post. April 8, 1982, pp.A-27.

The New York Time, February 18, 1975, p. 37, Column 1.

The New York Times October 9, 1975, p. 1, Column 7..

The New York Times, June 22, 1975, p. 23,

The New York Times, July 23, 1975, p. 31, Clumn 1.

The New York Times, April 9, 1976, p .53, Column 1.

The New York Times, February 20, 1976, p.66.

The New York Times, February 27, 1977, p.24.

The New York Times, March 5, 1977, p.25. Column 4.

The New York Times, May 10, 1977 p. 32. Column 1.

The New York Times, November 7, 1978, p. 79. Column 1.

The Washington Post, July20, 1974, Sec. A. p. 14, Column 1.

"U. S. Slips to 8th in Rich Nations' List," *The Japan Times*, July 26,1979, p.14.

亞太研究系列 16

卡特政府對民航解制之認知與反應

著　　　者☞ 容繼業

出 版 者☞ 生智文化事業有限公司

發 行 人☞ 林新倫

責任編輯☞ 賴筱彌

地　　　址☞ 台北市新生南路三段 88 號 5 樓之 6

電　　　話☞ (02)23660309　　(02)23660313

傳　　　真☞ (02)23660310

登 記 證☞ 局版北市業字第 677 號

印　　　刷☞ 鼎易印刷事業股份有限公司

法律顧問☞ 北辰著作權事務所　蕭雄淋律師

郵政劃撥☞14534976　　揚智文化事業股份有限公司

初版一刷☞ 2002 年 5 月

定　　　價☞ 新台幣 350 元

I S B N ☞ 957-818-393-3

網　　　址☞ http://www.ycrc.com.tw

E - m a i l ☞ tn605541@ms6.tisnet.net.tw

國家圖書館出版品預行編目資料

卡特政府對民航解制之認知與反應 / 容繼業著.
　--初版. --臺北市：生智, 2002[民 91]
　面；　公分. –(亞太研究系列；16)
　參考書目：面

　ISBN 957-818-393-3(平裝)

1.航空運輸 – 美國 – 管理　2. 航空業 – 美國

　557.9952　　　　　　　　　　91006031